蔣經國與後蔣時代的 內閣政治菁英

1972－1993 年

李功勤◎著

前言

　　蔣經國自1972年擔任行政院長（以下簡稱閣揆），組織行政院院
會成員（以下簡稱內閣），到1988年過世為止的16年期間，本書稱之為
「蔣經國主政時代」。他於1978年擔任總統之後，先後拔擢孫運璿和俞
國華出任行政院長。當1988年蔣經國驟逝後，俞國華在不堪政治紛擾下
辭職，由中國國民黨祕書長李煥，以打破慣例方式由黨工直接接任閣
揆，這段期間，國民黨內部已經因領導權的爭奪而形成所謂的主流派
（支持李登輝）與非主流派兩股勢力。最後，在雙方妥協之下，由郝柏
村出面組閣；但李登輝反而順勢引導國民黨主流派與民進黨合作，在往
後政治鬥爭中大獲全勝，1993年郝柏村內閣總辭，結束了「後蔣經國時
代」，也開啟了李登輝主政時代。他拒絕非主流派的意見堅持提名連戰
組閣，充分展現權力基礎，但也由於李登輝的領導風格迥異於蔣經國，
在政爭獲勝後迫使非主流的領導人相繼出走，造成中國國民黨自遷臺以
來第一次的嚴重分裂，並在往後形成連鎖效應，導致政權輪替以及李登
輝的另組政黨。

　　在蔣經國主政時期，中華民國不論在外部和內部都面臨嚴峻挑戰，
然而在內閣菁英的配合下，蔣經國得以繼續推行經濟發展、民主化和本
土化等三大保臺政策。因此內閣成員，包括行政院正副院長、八部二會
首長，以及政務委員都是國民黨在甄選過程中所挑選出最優秀的政治菁
英。在蔣經國與後蔣時代的近20年歲月中，經由5位閣揆所領導的7屆內
閣中（含局部改組）的84位閣員，創造了臺灣經濟奇蹟和民主實驗，他

們是政府重大政策的決策兼執行者，因為其中包括歷任閣揆與重要部會首長都兼任國民黨中央常務委員（以下簡稱中常委），內閣重要成員因此得以參與黨內決策，並且在達成決議後送往內閣依職務分工執行，形成有效率的黨政運作模式。由於內閣負責政務的制定和執行，因此歷屆內閣的施政與閣員的甄選是本書的研究重點。為了徹底了解內閣菁英的政治甄補（political recrutiment），本書以8項與蔣氏父子關係進行分析，分別採用：一、血親（或旁系親屬）；二、同鄉；三、同學友朋；四、師生淵源；五、官邸近侍；六、黨中常委；七、技術專家；八、臺籍人士；而在這8個選項之中的師生淵源，則針對大陸時期軍校畢業生和在臺灣時期於國防研究院、革命實踐研究院所開設的各期研究班的畢業生來作統計。至於技術專家，是指菁英本身專業背景符合入閣所擔任的職務專長，如果最初入閣不符合選項條件，只要經歷一任以後的職務歷練，就可計入技術專家的選項了。

在討論政治甄補的過程中，由於每一個政治系統都必須有一套完整制度去選拔或填補其政治系統中的角色。當專業化的職位出缺，都要選擇最符合那個職位的特殊菁英去擔任，因此除了採用上述8個選項去建立一套中國國民黨甄補內閣菁英的模式之外，本書也將深入探討這些內閣菁英的人格特質，以及他們對於政府重大政策的共識和不同看法。而為了達成上述研究目的，在史書體例上，採取紀事編年體結合人物紀傳體的方式進行論述，在總論分析內閣菁英的特質時，本書將根據各屆內

閣的質化分析來進行量化統計，以期建立蔣經國與後蔣時代，國民黨決策核心在甄補內閣菁英過程中的有效分析模式。

在研究蔣經國的主政時期，我認為內閣菁英在部分選項中，諸如專業知識、一流學歷、黨的忠誠度等方面，幾乎是入閣前的必備條件；但在某些較不顯著的選項，像是出身官邸近侍或具備師生淵源等背景的菁英，則將探討他們是否容易形成蔣經國的權力核心，擔任內閣重要職位，以及離閣後在政壇上的發展。除此之外，由於蔣經國重視廉能政治，因此對內閣菁英長期的政治考核，尤其在道德操守方面，更是在研究上經常被忽略的隱性選項。蔣經國在政治上最痛恨官僚的貪汙腐敗，因此在擔任閣揆之後，首先提出公務人員十大革新要求；另方面則嚴懲貪腐以正官箴，下令逮捕因收巨額賄款的自己族親，時任行政院人事行政局長王正誼。其後，在俞國華內閣時代，他將捲入國泰十信風暴的親信，時任國民黨中央黨部祕書長的蔣彥士開除，並且告誡副總統李登輝：「此人永不錄用」。他在重慶中央政治學校第1期的畢業生李煥和王昇，雖然在臺灣出任黨部與軍中要職，是他的核心幹部，但只要違背職權也立刻撤職，絲毫不因任何親近關係而徇私苟且。所以，在本書的研究過程中，也將檢視蔣經國主政與後蔣時代內閣菁英的道德操守，以驗證他所樹立的廉能政治典範。

為了達成研究目的，在躍之老師的建議下，在史料的運用上，本書採用了政府檔案、傳記、專書、報紙期刊，也參考了大部分內閣菁英或

相關人物的回憶錄；在後蔣經國時代由於政爭激烈，主流派與非主流派不同立場正可透過個人回憶錄的對比分析，不但使相關問題容易釐清，也可藉此凸顯政治人物之間的流品與高度。在本書的撰寫過程中，學者雷家驥、王曉波、葉啟政先生，前民進黨立委洪奇昌、大陸六四民運人士王丹等先進，提供了研究方法和相關史事的訪談，躍之師更是在方法論以及史料的運用上，不厭其煩的指正。同時，為了彌補現行資料開放的不足，我們對當時重要的閣員，像徐立德先生、白培英先生、黃昆輝先生等大老，進行了相關訪談。其中徐立德先生與我都是晨泳愛好者，不但在池邊經常接受隨機詢答，同時在孫運璿基金會也接受我們兩次正式訪談，並且提供國防研究院、國家建設研究班等珍貴史料，充實了本書的研究內涵。白培英先生是虔誠的基督徒，從不輕易接受訪談，因託白先生與家母同窗之誼，也破例接受有關土地增值稅等相關問題訪問。在訪談的過程中，使我們深切感受在蔣經國與後蔣時代的內閣菁英，對經國先生人格的尊重與行政效率的懷念；更重要的是內閣團隊彼此間的革命情誼，對國家的責任與忠誠，形成那個時代菁英之間共同的特色。然而，在後蔣經國時代，由於府院關係嚴重對立，以及在政治與社會的快速轉型下，國會的惡質化與複雜的政商關係也逐漸影響有效率的官僚運作。而這種發展趨勢及對政治上的影響，將會是我們在本書完成後的下一個研究重點。

目錄

第一章　全面接班

第一節　退出聯合國

　　1970年代，對中華民國政府而言，在國際關係上最重要的就是確保聯合國的會籍以及和美國的正式邦交。在內部，由於陳誠副總統在1965年病逝，使蔣經國在未來接手交班之路更為順暢。[1] 1969年6月25日，國民黨中常會通過嚴家淦內閣改組案，那次內閣人事異動的最大意義，就是蔣經國由國防部長升任行政院副院長，並且兼任經合會主任委員，在此之前，經合會主委一直是由行政院院長嚴家淦兼任，這也是蔣經國接掌財經事務的濫觴。[2]

　　1969年7月，蔣介石總統的車隊由士林行經陽明山仰德大道要回官邸的時候，由於對面方向一輛軍用吉普車超車，導致總統座車撞上緊急煞車的前導車，蔣介石總統胸部受到嚴重撞傷，蔣夫人雙腿也遭到重擊。事件發生後，據侍衛人員透露，蔣總統自己承認：「自從陽明山車禍事件之後，我身體受到很大影響，不但腿不行了，身體也不行了。」[3]

　　1969年影響臺灣政壇的另一件大事就是中央銀行總裁，曾經在俞鴻鈞內閣擔任財政部長的徐柏園，因為涉及收受高雄青果合作社理事長吳振瑞

1　陶涵（Jay Taylor）著，林添貴譯，《蔣經國傳》（臺北：時報文化，2000年），頁271。蔣經國與陳誠之間最嚴重的內鬥，發生於1959年初，陳誠與一群和他淵源深厚的將領們在聚會中論及蔣介石總統的接班人問題，結果被蔣經國的情報人員監聽談話內容。不久，與會高級將領紛紛退役或改調不帶兵職務，其中一位就是與陳誠淵源最深的王叔銘，蔣經國則提拔彭孟緝升任參謀總長。

2　俞國華口述，王駿執筆，《財經巨擘——俞國華生涯行腳》（臺北：商智文化，1999年），頁232。

3　翁元口述，王丰記錄，《我在蔣介石父子身邊的日子》（臺北：書華出版公司，1994年），頁128-130

打造的金盤而下臺，因此蔣介石總統下令俞國華於4月28日由財政部長兼任中央銀行總裁。兩個月後內閣全面改組，俞國華離開財政部，專任央行總裁。[4] 而徐柏園一案，俞國華認為金盤只是紀念品，根本無收賄之心，有部分人士直指此案涉及「宮廷內鬥」，其中內幕涉及流派角力，[5] 若干政府官員因此鋃鐺入獄，徐柏園僅負行政責任。事後，蔣總統在中常會發言表示：「國家栽培一個人才很不容易，但要毀掉一個人才卻很容易。大家應該以本案為殷鑑，注意做事細節。」[6] 這件事情顯示，蔣介石雖然痛心人才的折損，但他已經確定全力培養蔣經國作為接班人了。

1970年，隨著文化大革命逐漸趨緩，中共開始在國際間爭取承認支持，且透過加拿大表明願意代表全中國參加聯合國。1971年9月16日，尼克森總統宣布：「中國在安理會席次由中華人民共和國取代，但中共入會將不得排除中華民國在大會的代表權。」[7]

而臺北方面，深感聯合國的會籍保衛戰日趨艱辛。儘管蔣介石抱怨尼克森的雙重代表案，並強調「寧為玉碎，毋為瓦全」，可是臺北還是準備同意順應時勢，在實質上接受丟掉安理會席次，以保住聯合國會員身

4　俞國華，前引書，頁232。

5　陶涵，《蔣經國傳》，頁320。陶涵認為蔣經國在1969年行政院副院長開始，承擔起全面管理政府的正式領導角色。他先發動肅貪，導致與宋美齡家族有關係的徐柏園去職。

6　俞國華，前引書，頁230。

7　陸以正，《微臣無力可回天：陸以正的外交生涯》（臺北：天下遠見，2002年），頁188-189。當時面對尼克森在9月所宣布的提案，蔣氏父子認為就算溫馴的退出安理會而只求保住大會席次，臺灣喪失地位是遲早的事，只不過徒增一倍的羞辱罷了。臺北總統府內的想法，歸結起來就是「寧為玉碎，毋為瓦全」。而這句成語則是前任外交部長沈昌煥建議所用。參見陶涵，林添貴譯，《蔣介石與現代中國的奮鬥》（下卷）（臺北：時報出版，2010年3月），頁709，注87。

分的方案。由於蔣總統健康迅速惡化，這個重大的決定基本上由蔣經國裁決。[8] 除了蔣經國之外，當時的外交部代理部長楊西崑、國家安全會議祕書長黃少谷、駐黎巴嫩大使繆培基、行政院祕書長蔣彥士等人都同意政府採取「彈性」的立場。蔣彥士在7月22日告訴美國駐華大使馬康衛（Walter McConaughy），他主張中華民國政府即使失去安理會席次，也應留在聯合國。[9] 面對尼克森即將訪問大陸以及美國將不支持我保留安理會兩項衝擊，蔣介石在1971年7月25日，親自核定並交由北美司長錢復致電駐美國大使館大使沈劍虹密參：一、如為使「一半的重要問題案」得以通過而必須配以雙重代表案時，務期不涉及安理會席次；二、如有其他國家提雙重代表案之修正意見，將安理會席位給予中共，盼美、日兩國勿連署修正案；三、我方對於任何形式的雙重代表案，必須發言並投票反對。最後，蔣總統在核定時將上句「並投票」三字刪除。26日，美國羅吉斯國務卿約見沈大使及駐聯合國劉鍇大使，談及倘若聯大通過「複雜的雙重代表案」（即將安理會席為讓予中共），我方立場將如何？劉鍇答覆：「我方將奮鬥不懈，只要環境許可。」[10]

---

8 陶涵，《蔣經國傳》，頁335。另據蔣介石侍從醫官熊丸生前透露，1968年在陽明山的一次車禍之後，蔣介石心臟大動脈出現雜音，自此精神就沒以前好，同時攝護腺也出了問題。由於健康惡化，1972～1975年，蔣經國每晚都會跟蔣介石長談，而很多國家大事都已經由蔣經國透過老總統的名義處理。《中國時報》，臺北，2000年12月22日，版6。

9 陶涵，《蔣介石與現代中國的奮鬥》，頁705。王景弘，《採訪歷史：從華府檔案看臺灣》（臺北：遠流出版公司，2000年），頁351-353。楊西崑在面對所謂的「季辛吉震撼」後，告訴美國駐華大使馬康衛，臺北政府應該宣布今後將改國號為「中華臺灣民國」（Chinese Republic of Taiwan），與大陸一刀兩斷。

10 錢復，《錢復回憶錄（卷一）：外交風雲動》（臺北：天下遠見，2005年），頁151。

當政府對聯合國席位保衛戰立場轉向務實和彈性之際，蔣夫人卻在8月6日於陽明山舉行茶會款待中華民國駐亞太使節茶會上，聽取大家對代表權的意見後，突然發言表示政府在處理外交事務，立場不能過於軟弱，「國有國格，人有人格」，使錢復和其他與會同仁，又感覺彈性外交空間縮小了。[11] 9月11日，蔣經國召錢復談代表權案，明確指示，應盡量爭取留在聯合國內，因國際情勢多變，一年之內中蘇共關係可能劇烈變化，所以要盡可能充分利用留在聯合國內以待機會轉變。[12]

1971年7月，尼克森在華府宣布將於1972年5月訪問中國大陸，9月間，尼克森宣布美國支持中華人民共和國進入聯合國大會和安全理事會，同時反對將中華民國排除出大會的方案。[13] 但看在美國的友邦眼裡，無疑是傳達美國支持中華民國的立場已經鬆動的訊息。第26屆聯大於1971年9月21日開幕，代表團有外交部長周書楷，正代表有謝東閔、劉鍇等5人，副代表有林挺生、張純明等5人，顧問團多達32人，有馬樹禮、錢復、陸以正等人。而中共外交部為阻止雙重代表權一事成立，早在8月就發表聲明，如果聯大通過任何「兩個中國」或「一中一臺」的決議，大陸絕不接受。[14]

相對於中共強硬的態度，1971年蔣介石總統終於在大環境的變遷下，於最後階段勉強同意雙重代表權。於是，在外交部給所有駐外使節的訓令中，既促請友邦反對阿爾巴尼亞提案，又表示如果友邦贊同美國領銜的雙

11　錢復，前引書，頁152。

12　錢復，前引書，頁153。

13　陶涵，《蔣介石與現代中國的奮鬥》（下卷）（臺北：時報出版，2010年3月），頁706-709。1971年7月9日，季辛吉祕訪北京，毛澤東再指示周恩來要強硬對付美國訪客，尤其越南問題絕不退讓後，便把注意力轉向對付林彪。9月13日林彪在逃往蘇聯途中於外蒙古墜機，由於林彪一向反美，所以毛澤東必須確保對美國的開放政策，一定要開花結果。

14　王正華編，《中華民國與聯合國史料彙編——中國代表權》（臺北：國史館，2001年），頁542-543。

重代表權提案，我方也能理解。為避免駐外使節與駐在國交涉時，用字遣詞有誤，外交部還準備一份英文說帖，指令駐使在與對方外長磋商時，照文宣讀，一個字也不能更改。[15]

1971年9月聯大常會開會時，有關我國代表權有三個提案等待辯論及表決，其一為例行之阿爾巴尼亞排我納中共案；其二為美國及我友邦所提出的「開除中華民國代表權」乃重要問題案；其三亦為美所提案，建議大會決定中華人民共和國及中華民國皆在聯合國有代表權，但由中華人民共和國取代我在安理會的席次。由於我政府拖至最後關頭始同意美國上述提案，致阿案先造勢成功，再加上表決時，美國國務卿季辛吉（Henry Alfred Kissinger）正在大陸商談尼克森訪問中共之日程和議程，使得10月25日聯大先就重要問題程序案表決時，55票贊成，59票反對，以4票之差失敗，我代表團見大勢已去，立刻聲明退出聯大。當周書楷大使步出會堂後，大會隨即以76票對35票通過聯合國〈第2758號決議案〉，[16] 承認中共取得在聯合國中代表中國之權。這等於向世界宣告，中華民國這個聯合國創始會員國如今在聯合國眼中，已經不是一個具有國家人格的主權國家了。雖然在二十多年後，有學者開始討論此決議案的合法性，[17] 但不論是否合法，這個冷戰時期的產物對中華民國的國際人格產生了重大影響。〈2758號決議案〉稱：

大會基於聯合國憲章的原則，認為恢復中華人民共和國的合法權利對於維護聯合國組織以及依據憲章所必須之行為均屬必須。承認中華人民共

15　陸以正，前引書，頁189。
16　陸以正，前引書，頁190。陸以正回憶，1971年聯大開會之前，為我國拉票最力的國家有美國及日本。
17　鐘聲實，1996年11月，〈從國際組織法觀點分析聯大第2758號決議〉，《問題與研究》，第35卷，第11期，頁1-14。

和國政府的代表是中國在聯合國的唯一合法代表，以及中華人民共和國為聯合國安全理事會五個常任會員國之一。茲決定恢復中華人民共和國之所有權利，以及承認其政府代表是聯合國之唯一正當性代表（The Only Legitimate Representatives of China），並立即將蔣介石的代表從其在聯合國及其所屬的一切組織中所非法占據的席次上驅逐。[18]

〈2758號決議案〉讓中華民國不僅失去代表整個中國的合法性，也使作為一個主權國家的國際人格「正當性」都被剝奪了。當時代表團中的陸以正則認為，假設當年美國所提的雙重代表權案獲得多數支持，在那年中共肯定拒絕加入。因為聯合國是以國家為單位的競技場，大家玩的是實力政治（Realpolitik），因此最多再拖一、兩年，我國仍然會被趕出聯合國。[19]

國際局勢的轉變，從蔣介石到權力菁英之間，對於如何因應聯合國中國代表權問題，雖然有各自不同的認知與考慮，但在1971年面臨聯合國中

---

18 2758號決議案（Resolution on Representation of China）（United Nations General Assembly, Oct.25, 1971. G.A. Res.2758, 26 GAOR Supp.29（A/8429），at 2.）原文為："The General Assembly, Recalling the principles of the Charter of the United Nations, Considering that the restoration of the lawful rights of the People's Republic of China is essential both for the protection of the Charter of the United Nations and for the cause that the United Nations must serve under the Charter, Recognizing that the representatives of the Government of the People's Republic of China are the only lawful representatives of China to the United Nations and that the People's Republic of China is one of the five permanent members of the Security Council, Decides to restore all its rights to the People's Republic of China and to recognize the representatives of its Government as the only legitimate representatives of China to the United Nations, and to expel forthwith the representatives of Chiang Kai-Shek from the place which they unlawfully occupy at the United Nations and in all the organizations related to it.

19 陸以正，前引書，頁198。而時任北美司長的錢復也認為，縱使那年的「變化的重要問題案」、「雙重代表權案」獲通過，而阿爾巴尼亞案失敗，我們能繼續留在聯合國內多久，仍不容樂觀。因為中共早已聲明，即使中共取得會籍及安理會常任席位，只要我國在聯合國，它也決不會參加，而要透過其友好會員國持續提案排我，直到通過這一案，才會罷休。見錢復，前引書，頁167。

共挑戰的最後關鍵時刻，都接受美國所提的「雙重代表權」提案。[20]

　　儘管楊西崑認為中華民國在聯合國遭遇失敗，有一部分原因在於「蔣總統拖延不作必要痛苦的決定」，[21]但蔣總統審慎情勢之後，在1971年6月15日的國家安全會議中，針對美國的態度提到：「如果今天看到某些國家短視近利，違反理性，蔑視正義，侈言和平而實在葬送和平的作為，吾人即為其所激怒，或為其所沮喪，甚至為其所脅迫，而不能『持其志毋暴其氣』，那就正是在『自毀其壯志』！只要大家能夠莊敬自強，處變不驚，慎謀能斷，『堅持國家及國民獨立不撓之精神』，亦就是鬥志而不鬥氣，那就沒有經不起的考驗、衝不破的難關，也沒有打不倒的敵人！而這亦就是告訴了大家『形勢是客觀的，成之於人；力量是主觀的，操之在我』的道理。」[22]11月25日表決失敗後，蔣總統發表〈國家命運操之在己，堅忍奮鬥不惑不搖〉對全國同胞文告，這篇文告中指出，吾人「在風平浪靜時，不鬆懈、不苟安、不驕惰；在暴雨來襲時，不畏怯、不失望、不自欺。」[23]

20　王景弘，前引書，頁352、353。當時代理外交部長楊西崑透露，總統府祕書長張群在受他影響下，開始能理解中華民國不得不接受中共入安理會，但我方可保有大會席次的所謂「雙重代表權案」。而楊氏也聲稱國家安全會議祕書長黃少谷對他的看法（即不輕言退出）「百分百同意」。行政院祕書長蔣彥士在1971年7月22日告訴美國駐華大使馬康衛，他主張中華民國政府即使失去安理會席次，也應留在聯合國。蔣彥士暗示蔣經國也反對退出聯合國，即使放棄安理會席次亦然。

21　王景弘，前引書，頁400。楊西崑在臺灣退出聯合國後，「私下坦承」的對蔣總統說，他認為有需要把臺灣的政治權力轉移給本省人。蔣介石深切明白情勢，但他徹底、明確、平靜的拒絕了任何類似的行動。見陶涵，《蔣介石與現代中國的奮鬥》，頁710，注93。

22　秦孝儀主編，《先知先導：先總統蔣公駁斥共匪統戰陰謀之指示》（臺北：近代中國出版社，1987年），頁39-40，

23　錢復，前引書，頁165-166。錢復表示，代表團出發前，蔣總統表示已有預作退會的心理準備。在代表團回國後，蔣經國指示錢復，今後國際處境將更不樂觀，必須加強對美國的關係，尤其多聯繫國會議員；也要全面檢討及強化外交人事。

此後，「莊敬自強，處變不驚」的標語貼遍臺灣各個角落，在風雨欲來之前，給人民一劑強心針。事實上，這個挫敗反倒使臺灣產生一種穩定的效果，強烈凸顯出外省人與本省人風雨同舟的命運共同體之感。其次，美國在聯合國大會上積極為中華民國拉票也產生效果，使臺灣人民尚未喪失對美國的保證的信心。甚至美國與中共的接觸，實際上也減緩了中共對臺軍事威脅的壓力。1971年，《大學雜誌》奉准出版，這是由臺大教授楊國樞擔任編輯的刊物，支持者是一批本省籍與外省籍的自由主義派知識分子，刊登主張振興國力結構、明白要求全面改選中央民意代表機關的文章。《大學雜誌》也尖銳批評政府，在美國把沖繩交還日本時，竟然未能阻止美方不要把釣魚臺列嶼一併交出。[24] 主流媒體和立法院、監察院若干民意代表也加入批評陣營。全臺各大專院校紛紛成立保釣委員會，這可說是政府遷臺後，校園知識分子捍衛中華民國主權史無前例的狂飆運動。

　　行政院副院長蔣經國命令安全單位和警備總部對保釣運動嚴密監控，但未採直接干預行動。為警告知識分子不要超越威權體制的許可範圍，在1973月間，下令逮捕一位著名外省籍知識分子李敖，以及彭明敏的學生謝聰敏、魏廷朝等人，以為殺雞儆猴之示。[25] 1971年10月15日，與《大學雜誌》有關的師生發表〈國是宣言〉，主張厲行法治，要有多元、開放的社會，譴責「特權集團」、「傲慢、老邁……脫離群眾」。臺灣大學出現前所未有的討論言論自由的集會，然而蔣經國非但未採取鎮壓行動，反而邀

24　陶涵，《蔣經國傳》，頁335-336。1971年4月14日，大學生分別至日本及美國大使館呈遞抗議書，抗議有關釣魚臺主權的問題。6月17日，近千名臺大學生示威遊行，也分別至美、日使館呈遞抗議書。薛化元，《臺灣歷史年表——終戰篇II》（臺北：業強出版社，1994年），頁140、144。

25　陶涵，《蔣經國傳》，頁336。謝聰敏日後告訴陶涵，他被三大情治單位審問、拷打，最後頂不住而屈服，誣攀李敖從事反政府陰謀活動。

請《大學雜誌》主要成員參加座談會，並在會中宣稱「青年應該多講話，多關心國是。」[26] 臺灣在退出聯合國不久前，巨人少棒隊才在美國贏得了威廉波特世界少棒賽冠軍，掀起島內不分省籍的愛國熱情，島上1千萬人口中，絕大多數都在半夜守著電視機，蔣家人也不例外。[27] 而退出聯合國，也同樣為島內同胞帶來同仇敵愾的悲壯氣氛，陶涵（Jay Taylor）認為蔣氏父子在1969年底，首次聽到尼克森、季辛吉預備採激進路線時已經訂下最終的策略，這個策略涉及到展示怒意、接受必要的羞辱與損失、長久堅守、保持尊嚴、固守原則、盡速發展經濟與軍事實力，威脅要誓死作戰以防止中共武力犯臺，然後等待天意干預。[28] 蔣介石總統在面對臺灣愈艱難的艱困的外交孤立之際，[29] 決定由他的長子啟動全面接班的機制，並且誓死保衛中華民國最後的領土。

第二節　蔣經國組閣

1972年3月，國民大會開議，蔣介石向國民大會報告：「心懷愧咎（大陸尚未光復），余懇請大會另選賢明接任我職。」出席代表仍以99.3％得票率，[30] 推選他和嚴家淦為中華民國第5任正副總統。蔣介石在私下仍堅信「萬惡的共匪」和出賣臺灣的「尼克森小丑」都將在5年之內，或少則半年被打敗，「我們忍受的羞辱不會白費」。他認為值此重要關鍵時刻，仍必須承擔重任，續任總統。[31] 而半年後，美國聯邦調查局逐漸查

26　陶涵，《蔣經國傳》，頁337。
27　陶涵，《蔣介石與現代中國的奮鬥》（下卷），頁709，注90。
28　陶涵，《蔣介石與現代中國的奮鬥》（下卷），頁710。
29　錢復，前引書，頁153、167。我國在退出聯合國之後，1年內先後有15國與我斷交，其中包含重要邦交國日本在內，而日本也是當年我在聯合國會籍保衛戰中，最重要的友邦。
30　薛化元，《臺灣歷史年表——終戰篇II》（臺北：業強出版社，1994年），頁168。
31　陶涵，《蔣介石與現代中國的奮鬥》（下卷），頁717，注111。

出尼克森的競選連任團隊，涉入在華府水門大廈民主黨總部遭人入侵事件及其陰謀。[32]

1972年5月26日，立法院以381票（總席次394席），93.38％的高票率，通過蔣經國出任行政院院長。[33] 29日，總統發布新內閣命令，副院長徐慶鐘、祕書長費驊、內政部長林金生、外交部長沈昌煥、國防部長陳大慶、財政部長李國鼎、教育部長蔣彥士、司法行政部長王任遠、經濟部長孫運璿、交通部長高玉樹、蒙藏委員會委員長崔垂言、僑務委員會委員長毛松年，至於不管部會政務委員有葉公超、李連春、連震東、俞國華、周書楷、李登輝、郭澄等人。[34] 他第一道公開聲明就是光復大陸國土決心，也強調在臺灣推動行政革新，掃除貪汙。[35]

關於蔣經國內閣人員簡歷，參見表1-1。

表1-1　蔣經國內閣人員簡歷（1972～1976）（分析20人）

姓名	出生年	入閣年齡	籍貫	黨籍	入閣前經歷	入閣職務	離閣出路	最高學歷	
								國內	國外
蔣經國	1910	62	浙江	國民黨	行政院副院長	行政院長	留任		馬契夫中央軍政學院學士
徐慶鐘	1906	66	臺灣	國民黨	內政部長	副院長	留任	臺灣大學博士	
林金生	1916	56	臺灣	國民黨	中央委員會副祕書長	內政部長	交通部長		日本帝國大學學士
沈昌煥	1913	59	江蘇	國民黨	1966任駐教廷大使	外交部長	留任		美國密西根大學碩士
陳大慶	1904	68	江西	國民黨	臺灣省主席	國防部長	總統府戰略顧問	黃埔軍校	

32　1974年8月9日，尼克森總統因不名譽職辭下臺。

33　薛化元，前引書，頁172。

34　楊碧川，《臺灣現代史年表》（臺北：一橋出版社，1996年），頁132。同日，謝東閔與張豐緒兩位臺籍人士也分別出任省主席及臺北市長。6月8日，蔣經國指示十項革新政風指示。29日，公布中央民代增額選舉辦法。

35　陶涵，《蔣經國傳》，頁339。

高魁元	1907	66	山東	國民黨	總統府參軍長	1973年接任國防部長	留任		黃埔軍校
李國鼎	1910	62	南京	國民黨	財政部長	財政部長	政務委員		英國劍橋大學碩士
蔣彥士	1915	57	浙江	國民黨	行政院農發會委員	教育部長	留任		美國明尼蘇達大學博士
王任遠	1910	62	河北	國民黨	國民黨政策會副祕書長	司法行政部長	國策顧問		韓國成鈞館大學博士
孫運璿	1913	59	山東	國民黨	1969任經濟部長	經濟部長	留任	哈爾濱工業大學學士	
高玉樹	1913	59	臺灣	無	臺北市長	交通部長	政務委員		日本早稻田大學學士
崔垂言	1906	66	吉林	國民黨	黨史會副主任	蒙藏委員會委員長	留任	清華大學碩士	
毛松年	1911	61	廣東	國民黨	臺灣銀行總經理	僑務委員會委員長	留任	廣州師範學校學士	
葉公超	1904	68	廣東	國民黨	政務委員	政務委員	留任		英國劍橋大學碩士
李連春	1904	68	臺灣	國民黨	糧食局長	政務委員	留任		日本神戶商校學士
連震東	1905	67	臺灣	國民黨	政務委員	政務委員	留任		日本慶應大學學士
俞國華	1914	58	浙江	國民黨	中央銀行總裁	政務委員	留任		美國哈佛大學碩士
周書楷	1913	59	湖北	國民黨	外交部長	政務委員	留任		英國劍橋大學學士
李登輝	1923	49	臺灣	國民黨	農復會技正兼臺大教授	政務委員	留任		美國康乃爾大學博士
郭　澄	1907	65	山西	國民黨	國民大會祕書長	政務委員	留任	北平中國大學學士	

※資料來源：本章節正文中所引述由口述歷史、傳記、專書等資料整理而成，部分引用李功勤，〈蔣介石臺灣時代的政治菁英1950年～1975年——以中國國民黨中常委及內閣成員為例〉（嘉義：國立中正大學歷史研究所博士論文，2001年）。

　　在這20位內閣中，平均年齡是61.9歲，其中臺籍人士有6位，浙江籍3位，廣東籍2位，山東籍2位，其他省籍有7位，本土化比例為30％。在學歷方面，擁有碩、博士學位者占45％，其中具有博士學位的4人中，1人是國

內博士，3人是國外博士；碩士學位的5人中，1人是國內碩士，4人是國外碩士。軍校畢業的則有2人。

蔣經國在接任閣揆之前，美國總統尼克森已經與中共簽署了「上海公報」，[36] 而當尼克森由上海飛回美國時，主管東亞事務助理國務卿葛林（Marshall Green）和季辛吉助理何志立（John H. Holdridge），銜命到臺北向臺灣領導人簡報訪問經過。蔣經國出奇的鎮靜，向美方強調只要遵行「共同防禦條約」和美國軍事持續援助，他就「不太困擾」。[37] 當上海公報發布後，外交部長周書楷在赫斯特報系記者問到臺灣是否會改打蘇聯牌之問題時，周部長表示中華民國現在不排除「與魔鬼握手」，臺北和莫斯科之間可以舉行類似華沙會談的接觸。3個月之後，周書楷下臺。[38] 這個人事調整，顯示蔣氏父子仍然以美國為主要的依恃力量。在蔣經國正式接掌閣揆之後，37歲的錢復出任新聞局長。錢復一上臺，就停止前局長魏景蒙的一些祕密外交活動，包括與蘇聯籍的《倫敦晚星報》（London Evening Star）駐俄特派員維多·路易（Victor Louis）的接觸。[39]

另一方面，蔣經國將有意爭取行政院長一職的周至柔予以排除，[40] 並

36　楊碧川，《臺灣現代史年表》，頁133。在「上海公報」中，基本上是各說各話的局面。中共主張中華人民共和國才是中國的唯一合法政府，臺灣是中國的一省。美國方面，則表示美國認知（Acknowledge）到臺灣海峽兩邊的中國人都認為只有一個中國，臺灣是中國的一部分……美國也同意等到該地區緊張情緒趨於緩和，將階段性削減在臺灣的美國軍隊。

37　陶涵，《蔣經國傳》（臺北：時報文化，2000年），頁338。

38　陶涵，《蔣經國傳》，頁338-339。

39　陶涵，《蔣經國傳》，頁315-318。路易（又名維他利·葉夫金尼耶維契，Vitaly Yevgeniyevich）經臺灣情報機關確認是KGB的特務。蔣經國同意路易來訪，並要他的好友魏景蒙作為接待的窗口。1968年10月29日，蔣經國與路易見面並以俄語交談，蔣經國向路易談起，一旦國民政府光復大陸，可以「考慮對美關係」，或許他已預見在「上海公報」簽訂之後，臺灣與美國之間要發展長期的戰略伙伴關係，已經不太可能實現了。而國府此番人事上的調整，應該是基於美方的壓力，或者是做給美國人看而已。

40　王作榮，《壯志未酬》（臺北：天下文化，1999年），頁362。

著手逮捕周至柔的智囊——時任《大華晚報》董事長的李荊蓀。李荊蓀從1957年8月～1970年11月止，在《大華晚報》上的「星期雜感」發表一系列批評政府的文章，加上其捲入蔣、周二人行政院長職務之爭而被逮捕，周至柔與黃少谷曾向蔣經國求情，但李仍被判處無期徒刑。[41]

1972年6月，蔣經國的新內閣成立時，我們可發現為了因應國際及國內時勢變化，國民黨逐漸重視並尋求內部統治的正當性之下，蔣經國內閣大量起用臺籍人士，[42] 計有徐慶鐘、林金生、高玉樹、李連春、連震東、李登輝等6人，在全體內閣成員21位之中占有28.5％，居政府遷臺後各屆內閣之冠，行政院副院長一職則由嚴家淦內閣內政部長徐慶鐘升任。此外，他也多關注臺籍青年才俊，並多加栽培。[43]

1975年4月5日，蔣介石總統逝世，由嚴家淦繼任總統，行政院長蔣經國於隔年6月10日進行行政院局部改組，祕書長由張繼正接替費驊，而原本的祕書長費驊轉任財政部長接替原部長李國鼎，內政部長由張豐緒接替轉任至交通部長的林金生（接替高玉樹），教育部長由李元簇接替蔣彥士，司法行政部長由汪道淵接替王任遠，副院長徐慶鐘、外交部長沈昌煥、國防部長高魁元、經濟部長孫運璿、蒙藏委員會委員長崔垂言、僑務委員會委員長毛松年，在不管部會政務委員，有葉公超、李連春、連震東、俞國華、周書楷、李登輝、郭澄等留任。

關於第2屆的內閣人員簡歷表，請參見表1-2。

---

41 陸鏗，《陸鏗回憶與懺悔錄》（臺北：時報出版，1997年）頁472-480。直到1980年初，包括卜少夫等立法委員與新聞界重要人士，都曾經寫信給蔣經國及國防部長宋長志，希望李荊蓀可以「保外就醫」或「提前開釋」，均未如願。

42 詳情請參考李功勤，〈蔣介石臺灣時代的政治菁英1950年～1975年——以中國國民黨中常委及內閣成員為例〉（嘉義：國立中正大學歷史研究所博士論文，2001年）。

43 陶涵，《蔣介石與現代中國的奮鬥》（下卷），頁717。省主席也由本省籍的謝東閔出任，蔣經國又促成中央民意機關增額119席，其中本省籍占了大多數。

表1-2　蔣經國1976年局部改組內閣人員簡歷(1976～1978)（分析22人）

姓名	出生年	入閣年齡	籍貫	黨籍	入閣前經歷	入閣職務	離閣出路	最高學歷 國內	最高學歷 國外
蔣經國	1910	66	浙江	國民黨	行政院長	行政院長	總統		馬契夫中央軍政學院學士
徐慶鐘	1906	70	臺灣	國民黨	副院長	副院長	總統府資政	臺灣大學博士	
張豐緒	1928	48	臺灣	國民黨	臺北市長	內政部長	行政院政務委員		美國新墨西哥大學碩士
沈昌煥	1913	63	江蘇	國民黨	外交部長	外交部長	國家安全會議祕書長		美國密西根大學碩士
高魁元	1907	69	山東	國民黨	國防部長	國防部長	留任	黃埔軍校	
費驊	1902	74	江蘇	國民黨	行政院祕書長	財政部長	行政院政務委員		美國康乃爾大學碩士
蔣彥士	1915	61	浙江	國民黨	教育部長	教育部長	外交部長		美國明尼蘇達大學博士
李元簇	1923	54	湖南	國民黨	國立政治大學校長	1977年接任教育部長	司法行政部長		德國波昂大學博士
汪道淵	1913	63	安徽	國民黨	司法行政部政務次長	司法行政部長	國防部長	南京國立中央大學碩士	
孫運璿	1913	63	山東	國民黨	經濟部長	經濟部長	行政院長	哈爾濱工業大學學士	
林金生	1916	60	臺灣	國民黨	內政部長	交通部長	留任		日本帝國大學學士
崔垂言	1906	70	吉林	國民黨	蒙藏委員會委員長	蒙藏委員會委員長	留任	清華大學碩士	
毛松年	1911	65	廣東	國民黨	僑務委員會委員長	僑務委員會委員長	留任	廣州師範學校學士	
葉公超	1904	72	廣東	國民黨	政務委員	政務委員	總統府資政		英國劍橋大學碩士
李連春	1904	72	臺灣	國民黨	政務委員	政務委員	國策顧問		日本神戶商校學士
連震東	1905	71	臺灣	國民黨	政務委員	政務委員	國策顧問		日本慶應大學學士
俞國華	1914	62	浙江	國民黨	政務委員	政務委員	政務委員兼經建會主委		美國哈佛大學碩士
周書楷	1913	63	湖北	國民黨	政務委員	政務委員	駐教廷大使		英國劍橋大學學士
李登輝	1923	53	臺灣	國民黨	政務委員	政務委員	臺北市長		美國康乃爾大學博士

郭　澄	1907	69	山西	國民黨	政務委員	政務委員	研考會主委	北平中國大學學士	
李國鼎	1910	66	南京	國民黨	財政部長	政務委員	總統府資政		英國劍橋大學碩士
高玉樹	1913	63	臺灣	無	交通部長	政務委員	留任		日本早稻田大學學士

在22位內閣中，仍以具有豐富經驗的技術專家為主，平均年齡是64.4歲，其中臺籍人士有7位，浙江籍3位，廣東籍2位，江蘇籍2位，山東籍2位，其他省籍有6位，本土化比例為31.8％。在學歷方面，擁有碩、博士學位者占54.5％，其中具有博士學位的3人中，1人是國內博士，2人是國外博士；碩士學位的9人中，2人是國內碩士，7人是國外碩士。軍校畢業的是1人。

在研究蔣經國時代的內閣菁英過程中，我們發現本土菁英與流徙菁英是同時培養的接班梯隊；在歷史的變化中，本土菁英成為爾後的主政者，但內閣團隊重要成員，其實已經歷國民黨長期有計畫的行政歷練。高學歷是內閣中職務增補的必備條件，從學界延攬人才也是重要管道；而財經專家則是核心角色與行政院長的熱門人選。

第三節　內閣特色

在蔣經國的主政時代，臺灣遭逢國際外交的重大挫敗，內部反對運動勃興，政府控制力逐漸衰弱；但卓越的內閣成員與持續的本土化政策，使國民黨轉型成為穩定且為大多數人接受的執政黨。從1972年6月的內閣名單中，美國國務院認為，起用多位臺籍人士擔任要職，可以改變臺灣人民對於國民黨的印象，也讓臺灣人民感覺受到重視。[44]

新任的行政院副院長由嚴家淦內閣內政部長徐慶鐘升任。徐慶鐘出身

---

[44] 黃城、吳建忠，〈蔣經國先生的治臺經驗——本土化政策的探討〉，「蔣經國先生與臺灣民主發展學術研討會」，（臺北：中華民國團結自強協會，2008年1月13日），頁4。

臺北萬華地區，1931年大學畢業論文〈黃麻硬實之研究〉轟動整個臺北帝國大學，隨後於農業試驗所成功培育一種新麻品種，日本學界命名為「鐘麻」，以紀念他的功勞。徐慶鐘也是本省農學家在日據時代唯一得到臺北帝國大學農學博士學位的學者。[45] 其在內政部長6年任內，研訂臺灣地區社會建設四年計畫，訂定人口政策、勞工職業訓練制定、公布勞工職業金條例、醫師法及藥商品管理法等，將科學精神帶進內政部，有諸多新猷。[46]

徐慶鐘是政府遷臺後第一位本省籍行政院副院長，不但是當局重視的農經專才，也扮演象徵本土菁英的角色。

內政部長由林金生擔任。自陳誠第二次組閣以來，連震東和徐慶鐘皆以臺籍菁英身分相繼擔任內政部長，內政部長一職由臺籍人士擔任似乎已是慣例。林金生1916年出生於臺灣嘉義，畢業於日本東京帝國大學法學院。他擔任過嘉義首任縣長（1951～1954年）、雲林縣長（1957～1964年）、澄清湖工業給水廠廠長（1964～1966年）、臺灣省政府委員（1966～1967年，1967年起兼省黨部書記長）等地方首長職務。在黨職方面，曾經擔任雲林縣黨部主委（1954～1957年）、臺北市黨部主委（1969年）、中央黨部第一組副主任（1969年）、中央黨部副祕書長（1970年）。[47] 這也是國民黨遷臺以來，自謝東閔（第7屆）、連震東（第8屆）、徐慶鍾（第9屆）以後，第4位臺籍副祕書長。[48]

新任外交部長沈昌煥在1960年5月接任外交部長至1966年6月，繼而又

---

45 王春祝，〈中華民國歷任行政院副院長〉，《中華民國內閣名人錄》（臺北：洞察出版社，1988年），頁59。

46 王春祝，前引書，頁58。

47 《民族晚報》，1978年5月29日。

48 李雲漢，《中國國民黨職名錄》（臺北：中國國民黨中央委員會黨史委員會，1994年）。

被蔣經國再度任命為外交部長至1978年12月，為與美國斷交以示負責而辭職，前後一共有12年時間，是政府遷臺以後任期最久的外交部長。沈昌煥曾經擔任蔣介石的交際祕書，[49] 於在外交部服務時間長達18年（包含6年的政務次長），並且曾擔任駐西班牙、泰國、教廷大使，而有外交教父之稱。[50] 由於長期追隨蔣介石，在1950年以38歲年齡出任中央改造委員，在外交政策上，是「漢賊不兩立」政策最堅定的捍衛者，宋楚瑜認為他嚴守「敵我之辨」、「大是大非」的信念，有始有終持續到生命的最終。蔣經國在行政院長任內，成立跨部會的「對外工作小組」，以因應政府退出聯合國，對外工作要更事權統一，靈活主動而成立。分別由周書楷和沈昌煥出任總召集人，成員包括經濟部長孫運璿、教育部長蔣彥士、僑委會委員長毛松年、新聞局長丁懋時等人。由蔣經國英文祕書宋楚瑜擔任該小組的執行祕書。[51]

　　沈昌煥雖然在1978年12月辭職，但他在1960年代加強鞏固非洲友邦，開創中華民國赴非洲訪問的第一位外交部長。在12年的外交部長任期內，胡為真、朱撫松、丁懋時、張京育、陳雄飛、胡炘、芮正皋、劉達人、沈琦、林金莖、夏功權、楊西崑、馬樹禮、陳錫蕃、錢復、邱進益等著名外交官都是他的門生故舊，對蔣經國時代的外交系統人事，有深遠的影

49　當時蔣介石身邊的交際祕書有3位，分別是李惟果、沈昌煥、沈錡。參見俞國華，前引書，頁83。

50　俞國華也推崇沈昌煥顯赫的外交資歷，而在臺灣外交界具有教父級分量。見俞國華，前引書，頁86。

51　宋楚瑜，〈對自己負責的真誠〉，《沈昌煥先生紀念文集》（臺北：沈大川出版，2001年），頁399-402。在這個階段，最困難就是處理美國的邦交問題，在1978年斷交時，宋楚瑜陪同美國駐華大使安克志在深夜赴七海官邸晉見蔣總統時，沈昌煥隨即前來，並將已準備好的因應方案，報告蔣經國，並且遞上辭呈，蔣經國也立即決定由蔣彥士接任外交部長。

響。[52]

　　國防部長由黃埔軍校一期畢業生陳大慶接任。陳大慶1904年出生於江西省崇義縣，在大陸時期，曾擔任集團軍總司令。政府遷臺後，歷任國家安全局副局長、局長（1947～1959年）、臺灣警備總司令兼軍管區司令（1963～1967年）、陸軍總司令（1967～1969年）、臺灣省政府主席（1969年7月～1972年6月）等職務，[53] 1973年7月30日，總統公布新的人事命令：高魁元任國防部長，黎玉璽任總統府參軍長，而陳大慶因健康原因調任總統府戰略顧問。[54]

　　高魁元1907年出生於山東嶧縣，是黃埔軍校第4期畢業生（1926年）。在軍中，由基層連隊歷經陸軍總政治部主任、陸軍總司令、參謀總長、總統府參軍長等要職，1973年7月接任國防部長。[55] 1949年，高魁元擔任第18軍軍長戍守金門，重創來犯共軍，俘虜五千餘人，史稱「古寧頭大捷」。他是蔣經國最信任的國軍將領，因此能擔任參謀總長及國防部長，是政府遷臺後第一位能先後出任軍令及軍政系統領導者的將領。[56]

　　財政部長由李國鼎留任。李國鼎早期受知於蔣介石總統、陳誠副總

52 郝柏村，〈老成謀國的沈昌煥先生〉，《沈昌煥先生紀念文集》，頁133-134。沈昌煥在辭卸外交部長之後，依然深受蔣經國的重用，出任國家安全會議祕書長，1984年蔣經國連任第7任總統，更遷調他任總統府祕書長；但在李登輝繼任總統後，沈昌煥在1988年10月12日的國民黨中常會發言，批評工商貿易代表團訪問蘇聯，質疑我反共國策是否已有改變。5天之後，李登輝免去沈昌煥總統府祕書長職務。郝柏村認為李登輝就任總統9個月以來，沈昌煥助李甚多，言論中頗支持李，結果卻換得週一通知，週二下午即令辭職的結果。郝柏村認為當時的確驚動政壇，後來不乏類似事件，大家也就習以為常了。

53 《國史館現藏民國人物傳記史料彙編》第1輯（臺北：國史館，1988年），頁455-458。

54 薛化元，前引書，頁208。

55 傅立德，〈臺灣防禦的關鍵人物──中華民國歷任國防部長〉，《中華民國內閣名人錄》，頁158-159。

56 風雲論壇編輯委員會，《蔣夫人與元老派》（臺北：風雲論壇出版社，1987年），頁169-170。

統、嚴家淦、尹仲容等人，其在經濟及財政部長任內所提拔的青年才俊包括：徐立德、王昭明、李模、金唯信、白培英、王建煊、阮大年、何宜慈、石滋宜、張忠謀、楊世緘等財經及科技人才。這些財經、科技界人才，被歸納為所謂的「KT派」（國鼎的英文縮寫）。[57] 但由於李國鼎建立的聲譽不凡，使美國國務院分析蔣經國之所以任命一個臺灣人副院長（徐慶鐘），目的就在於擋掉李國鼎這位外省籍的可能挑戰者。[58]

李國鼎在上海讀書時加入「仁社」，仁社是1919年在美國紐約念書的9位中國留學生創辦的。他們仿照美國兄弟會的組織，在哥倫比亞大學的宿舍成立這個組織，取名為Phi Lambda Fraternity，社名是中文與希臘文並用。仁社吸收新會員的標準是：人格高尚、學有專精、品性溫良及具有自由民主思想者。總社於1926年設立於上海，1947年時，全國已有13個支社，社員有459人；國外則有歐、美兩分社，社員154人。社員中的嚴家淦、尹仲容、陶聲洋、錢純、張繼正、趙耀東等人，爾後在臺灣政壇都發揮影響力。[59]

教育部長由嚴家淦內閣祕書長蔣彥士出任。蔣彥士是農業專家，1915年4月27日出生於浙江杭州，1942年畢業於美國明尼蘇達大學哲學博士，長

---

57 在李國鼎擔任財政部長，俞國華出任央行總裁期間，兩人都各自提拔極多的中間幹部，這批中間幹部日後又紛紛出掌各方要職，因此財務圈內人士都約定成俗，將李國鼎提拔的人才冠以「KT派」名稱，而對俞國華所拔擢的金融菁英則稱為「俞系」。見俞國華，前引書，頁248。

58 王景弘，《採訪歷史：從華府檔案看臺灣》（臺北：遠流出版社，2000年），頁435。李國鼎認為，陳誠最信任嚴家淦，他在第二次擔任行政院長時期的一切安排及所用的人都非常合適，他不相信軍人，而是找所謂的技術官僚加入內閣組織。劉素芳，《李國鼎：我的臺灣經驗》（臺北：遠流出版社，2005年），頁510-511。

59 康綠島，《李國鼎口述歷史》（臺北：卓月世界文化，2001年），頁60-62。李國鼎在仁社時即聽說嚴家淦極為聰明，對數字過目不忘，到臺灣後，於財政部長任內建立預算制度，抑制通貨膨脹。嚴家淦同時也是臺灣仁社的社長，對李國鼎非常賞識，多次提拔他擔任財經要職。

期任職於中國農村復興聯合委員會，是沈宗瀚在金陵大學任教時的學生。蔣彥士長期追隨沈宗瀚，1936年畢業後，進入中央農業實驗所、全國稻麥改建所工作。1948年，繼續追隨沈宗瀚在中國農村復興聯合委員會工作，蔣彥士認為「大陸淪陷之前，農業高級技術人員能來到臺灣，也是沈先生的功勞。」[60] 雖然蔣彥士與嚴內閣4位教育部長相較，並無大學校長的資歷，[61] 但他與蔣經國私交甚篤，1969年蔣經國任行政院副院長時，力薦他出任祕書長，在其往後的政壇發展上，都頗為順利。[62] 在蔣彥士出任教育部長後，延攬朱匯森、梁尚勇、郭為藩出任政務及常務次長，而他重用的技職司前後任司長陳履安、郭南宏、國際文教處長李鍾桂、高教司長林清江（後升任常務次長）、袁頌西、體育司張蔡敏忠等人都是一時之選，其中朱匯森、郭為藩、林清江3人，先後出任教育部長，郭南宏和陳履安也在往後入閣，擔任交通及國防部長。[63]

蔣彥士在部長任內處事極有魄力，到職後，首先限制教育部同仁到各級私立學校授課。其次，1972年8月起教育部暫緩接受籌設私立學校的申請，當時改制升格的風氣頗盛，三專改制學院已有行動，也有不少民意代表向教育部施壓，因蔣彥士和技職司長陳履安立場堅定，整頓私校作業尚能勉力完成。而政府首次大專院校教育評鑑也在蔣彥士任內開始，先後開始試辦工業專科學校評鑑（民國64學年度）、大學評鑑（始於64學年，

---

60 有關蔣彥士重要學經歷，請參考行政院農業委員會編著，《彥士文存》（臺北：行政院農業委員會，1994年），頁347-349。

61 彭懷真，〈主管百年樹人的園丁──歷任教育部長的出身〉，《中華民國內閣名人錄》，頁196。

62 胡煜嘉，〈從絢爛歸於平靜的國士──總統府國策顧問素描〉，《蔣夫人與元老派》，頁86-88。蔣彥士在1978蔣經國就任第6任總統時，出任總統府祕書長，旋出任外交部長，1979年又出任中國國民黨中央委員會祕書長。後也曾為李登輝總統重用，擔任總統府祕書長。

63 郭為藩，〈若沐春風的日子〉，載《彥士文存》，頁379-381。

65學年擴大為理、農、工、醫4個學院），對高等教育素質提升有顯著績效。[64] 蔣彥士推展的巔峰，是1975年11月召開的教育會議，6項中心議題都做成具體結論，成為日後教育大計的藍本，其中包括：大學評鑑制度之推行、大專聯考制度、各級學校教科書編印與師範教育之改進、師資供應平衡、提高公費待遇等；但是1977年4月18日，發生大專院校學生參觀剛落成的蘇澳港，結果船隻翻覆造成32名師生罹難的不幸事件，4月19日辭職獲准，贏得輿論及各界的好評，對其日後仕途反而添加無窮的助力。[65]

司法行政部長由嚴內閣的王任遠部長留任。王任遠畢業於朝陽大學法律系，日本明治大學政治學碩士、韓國成鈞館大學法學博士，曾任國民黨中央政策委員會副祕書長、祕書長。在歷任的法務部長中，大多由法學專家出任。在行憲初期，黨國大老謝冠生、梅汝璈、張知本等憲法專家都出任過該職。在政府遷臺後，林彬是早年的制憲和制法專家；谷鳳翔及王任遠都曾經擔任過國民黨政策會祕書長，對於黨務運作和立法事務均十分熟悉，王任遠任內嚴懲貪汙及整頓司法官箴，後因遭人誣告而辭職。[66]

經濟部長由原嚴內閣之交通部長孫運璿轉任。孫運璿一生大半與電力工程事業有不解之緣，陶聲洋遽逝之後，在任不滿兩年的孫運璿轉任經濟部長。孫運璿出生於1913年山東蓬萊縣，畢業於哈爾濱工業大學，來臺後曾任臺灣電力公司總經理，深受兩位蔣總統賞識。在將近20年的部長與行

---

64 郭為藩，前引文，頁383-385。

65 卜幼夫，〈蔣彥士浮雕〉，載《彥士文存》，頁362-363。

66 吳淑美，〈中華民國歷任法務部長〉，《中華民國內閣名人錄》，頁209。王任遠在擔任司法行政部部長之前，是國民黨中央政策會祕書長，在接任部長後，任內經辦王正誼，白慶國貪汙案，他痛恨關說，最後被人誣告請辭獲准。在內閣局部改組後蔣經國命他再接司法行政部，他拒絕後，接任國民黨中央組織工作會主任，在當年遭誣告的周賢敏一案中，他發現李國鼎的常務次長王紹堉扮演隻手遮天的角色。而李國鼎也多方袒護，最後全案竟然不了了之。見王任遠，《王任遠司法六年回憶錄》（臺北：傳記文學出版社，1995年），頁63-69。

政首長的任內，他推行十大建設，與李國鼎共同促進新竹科學工業園區的成立，規劃臺灣早期科技政策；不僅被普遍的認為是臺灣科技產業之主要奠基者，也被視為臺灣經濟的推手。[67]

交通部長由臺北市首任院轄市長高玉樹接任。高玉樹1913年出生於臺北市，畢業於日本早稻田大學機械工程系。在其從政生涯中，曾擔任臺北市第2屆民選市長（1954～1957年）、第5屆市長（1964～1967年）、首任院轄市市長（1967年7月～1972年5月）。[68] 根據美國國務院分析蔣經國任用高玉樹出掌交通部的目的，是調離高玉樹這位可能的競爭者，使其脫離擁有群眾基礎的地盤。[69] 而另一臺籍人士張豐緒被蔣經國提拔，其於屏東縣長任滿後接掌臺北市，目的是打破高玉樹在市府的官僚地盤。[70] 蔣經國在人事命令發布前，曾經先行召見高玉樹，邀請他入閣，表示預備推動十大建設計畫，其中六項是交通建設，需要借重高玉樹的才幹。高玉樹無法推辭，只好接受新職務。[71]

在蔣經國的內閣成員中，高玉樹承認當時蔣院長最不放心的兩位閣員就是他和李國鼎。[72] 李國鼎覺得蔣介石總統在經濟思想較蔣經國開明，而蔣經國則太固執。[73] 1965年1月13日，蔣介石宣布內閣局部改組，李國鼎由於深獲層峰信任賞識，以55歲年紀接替67歲楊繼曾出任經濟部長，當時行政院長嚴家淦也極力推薦李國鼎入閣。李國鼎也自認，在經濟部長任

67 楊艾俐，《孫運璿傳》（臺北：天下雜誌，1989年），頁108。

68 高玉樹口述，吳君瑩紀錄，林忠勝撰述，《高玉樹回憶錄：玉樹臨風步步高》（臺北：前衛出版社，2007年），頁245-248。

69 王景弘，前引書，頁435。

70 王景弘，前引書，頁437。

71 陶涵，《蔣經國傳》，頁339。

72 高玉樹，前引書，頁199。

73 康綠島，《李國鼎口述歷史》，頁143。

內，也是最得老總統器重的時候。[74]

　　對於交通部長的任命，高玉樹認為這根本就是一種「明升暗降」手段，蔣經國信任最熟悉交通部業務的前交通部政務次長費驊做祕書長，結果高玉樹主張的鐵路高架化政策，卻因為費驊兒子的公司承接幹線鐵路地下化工程而被取代，高玉樹非常不滿費驊的兒子承接若干政府的工程，直批這是臺灣的太子黨。[75]　高玉樹在交通部任內，由於受到黑函攻擊他在高速公路和拓寬道路工程方面炒地皮，開路賺錢，於是蔣經國將黑函交給主計長周宏濤處理，周宏濤指示，「地方政府交通嚴重地段改善所需預算，今後可個案審理，然後直接撥交省府單位。」因此，中央不再給交通部編列這筆預算，高玉樹認為這就是蔣經國對他的不信任。[76]

　　在高玉樹的從政歷程，其實或可反映部分臺籍政治人物的內心世界，他推崇蔣介石總統在他擔任臺北市長時的賞識與支持；[77]　但也認為這是一個臺灣人受歧視的時代，他認為李連春對臺灣農村的了解無人可以超越，但學歷不高，日本商校畢業，他們兩人都是政壇常被欺負的弱者，被外省人歧視。[78]　因此，臺籍政治菁英不論依附國民黨與否，他們的從政奮鬥在講求「傳承」與「人脈」的政壇，將會備極艱辛，「臺灣人當家作主」的意念，在未來可能崩解國民黨政治菁英原有的價值與共同利益。

　　1976年6月9日內閣改組，高玉樹和李國鼎一起被調為政務委員。在13年的政務委員任期中，歷經了蔣經國、孫運璿和俞國華3位院長，拋開交通部長任內的不愉快，他還是認為蔣經國用人有格局和規模，不時為高玉

74　康綠島，前引書，頁170-172。陳誠一向不主張李國鼎入閣，他認為李國鼎是個會做事的人，但由於個性衝動，容易得罪人。

75　高玉樹，前引書，頁183。

76　高玉樹，前引書，頁197。

77　高玉樹，前引書，頁83-84。

78　高玉樹，前引書，頁104。

樹在背後撐腰,不准「黨棍」將他搞垮,而且乾淨,沒有私心,比較親民。尤其十大建設,對臺灣的基本建設,確實功不可沒。[79] 在擔任政務委員期間,他和另一位政務委員李登輝同一間辦公室。高玉樹觀察李登輝以學者從政,個性率直,主觀極強,做事認真負責,蔣經國經常把農業問題交給他處理,贏得信任及肯定,將會是政壇的明日之星。[80]

僑務委員會委員長毛松年,1911年出生於廣東省,畢業於廣州師範學校。曾任陸軍官校教授、廣東財政廳長(1948年)、廣東銀行董事長(1949年)、中央銀行祕書處長(1961年)、臺灣銀行總經理(1963年)。[81] 由其背景資歷分析,毛松年接掌僑委會應基於[82]:

一、廣東省籍,使他與海外廣大粵籍僑胞較易產生情感上的共鳴。

二、他具備優秀財經專長和資歷,對內閣財經人才補強會有很大的助益。

三、他是蔣宋美齡推薦的人才。

1972年6月1日,在新內閣成立之後,總統發布人事命令:謝東閔為臺灣省主席,張豐緒為臺北市長,錢復為新聞局長,陳桂華為人事行政局長。謝東閔成為政府遷臺後第一位本省籍的省主席。[83]

在行政院政務委員方面,葉公超、連震東、周書楷、俞國華4人是嚴

---

79 高玉樹,前引書,頁196-197。

80 高玉樹,前引書,頁200-201。

81 彭懷恩,〈中華民國的政治菁英——行政院會議成員的分析(1950~1958)〉(臺北:國立臺灣大學政治研究所博士論文,1986年),頁282、310。

82 艾思明,〈蔣夫人的風雲一生〉,《蔣夫人與元老派》,頁19。毛松年在卸下僑務委員會委員長後,又被委以駐日代表重任,可見蔣經國對蔣夫人(宋美齡)人馬的尊重。

83 薛化元,前引書,頁174。臺灣省歷屆省主席有魏道明、陳誠、吳國楨、俞鴻鈞、嚴家淦、周至柔、黃杰、陳大慶等人出任,其中謝東閔是第9任省主席,也開啟本省籍人士出任該職之慣例,其後,林洋港、李登輝、邱創煥、連戰等都是臺籍人士;但宋楚瑜卻是本土化後唯一的外省籍人士及末代(也是唯一)的民選省長。

內閣時的成員，其中葉公超及周書楷都曾擔任外交部長。葉公超在8年9個月（1950年1月～1958年10月）的外長任期中，穩固我國在聯合國的地位、簽署中美共同防禦條約，對政府遷臺初期的國際地位和外交局面的擴展，貢獻最大。[84] 1958年被外放為駐美大使，1961年因聯合國「外蒙古入會案」，結束其外交生涯，轉任政務委員。在外蒙入會立場上，臺北採彈性立場不予否決，但交換條件是美國甘迺迪總統公開聲明「堅決反對中共入會」。[85] 而葉公超被解職是因為蔣經國從美國獲得密電，指出葉公超在美國某處發表談話，以極惡劣的用語批評蔣總統，蔣總統遂將之解職，且在爾後「讀訓」場合，公開痛斥駐外使節在外人面前批評自己國家的領袖為喪失國格及人格的行徑。[86]

周書楷（外長任期1971年4月～1972年6月）接任外長，適值中華民國外交最艱困時期，他參與聯合國會籍保衛戰，自1972年起不斷出訪邦交

---

84 楊其琛，〈外交風雲30年——中華民國的歷任外交部長〉，《中華民國內閣名人錄》，頁105-109。

85 黃天才，〈解密：37年前外蒙入會案真相〉，《聯合報》（臺北），1998年8月9日。在蔣介石於1961年10月21日所主持的中常會上，谷正綱及張道藩兩位中常委堅決反對外蒙入會，堅持毋為瓦全的決心；但蔣介石卻表明，以讓外蒙入會，換取不讓中共加入聯合國的真正目的。蔣介石說：「聯合國代表權是我們當前在國際外交戰場上必須堅守的一個據點，一個非守住不可的堡壘……如今聯合國會員國增加至近一百國，意見分歧，不像以往單純……我們以美國既對我國有所要求（允許外蒙入會）則我國自亦可要求美國有所回報，遂透過外交管道，向甘迺迪總統明白表示『可以考慮不使用否決權』，但要求甘迺迪總統公開表明對我代表權的堅定支持。必要時，並將使用否決權以拒阻中共進入聯合國。」蔣介石接著表示：「由於我們多方動員，展示全國一致的決心……一致支持否決外蒙到底……要不是我們展示這種寧為玉碎、不計後果的決心，能贏得甘迺迪總統『強烈反對中共進入聯合國』的這樣公開聲明嗎……」在中常會上，蔣介石也非常理性的承認外蒙已經在1945年公民投票後獨立，並具備主權國家的身分及事實（這是當年中央日報社長陶希聖的轉述）。從蔣介石處理外蒙入會的態度及判斷來看，蔣總統對當時國際情勢、美國政府對華政策掌握等都非常清楚及務實，並以極富彈性的外交手腕來確保美國支持，以穩住聯合國的席次。

86 黃天才，《聯合報》（臺北），1998年8月10日。

國，以免產生骨牌效應；同時，周書楷領導外交部門留意新獨立的小國，成為日後外交工作的一大特色。[87] 雖然周書楷因為主張打蘇聯牌而下臺，但當年（1968年10月20日～31日）蘇聯記者路易訪臺，會晤許多高層人士（包括時任國防部長蔣經國），在獲得蔣介石總統的同意下，新聞局長魏景蒙兩度（1969、1970年）赴維也納，洽商雙方對付中共的戰略合作。[88] 因此，周書楷之所以下臺，應該是美方施加的壓力，而在蔣經國組閣後，又將他及葉公超網羅至內閣政務委員，借助二人的外交長才，以穩固中華民國逐漸惡化的外交形勢。

連震東1905年生，臺南人，畢業於慶應大學經濟科，在張繼的提攜下加入國民黨。他曾任臺北縣首任縣長，並曾負責籌設臺灣省參議會，於成立後擔任該會祕書長。也曾當選第1屆國民大會代表，及出任「臺灣省地方自治綱要」起草委員會委員，並兼東南長官公署土地處長、臺灣省建設廳長、民政廳長，後又調升行政院政務委員兼內政部長。[89]

俞國華1914年生，與兩位蔣總統是浙江同鄉，關係親近，深獲兩代蔣總統的信任和倚仗。由於他在財金方面深具長才，擔任中央銀行總裁，身負國家經濟、金融、財政重任，與孫運璿、李國鼎、周宏濤等，同時被稱

87　楊其琛，前引書，頁123。

88　《聯合報》（臺北），1995年5月21日。這是前新聞局長魏景蒙的日記「王平檔案」所揭露的祕辛。據日記記載，雙方曾談到中華民國如果反攻大陸，莫斯科將視之為中國內戰，採取中立態度，甚或以飛彈攻擊中共之軍事基地；臺北方面則一度想使用俄國海空軍的武器，向大陸進擊。在外交上，據魏景蒙說，蔣介石總統已在考慮承認外蒙，與之建立外交關係，以對毛共施加壓力。

89　詳見連震東先生文教基金會，〈連震東先生生平介紹〉，網址：http：//www.lienfoundation.org.tw/form_p02.htm。檢索日期：2013年2月15日。

為臺灣經濟奇蹟最關鍵的推手。[90]

　　郭澄是資深黨工，曾任中央改造委員、臺灣省黨部主委、中央黨部副祕書長、中央政策會祕書長。在行政資歷方面，郭澄曾繼唐縱擔任省府委員兼祕書長一職長達6年之久，先後襄助省主席周至柔、黃杰主持臺灣省政。[91] 俞國華在嚴內閣時期曾經擔任財政部長，此次重新入閣，仍兼任國民黨中央黨部財務委員會主任委員。

　　在2位新入閣的臺籍政務委員方面，李連春1904年出生於臺灣，畢業於日本神戶商業學校。1937年擔任米穀局參事事業部長，1946年起擔任臺灣省糧食局副局長、局長。[92] 李連春在省府任內主管稻米及肥料長達20年，是農業專家。

　　李登輝1923年出生於淡水三芝鄉，1940年日本在臺灣推行皇民化運動時，曾改名為岩里正男。1943年，赴日就讀京都帝國大學農林學部農林經濟學科，1944年在日本入伍服役，為帝國陸軍少尉。1949年完成臺灣大學農業經濟系學業，留校任教。1953年擔任省農林廳技士，1957年擔任中國農村復興聯合委員會農村經濟組技士，1972年入閣擔任行政院政務委員兼農復會顧問，負責制定重要農業政策。[93]

90　中央銀行總裁彭淮南於正式場合，詳述俞國華於金融自由化、制度化與國際化等方面，對國家貢獻卓越之事蹟。詳見2007年6月16日於俞國華文教基金會舉辦「臺灣金融與經濟發展關係研討會」彭淮南講詞。

91　劉紹唐，《民國人物小傳》第4冊（臺北：傳記文學出版社，1975年），頁302-303。郭澄在周至柔省主席任內，曾親口告訴王作榮，老總統在他赴任時，命其要在任上拔擢及培養兩百位本省籍菁英分子，以備國用。見王作榮，前引書，頁349。

92　彭懷恩，前引書，頁181、307。

93　李登輝，《臺灣的主張》（臺北：遠流出版公司，1999年），頁316-323。

李登輝也是政府遷臺以來，第一位被警備總部約談的內閣閣員。在遷臺初期，以李登輝所涉及的「匪臺灣省工委會臺大法學院支部葉松城叛亂案」的前科，是不可能入閣的，因此在警總約談期間，一位警總人員對李登輝留下一句耐人尋味的話「像你這種人也只有蔣經國敢用你」。[94] 美國國務院分析李登輝的「與眾不同」，在於他與《大學雜誌》中主張改革的臺灣人有往來，而這些人在學生及知識分子之間很有影響力，因此李登輝的任命可能表示蔣經國有意爭取這個團體的支持。此外，李登輝與徐慶鐘的友誼可能也有助於他的任命。[95]

在外部的主權危機上，由於1971年退出聯合國，使中華民國在失去國際政治的主權承認之際，轉而尋求內部統治的正當性，而當務之急就是獲得本省籍人民的認同。一方面，政府需要更多的建設以滿足人民在生活上的需求；另一方面，政府必須逐步開放政權，讓更多的本省菁英能夠參與權力核心事務，而這些重大的政治工程，就由蔣經國來指揮策劃及具體實踐。

由於蔣介石總統於1975年4月5日病逝，從蔣經國組閣至蔣介石過世，所有閣員合計20位，他們與蔣介石總統的淵源關係，請參見表1-3。

94　《聯合報》（臺北），1999年4月6日。李登輝自承在大四時，曾與另外4位同學組成「新民主學會」，原本與共產黨無關，後來才被吸收。他看到有人為了掌權，要壓迫他人，因此交代清楚之後就退出。見《聯合報》（臺北），2013年6月20日。而李登輝是在1946年加入共產黨，其後退黨又加入，並且在1948年春再度退黨，而李登輝的入黨介紹人是臺共地下黨幹部吳克泰。見《聯合報》（臺北），2002年11月7日。

95　王景弘，《採訪歷史：從華府檔案看臺灣》，頁437-438。另據陶涵研究，蔣經國拔擢徐慶鐘出任中央黨部副祕書長，徐氏回頭提拔他的臺大學生李登輝，使李登輝成為「農經派」的一員，而農經派主要領導人是曾任中美農村復興聯合委員會祕書長蔣彥士。見陶涵，《蔣經國傳》，頁280。

表1-3　蔣經國內閣與蔣介石淵源關係

編號	職稱	姓名	1.血親或旁系親屬	2.同鄉	3.同學友朋（子女）	4.師生淵源	5.官邸近侍	6.黨中常委	7.技術專家	8.臺籍
1	行政院長	蔣經國	✓	✓				✓	✓	
2	副院長	徐慶鐘				✓		✓	✓	✓
3	內政部長	林金生				✓			✓	✓
4	外交部長	沈昌煥					✓	✓	✓	
5	國防部長（前任）	陳大慶				✓		✓	✓	
6	國防部長（後任）	高魁元				✓		✓	✓	
7	財政部長	李國鼎				✓		✓	✓	
8	教育部長	蔣彥士		✓		✓			✓	
9	司法行政部長	王任遠				✓			✓	
10	經濟部長	孫運璿				✓			✓	
11	交通部長	高玉樹							✓	✓
12	蒙藏委員會委員長	崔垂言				✓				
13	僑務委員會委員長	毛松年				✓				
14	政務委員	葉公超							✓	
15	政務委員	李連春							✓	✓
16	政務委員	連震東				✓			✓	✓
17	政務委員	俞國華		✓	✓	✓	✓		✓	
18	政務委員	周書楷							✓	
19	政務委員	李登輝							✓	✓
20	政務委員	郭　澄				✓		✓	✓	
	比例		5 %	15 %	5 %	65 %	10 %	50 %	90 %	30 %

以蔣介石總統在世時的蔣經國內閣（1972年6月～1975年4月5日）成員分析，總計20位的內閣成員中，以技術專家身分入閣的有18位，占90％；這些成員或因其學歷、工作上經歷等而得以入閣，唯獨蒙藏委員會委員長崔垂言、僑務委員會委員長毛松年2人，沒有任何處理相關事務的經驗，當局應該是考量兩人的籍貫（分別是吉林省和廣東省）而入選。

排名第2位的是師生淵源，其中徐慶鐘、林金生、陳大慶、高魁元、李國鼎、蔣彥士、王任遠、孫運璿、崔垂言、毛松年、連震東、俞國華、郭澄等13人曾在國防研究院或革命實踐院結業，占65％。內閣成員中，有10位閣員兼具中常委的身分，占內閣成員的50％，占選項中排名第3。

內閣中的臺籍人士有徐慶鐘、林金生、高玉樹、李連春、連震東、李登輝等6人，共占30％，占選項中排名第4。其中高玉樹是以無黨籍的身分入主交通部。

與蔣總統具有浙江同鄉淵源的有蔣經國、蔣彥士、俞國華等3人，占全體閣員中的15％，排名第5位。至於在選項中的官邸近侍，只有兩位閣員具備上述淵源，占所有閣員中10％，排名第6位。俞國華的父親俞作屏曾經擔任黃埔軍校英文祕書，叔父俞飛鵬曾任黃埔軍校軍需部的副主任，堂兄俞濟時也長期擔任蔣介石的侍衛長，由此可見俞國華與蔣介石的特殊淵源。[96] 俞國華出身官邸，沈昌煥也擔任蔣介石的交際祕書，兩人都出身官邸近侍。[97] 血親關係的只有蔣經國一位，占全體閣員的5％，排名第7。至於同學友朋選項之中只有俞國華具備此層關係，同占全體閣員的5％，也是排名第7。

---

96 在俞國華的口述歷史《俞國華生涯行腳》中，可見一張蔣介石親筆賜題的照片，由於兩家世交，所以才題「世侄」之稱，由此可知俞國華與蔣家的密切關係。頁4、44-46。

97 俞國華，前引書，頁83。除了沈昌煥之外，1956年出任新聞局長並兼任蔣總統英文祕書的沈錡也出身官邸交際祕書。

因此，根據以上統計分析，所列與蔣介石總統淵源的8個選項中，技術專家所占的比例仍然最高，[98] 排名第1。其次的排名分別是師生淵源、中常委、臺籍、同鄉、官邸近侍、血親關係、同學友朋，比率分析請參見圖1-1。

圖1-1　蔣經國內閣與人事背景分析

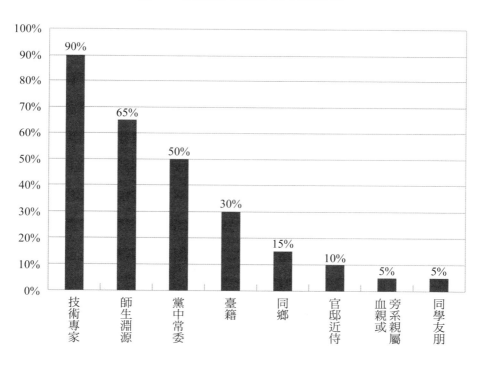

　　在所有內閣成員中，擁有5個選項的是俞國華1人。擁有4個選項的是蔣經國與徐慶鐘、蔣彥士等3人。擁有3個選項的是林金生、沈昌煥、陳大慶、高魁元、李國鼎、王任遠、孫運璿、連震東、郭澄等9人。徐慶鐘與國民黨淵源甚深，他在第8屆中央委員會繼連震東出任中央黨部副祕書長

98　技術專家：以學經歷與職務歷練作為分類參考。

（1961〜1966年）、中央常務委員（第10屆三中全會）等重要黨職，[99]並且歷經嚴內閣內政部長。而沈昌煥及俞國華兩人出身官邸，與蔣介石及其家族都有甚深淵源，同樣蒙受蔣氏父子重用。[100]

具有2個選項的閣員有高玉樹、李連春、李登輝等3人，1個選項有崔垂言、毛松年、葉公超、周書楷等4人。其中葉公超及周書楷曾任外交部長。毛松年雖是蔣夫人親信，但因其並未有任職官邸侍從或祕書的經歷，故未將他列入官邸派。[101]至於曾任職糧食局二十餘年的李連春，在其任內糧食生產量即高過日據時期最高紀錄，對於提供充裕軍糧、維持糧價合理穩定、安定民生有功，屢蒙蔣總統召見而備受肯定。[102]在所有閣員中，只有費驊具備一項淵源，他是經合會的技術專家，曾兼任主委蔣經國的祕書長，是蔣經國拔擢的財經人才。

在1976年局部改組的內閣名單中，新入閣成員有內政部長張豐緒，1928年出生於臺灣屏東縣，畢業於臺灣大學政治系，後獲美國新墨西哥大學政治學碩士，他歷經第2、3屆臺灣省議員（1960〜1964年）、臺灣省第

---

99 李雲漢，《中國國民黨職名錄》（臺北：中國國民黨中央委員會黨史委員會，1994年），頁298、313、335。

100 漆高儒，《蔣經國評傳——我是臺灣人》（臺北：正中書局，1997年），頁97。曾任軍聞社長的漆高儒憶及在1952年接到蔣經國（時任總政治部主任）的電話，趕赴官邸的一處祕密辦公室，接到一份「國軍主管任期制度」的新聞稿，要求發稿。當時除蔣經國之外，室內還有谷正綱、黃少谷、沈昌煥等人，由此可見這批人與官邸之間的親密關係，至於當時的閣揆陳誠是否了解蔣經國或所謂「官邸派」的一些活動，就不得而知了。

101 吳戈卿，〈追述蔣公行誼〉，《總統府內幕》，頁123。曾任蔣介石在臺灣時期中英文祕書的有沈昌煥、曹聖芬、秦孝儀、沈劍虹、楚崧秋、錢復、周應龍、宋楚瑜等，而且歷任中文祕書幾乎都是湖南人。楚崧秋分析，此一現象或許與蔣介石生平最景仰湖南先賢曾國藩有關。另外這些祕書還有一個特色，那就是在大陸時期的都出自中央政治學校。而這些中英文（紀錄）祕書，後來紛紛出任國民黨文化事業主管。俞國華、王駿，《財經巨擘——俞國華生涯行腳》，頁86-87。

102 胡煜嘉，〈從絢爛歸於平靜的國士——總統府國策顧問素描〉，《蔣夫人與元老派》，頁107-108。

5、6屆屏東縣縣長（1964～1972年）、臺北市長（1972～1976年），於1976年入閣，並於1978年擔任行政院政務委員。[103]

教育部長由李元簇擔任，李元簇1923年出生於湖南平江，1942年高中畢業，在湖南全省會考中奪魁，免試保送至中央政治學校大學部（政治大學前身）法政系法制組。大學畢業後，在甘肅考取法官。抗戰勝利翌年，他參加全國司法人員考試，更被擢列最優等第1名，是司法官考試10年來從未有過的佳績。當時的司法行政部希望其留京服務，而李元簇卻以抗戰勝利「臺地新復，亟需公正清廉法曹」毅然自請分配臺灣，26歲被派任新竹地方法院推事。不到一年，升任「臺灣高等法院」推事。60年代初，蔣經國接掌國防部，以法規司長一職聘請精通法學並在軍法和司法上均具實務經驗的李元簇。李元簇亦不負所託，使延擱了20年的「國防部組織法」制定完成，並升為軍法局長。在職歷方面，曾擔任國防部法制司司長（1969～1972年）、行政院法規委員會主任委員（1972～1973年）、國立政治大學校長（1973～1977年），於往後的發展中，擔任司法行政部長（1979～1984年），並於1980年將司法行政部改為法務部。[104]

司法行政部長由汪道淵擔任，汪道淵1913年出生於安徽省，畢業於上海大夏大學法學院，獲南京國立中央大學研究院碩士，歷經考選部司長（1952～1954年）、國防部軍法局局長（1954～1956年）、國防部軍法審判局局長（1956～1966年）、國防部常務次長（1966～1968年）、司法行

103　〈歷任臺北市長〉，《臺北人物側寫》，http://dipper.myweb.hinet.net/ch19/19-5.htm。檢索日期：2011年2月15日。張豐緒從1987年就任中華民國體育運動總會會長暨中華民國奧林匹克委員會主席至今，在會長及主席任內全面拓展臺灣的國際體育交流，1989年和中國奧會簽訂協議，確立我國運動團隊中文名稱為「中華臺北」，一手促成中華青年體操隊「登陸」參與競技，開啟兩岸體育交流模式。張豐緒是臺灣體育蓬勃發展的重要推手，於2009年獲頒菁英獎「終身成就獎」。

104　中央通訊社編，〈李元簇〉，《中華民國名人錄》（臺北：中央通訊社，2001年），頁67。

政部政務次長（1968～1976年）。1978年卸任後，於往後的政壇發展上都頗為順利，1986年任國防部長，後擔任總統府國策顧問與總統府資政。[105]

財政部長由原本的祕書長費驊擔任。費驊1902年出生於江蘇省，畢業於交通大學，並獲得美國康乃爾大學工程碩士學位，政府遷臺後，先後擔任臺灣公共工程局長（1945年）、臺灣省鐵路局副局長（1948年）、行政院經濟安定委員會委員（1953年）、美援會第二處處長（1958年），在1960～1969年擔任交通部次長，先後歷經過沈怡、孫運璿等部長。[106] 費驊是蔣經國在經合會擔任主委時的副主委兼祕書長，由此可見當局對他的信賴及倚重。[107]

蒙藏委員會委員長由崔垂言接任。崔垂言1906年出生於吉林省，畢業於北京大學英文系、清華大學研究所碩士，曾任國民參政員、吉林省政府祕書長。政府遷臺後，曾任革命實踐研究院研究所長、黨史會副主任。[108]

蔣介石總統逝世後，蔣經國改組內閣（1976年6月～1978年5月），內閣與蔣氏父子的淵源關係，請參見表1-4。

---

105 中央通訊社編，〈汪道淵〉《中華民國名人錄》，頁97。

106 徐立德，《情義在我心：徐立德八十回顧》（臺北：天下遠見，2010年9月），頁116-117。曾任行政院第五組組長的徐立德回憶祕書長費驊處事嚴謹細密，對部下的要求非常嚴格，經常親自巡視各辦公室，對於愛閱讀的徐立德很欣賞。費驊轉任財政部長後，將徐立德拔擢為財政部次長。徐立德認為政府遷臺後，張繼正與費驊都是學識最淵博、最忠誠的財經官員。但都不愛作秀，行事低調。2013年8月19日，徐立德於孫運璿學術基金會接受筆者與助理陳逸雯錄音訪談。

107 蔣經國從行政院副院長到1978年出任總統的9年期間，身邊有一群精銳的財經骨幹，其中有費驊、俞國華、孫運璿、李國鼎、周宏濤、張繼正等人，而俞國華地位最突出，儼然是這個財經骨幹群的領導。見俞國華，前引書，頁232-233。

108 彭懷恩，〈中華民國的政治菁英——行政院會議成員的分析（1950～1958）〉（臺北：國立臺灣大學政治研究所博士論文，1986年），頁282、310。

表1-4　蔣經國改組後內閣與蔣氏父子淵源關係

編號	職稱	姓名	1.血親或旁系親屬	2.同鄉	3.同學友朋（子女）	4.師生淵源	5.官邸近侍	6.黨中常委	7.技術專家	8.臺籍
1	行政院長	蔣經國	✓	✓				✓	✓	
2	副院長	徐慶鐘				✓		✓	✓	✓
3	內政部長	張豐緒				✓			✓	✓
4	外交部長	沈昌煥					✓	✓	✓	
5	國防部長	高魁元				✓		✓	✓	
6	財政部長	費　驊				✓		✓	✓	
7	教育部長（前任）	蔣彥士		✓		✓		✓	✓	
8	教育部長（後任）	李元簇							✓	
9	司法行政	汪道淵				✓			✓	
10	經濟部長	孫運璿				✓		✓	✓	
11	交通部長	林金生				✓		✓	✓	✓
12	蒙藏委員會委員長	崔垂言				✓			✓	
13	僑務委員會委員長	毛松年				✓			✓	
14	政務委員	葉公超							✓	
15	政務委員	李連春							✓	✓
16	政務委員	連震東				✓			✓	✓
17	政務委員	俞國華		✓	✓	✓	✓		✓	
18	政務委員	周書楷							✓	
19	政務委員	李登輝							✓	✓
20	政務委員	郭　澄				✓		✓	✓	
21	政務委員	李國鼎				✓		✓	✓	
22	政務委員	高玉樹							✓	✓
比例			4.5%	13.6%	4.5%	63.6%	9.1%	45.5%	100%	31.8%

從以上閣員分析，全數皆以直接部屬與技術專家身分入閣；這些成員或因其學歷、工作上經歷等而得以入閣，其中蒙藏委員會委員長崔垂言、僑務委員會委員長毛松年均具有職務歷練，亦符合技術專家。

　　內閣成員中，徐慶鐘、張豐緒、高魁元、費驊、蔣彥士、汪道淵、孫運璿、林金生、崔垂言、毛松年、連震東、俞國華、郭澄、李國鼎等14人曾在國防研究院或革命實踐研究院結業，故師生關係占全體閣員中63.6％，排名第2。

　　22位內閣成員中，有10位閣員是1976年11月19日任命的11屆中央委員會一中全會的黨中常委，占內閣成員的45.5％，於選項中排名第3位，為蔣經國、徐慶鐘、沈昌煥、蔣彥士、高魁元、費驊、孫運璿、林金生、郭澄、李國鼎等10位。有7位閣員是臺籍菁英，占內閣成員的31.8％，合計有徐慶鐘、張豐緒、林金生、李連春、連震東、李登輝、高玉樹等7人，於選項中排名第4位。

　　與蔣氏父子具有浙江同鄉淵源的有蔣經國、俞國華與蔣彥士等3人，占全體閣員中13.6％，排名第5。選項中的官邸近侍占9.1％，排名第6。至於血親關係的只有蔣經國1位，同學友朋只有俞國華1位，占內閣成員的4.5％，排名第7。因此，根據以上統計分析，所列與蔣氏父子淵源的9個選項中，技術專家所占比例最高，排名第1，其次分別是師生淵源、黨中常委、臺籍、同鄉、官邸近侍、血親關係、同學友朋。請參考圖1-2各選項的占有比率。

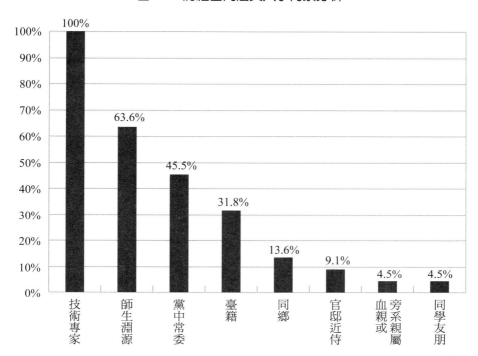

圖1-2　蔣經國內閣與人事背景分析

　　在所有內閣成員中，擁有5個選項的是俞國華1人；擁有4個選項的是蔣經國、徐慶鐘、蔣彥士、林金生等4人；擁有3個選項的是張豐緒、沈昌煥、高魁元、費驊、孫運璿、連震東、郭澄、李國鼎等8人；擁有2個選項的是汪道淵、李連春、李登輝、高玉樹、崔垂言、毛松年等6人；擁有1個選項的是李元簇、葉公超、周書楷3人。

　　在蔣經國內閣組成之際，歷經退出聯合國、美中（共）上海公報發表、保釣運動、中日斷交等重大挑戰中華民國主權的事件。因此，蔣內閣的組成具有下列特色：

一、臺籍菁英大量增加

　　在陳誠第一次組閣及俞鴻鈞內閣時期，臺籍菁英只有蔡培火入閣擔任

不管部會政務委員，分別占當時內閣總人數的4％。陳誠第二次組閣時，除了蔡培火之外，連震東也成為首位臺籍部會首長（內政）；兩位臺籍閣員共占全體閣員的4％。至嚴家淦內閣，先後有連震東、徐慶鐘、蔡培火3位臺籍閣員，占全體閣員中的8％。在蔣經國內閣組成至蔣介石總統逝世為止，共有6位臺籍閣員入閣，占全體內閣成員的29％。他們分別擔任副院長、內政、交通、不管部政務委員，而這也是臺籍人士首度出任副院長和交通部長，至於內政部長已經連續3屆內閣都由臺籍人士出任。

在蔣經國組閣到蔣介石總統過世之前，除了行政院臺籍內閣閣員人數大量增加之外，另外在臺灣省主席（謝東閔）、臺北市長（張豐緒）、司法院副院長（戴炎輝）、大法官（翁岳生）、監察院副院長（周百鍊）等重要職務上，陸續交由省籍優異菁英出任。[109]

分析這些臺籍閣員的成長背景，可知成長於1920年代的閣員有連震東、徐慶鐘、李連春；成長於30年代的則有高玉樹、林金生、李登輝等3人。20年代的臺灣，是日據時代臺灣人從事社會抗爭最激烈的時期，已經轉任國策顧問的蔡培火與連震東都有「大陸經驗」及「抗日」事蹟。蔡培火是在日本投降後加入中國國民黨，[110] 而連震東在1944年擔任軍事委員會國際問題研究所第一組主任、中央改造委員（1950年）。徐慶鐘及李連春2人都是在日本殖民臺灣期間，以農業技術專才進入殖民政府工作。

高玉樹、林金生和李登輝3人均成長於「皇民化運動」（1937～1954年）期間。高玉樹畢業於日本早稻田大學機械工程系；[111] 林金生畢業於日

薛化元，前引書，頁174、178、198。

張炎憲等編，《臺灣近代名人誌》第2冊（臺北：自立晚報社，1988年），頁104。

彭懷恩，〈中華民國的政治菁英──行政院會議成員的分析（1950～1958年）〉，頁282、309。

本東京帝國大學法學院；[112] 李登輝則肄業於京都帝國大學農林學部農林經濟學科，1944年在日本入伍服役，為帝國陸軍少尉。[113] 李登輝與上述臺籍閣員最大的不同，在於他與蔣介石及國民黨的淵源最淺，且有參加228事件被鎮壓的經驗，也是唯一被約談的閣員。他之所以能入閣，完全是蔣經國的提攜。[114]

二、技術官僚結構

本屆內閣21位閣員中，擁有碩、博士學歷的閣員占52％，而留學的比例達71％，顯示蔣介石重視知識菁英及洋務人才的一貫政策。擁有農業、經濟及工程方面專才的閣員有徐慶鐘、李連春、林金生、李登輝、蔣彥士、李國鼎、孫運璿、毛松年、俞國華、連震東等人；在外交領域方面，有沈昌煥、周書楷、葉公超等人；在法政方面，有王任遠、郭澄等人。在這一屆內閣閣員中，出身中央改造委員的有蔣經國、沈昌煥、郭澄、連震東等4人，[115] 占全體21位閣員中的19％，而前4任內閣中的比例分別占9％、25％、27％、14％，這顯示蔣經國內閣雖然重視專家政治，也大幅拔擢臺籍菁英，而以老幹搭配新枝的方式可彌補新閣員經驗不足的缺點，從而產生政治訓練的功能。

第四節　危機與轉機

蔣經國上任之後，首先必須面對臺灣在退出聯合國之後的金融市場危機，首當其衝的就是房地產與股票市場，許多回國投資的華僑變賣事業，

112　《民族晚報》（臺北），1978年5月29日。

113　李登輝，《臺灣的主張》，頁318。

114　李登輝，前引書，頁48-49。李登輝承認自己有參與228事件並遭到鎮壓，他認為228事件是許多本省籍知識分子被扣上共產黨員的帽子，而慘遭殺害的白色恐怖事件。

115　《中央日報》（臺北），1950年7月26日。

返回僑居地；國人移民數量大增，房屋價格暴跌，股票市場一夕數變。政府各部門立即應變，中央銀行總裁俞國華立即採取兩項應變措施，第一是安定股市人心，第二是將國營的中國銀行改制為中國國際商業銀行。1971年2月17日，中國銀行召開股東會，決議增加資本額為10萬元，同時修改章程，易名為「中國國際商業銀行」，改組為民營，從而避免中共進入聯合國之後，會以中國銀行之名，要求接收臺灣海外資產。[116]

1973年底第一次能源危機爆發，由蔣經國院長領導的「行政院財經五人小組」開始擬訂全盤應變方案，[117]決定提高油電價格。當時蔣經國堅持民生用電不能加價，最後決定只提高營業用電，而家庭用電未超過100度部分，維持原價，超過100度部分才採取累進費率。俞國華反對這種做法，因為許多民眾投機取巧的在家中多申請一個或兩個電表，就可以享有200度或300度的低價用電。俞國華曾多次向蔣經國報告這個現象，但蔣不願意增加民眾負擔。[118]由於經濟情勢動盪，國內民眾也預期物價將上漲。蔣經國指示財經五人小組，一定要堅持到1973年之內，油電價格及公營事業費率不能漲價，如此將有助經濟穩定。[119]

1974年初，國際油價持續上漲，國內開始出現囤積現象，民生物資供應吃緊，民眾開始搶購衛生紙。財經五人小組所持的基本原則就是精算能源成本，一次漲足縮短陣痛。時任經濟部長的孫運璿首先提出「油、電價及公用事業一次漲足方案」，各項費用，如油價、鐵、公路票價都上漲50％，以消除各界預期心理。使得生產者容易計算成本物價。[120]

116 俞國華，前引書，頁251-254。
117 俞國華，前引書，頁262-263「財經五人小組」成員分別是央行總裁俞國華、財政部長李國鼎、經濟部長孫運璿、主計長周宏濤、行政院祕書長費驊。
118 俞國華，前引書，頁264。
119 俞國華，前引書，頁272。
120 楊艾俐，《孫運璿傳》，頁123。

時任財政部長的李國鼎也支持調漲物價，由於蔣經國在1974年1月才開始調整油價、電價及其他民生物品物價，但第一次衝擊太大，1974年的物價波動竟高達47％。此外，由於李國鼎的建議，公債的利率凡低於12％的皆以12％兌現。後來經過黨政協調，立法院很快通過。穩定國內經濟，也保持了公債市場。[121] 同時，李國鼎也請行政院核准中小企銀信用保證基金，以保證銀行貸款給中小企業時，可向基金取得保險，以分擔風險。中小企業以得以安定。[122] 由於這些措施得當，物價經過一次大漲陣痛之後，局面很快就穩定下來。再經過3年以後，就進入高成長階段。

先是，1969年7月嚴內閣局部改組，蔣經國由國防部長升任行政院副院長，嚴家淦則堅持拔擢李國鼎轉任財政部長，有人揣測由於李國鼎一向主張用減稅、免稅來促進經濟發展，嚴家淦希望李國鼎能在掌管財政稅收後，多看看貨幣功能的其他面向。但對蔣經國而言，除了疑慮「KT派」勢力外，對李國鼎強調的「計畫式的自由經濟」模式並不完全贊同。蔣經國執著於物價平穩、大型公共投資計畫，而且堅持「不增加稅目，不調整稅率」。[123] 由於李國鼎領導有方，財政收入大為增加，1973年的溢收比率為120％，蔣經國在1973年11月的一次會議中抱怨：「你收了那麼多錢怎麼辦？」結果蔣經國一方面抱怨，一方面立刻宣布了十大建設，此時又遭逢石油危機，李國鼎只有以避免通貨膨漲的方式來籌措資金。[124]

1973年11月，蔣經國在陽明山宣布了十大建設計畫，這是從經濟部長

---

121 康綠島，《李國鼎口述歷史》，頁212-213。

122 康綠島，前引書，頁213-214。

123 康綠島，前引書，頁193-194、211-213。1973年6月，當時經合會祕書長張繼正反對蔣經國的穩定物價措施，蔣經國聽了非常不高興，隨即將經合會改為經濟設計委員會，由次長開會。原有的部長級會議改成立五人財經小組會談，由院長召集和最後決策。最後，才由李國鼎和政務委員兼中央銀行總裁俞國華連袂說服蔣經國調整物價。

124 康綠島，前引書，頁206。

孫運璿的六大建設所衍生出來。財政部長李國鼎事先並不知情，只好為十大建設努力籌措資金，總結來說，他對十大建設的評估是正面的。當時適逢石油危機，物價上漲，民間投資意願低落，而十大建設用大量的公共投資，對經濟復甦有很大的幫助。[125] 蔣經國原本是提出九項建設計畫，嚴家淦建議再加上核能發電廠，就是十大建設了。由於蔣總統很重視建立大鋼廠，所以李國鼎在經濟部長任內請來主持籌備處事宜的趙耀東去謁見老蔣總統，結果老總統同意後，就開始籌建。具體計畫一直到1973年蔣經國擔任行政院院長的時候才定案，納入十大建設之一。[126] 李國鼎在評估十項建設時，認為中鋼算十大建設之中較好的，最糟糕的是中船公司，中石化公司在董世芬的經營下成效也很好。此外，李國鼎認為北迴鐵路及蘇澳港兩個計畫也不經濟。不過當時恰逢石油危機，失業的人也很多，政府推行建設工作，也大幅提升了就業機會，就總體成績評量，李國鼎還是肯定十項建設計畫的推動。[127]

對於蔣經國所推動的十大建設，時任4年交通部長的高玉樹也是諸多批評：

「其中六項是交通建設，尤其是高速公路、桃園機場、北迴鐵路，所發揮的功效至大，而臺中港的功效猶未彰顯，蘇澳港原含有軍港因素，……唯獨縱貫鐵路的巨大投資，雖然不是完全浪費，……事實上其功效不算緊急投資的條件。不僅如此，錯上加錯，而把臺北市區3公里多的鐵路，

125　康綠島，前引書，頁214-216。

126　李國鼎口述，《李國鼎：我的臺灣經驗》（臺北：遠流出版，2005年9月），頁426-427。

127　李國鼎，前引書，頁428-430，當時中央銀行總裁俞國華也反對大造船廠計畫，後來中船營運領域改以加工為主，俞國華最後才同意；但也認為大造船廠在十大建設中問題最多。見俞國華，《財經巨擘：俞國華生涯行腳》，頁278-279。

以鉅額投資來地下化，……不如把現在的縱貫鐵路全線消除平交道，必要時改為高架，並改善山區彎度，全線雙軌化，使現有的速度，起碼可以提高幾成，而運作順利確保安全。」[128]

　　而李國鼎和蔣經國之間的矛盾，隨著石油危機衍生的問題，諸如：穩定物價、十大建設所需動支的外匯與外債等立場分歧而逐漸加深。李國鼎認為，蔣經國內閣是一個「大有為的政府」，但卻不肯「大有為的稅收」，因此，只能落得一個「好大喜功」的「美譽」。同時，由於蔣經國喜好大型建設，一般民意也對政府上億元收支司空見慣，習以為常，容易造成一種浮誇的現象。[129] 李國鼎1975年12月心臟病痊癒後，他和蔣經國依舊為鹽稅和糧價是否要反應市場價格而爭論不休，[130] 最後，李國鼎選擇辭去財政部長。[131]

　　1975年4月5日，蔣介石總統逝世，他自1950年在臺灣宣誓復職後，先後任命陳誠（兩次組閣）、俞鴻鈞以及嚴家淦擔任行政院院長。他逝世這一年，臺灣國民總生產毛額與1950年代相比，在1951～1959年間，平均為1,605百萬美元；到了1975年為15,640百萬美元，共增加了 14,035百萬美元；而國民平均所得也由10年前（1965年）的 216美元 ，增加為1975年的

128　高玉樹，前引書，頁192。

129　康綠島，前引書，頁216-217。

130　俞國華口述、王駿執筆，前引書，頁304。在內閣人事異動之前一個星期，蔣經國由於對財政部糧鹽政策極度不滿，在事前未告知李國鼎之下，將財政部常務次長王紹堉、糧鹽司長張清治免職。政壇認為「王紹堉事件」對李國鼎打擊很大，因此萌生退意；另有一說則是健康因素轉任政務委員。

131　康綠島，前引書，頁217-218。在辭去財政部長之後，蔣經國對他態度卻有180度轉變，十分禮遇。後來蔣經國榮任總統之後，提名孫運璿做行政院長，並親赴李國鼎住處探望他並邀請出任經濟部長。李國鼎在堅辭後向蔣經國對過去在院會發言常有冒犯之處道歉，蔣經國卻感謝他的知無不言，言無不盡。這次談話使李國鼎久久不能忘懷。

882美元；[132] 美國著名的「中國通」費正清（J.K. Fairbank）指出，蔣介石來臺灣後重用前「國家資訊委員會」派赴美國深造，爾後並隨國府遷臺的工程師，包括孫運璿、趙耀東等人，他們對日後臺灣的經濟發展功不可沒。[133] 李國鼎認為促進臺灣經濟方面，資源委員會是技術官僚的搖籃，另外就是蔣介石總統所舉辦的革命實踐研究院，把各單位已經在任的人再調來受訓，而其中許多人在抗戰時期就曾在重慶復興關的革命實踐研究院受過訓。其次，老總統很注意培植人才擔任公務人員，所以辦了更高層級的國防研究院，由他親任院長。從1959～1970年，一共舉辦12期，調去國防研究院受訓的人都經過嚴格挑選，包括黨、政、軍、企業各方面的優秀菁英，由於講師都是當時負責主管業務的首長來談實物課程，大家經過受訓後，得以了解國家發展狀況，對事情就會凝聚共識，培養出共同的責任感。[134] 而陶涵則評論蔣介石如果看到現代中國在緊密控制下緩慢擴張，加上其他現代化的建設成就，他可能以為他長期規劃，看似夢幻的「反攻」大業已經完成，他的繼承人已經光復大陸了。陶涵認為推動現代中國在21世紀前進的，是蔣介石的主張，而不是第二年辭世的毛澤東觀點。[135]

在父親過世後，蔣經國繼續追求臺灣的現代化建設，他要的不只是經濟上的奇蹟，他還要進行政治上的清明廉政及端正社會風氣。在接任行

---

132 行政院主計處網址：http://www.dgbas.gov.tw/mp.asp?mp=1首頁>政府統計>主計總處統計專區>國民所得及經濟成長>資料庫http://ebas1.ebas.gov.tw/pxweb/Dialog/NI.asp。檢索日期：2013年2月15日。

133 請參考費正清，《費正清論中國——中國新史》（臺北：正中書局，1994年），頁389。費正清分析當年資委會於1942年派往美國深造的31位工程中，其中21人留在大陸共產黨政府工作，只有7人到臺灣，在大陸21位無人擔任重要職位，但來臺灣的7人中，除了上述的孫、趙之外，另有3人成為國營工業主腦。

134 李國鼎，《李國鼎：我的臺灣經驗》，頁474-478，李國鼎對蔣經國在接任行政院副院長後把國防研究院取消，表達非常的不滿。

135 陶涵，《蔣介石與現代中國的奮鬥》，頁735。

政院長之後，蔣經國於1972年6月1日，將行政人員十項革新的初稿交給新任新聞局長錢復看，錢復看完向院長報告其中第七項限制公務人員進出夜總會、舞廳、歌廳、酒吧、酒家等場所中，唯有歌廳因屬低消費而不宜列入。錢復說有幾位非常潔身自好的前輩行政人員常前往，當蔣經國得知是錢昌祚、李榦等人後，立刻就把歌廳刪掉。[136]

十項行政革新於1972年6月8日公布後，雖然有部分公務人員反彈，認為受到限制太多；但卻獲得媒體和民意機構普遍認同。在就任兩個月後，蔣經國發表一封致全體公務人員的信，在信中強調「要在民眾心中建立新的觀感，而受到民眾的尊敬、信任和重視，完全掃清一般民眾由於少數不良人員為非作歹導致對公務人員的不良印象，而能心誠悅服與我們一起來工作。」他在信中也勉勵公務人員「要為工作而生活，不是為生活而工作。這就是說我們應當要有高度的責任感。」[137]

除了端正公務人員風氣之外，蔣經國也全力發動肅貪，逮捕不少人，警備總部本身就有50人被捕。行政院人事行政局長王正誼（經國祖母王太夫人家族後人）貪汙罪名成立，被判處無期徒刑。海關高級官員白慶國涉及「豫源輪走私案」，遭死刑後改判無期徒刑。[138] 蔣經國也昭示閣員，中國人幾千年來都要受到作官的傲慢對待，簡化官僚作風就是一切公開、透明化。他決定除了國防與外交經費之外，國家預算一律公開。陶涵認為這可說是中國歷史上破天荒的第一次。[139] 《大學雜誌》在1973年6月宣布，

136　錢復，《錢復回憶錄》（下卷），頁202。

137　錢復，前引書，頁202-203。

138　陶涵，《蔣介石與現代中國的奮鬥》，頁718。

139　陶涵，《蔣經國傳》，頁341注11。這是張祖詒在接受陶涵於1996年5月16日訪談所說。

蔣院長執政第一年「是政府遷臺以來最有成就的一年。」[140]

　　蔣經國也極為重視行政效率，曾任行政院第五組組長的徐立德認為蔣院長與過去院長不同的是，他親自指導各部會，授權各部會首長推薦人選擔任行政院各組組長。在主持行政院院會或主持財經會報時，他會安靜聆聽意見，待眾人討論後，他會要言不煩的作成結論，令出必行，沒有煩瑣冗長的公文往返，十分有效率，當然因為權力集中，是強人政治。但徐立德認為蔣內閣陣容堅強，閣員間有許多鏗鏘有力的辯論，展現淵博的閱歷，就事論事的風範。而祕書長費驊，處事嚴謹細密，對部下要求非常嚴格，上下一體，展現勵志革新風氣。[141] 而蔣經國非常厭惡不正常的政商關係，也不主張延攬工商界人士擔任重要的財經職位。他的生活簡樸，與部屬之間除了公務接觸，並無私人往來。他的留俄同學，也是立法委員的王新衡，因為任職亞洲水泥公司，而被蔣經國斷絕往來。[142]

　　1975年4月18日，新聞局為新任總統嚴家淦安排了中外記者會，會後嚴總統叫錢復到辦公室，說他已擬妥提案，提名蔣院長擔任執政黨中央委員會主席，也期盼三年後同樣舉薦蔣院長繼他參選第6屆總統；他更期盼蔣院長也能及早準備繼任人選。[143] 由於嚴家淦的謙讓與權力結構調整，1978年蔣經國正式當選中華民國第6屆總統，也開創了歷史新局面。

140　陶涵，《蔣經國傳》，頁341。

141　徐立德，前引書，頁115-118，121-122。蔣經國雖是強人內閣，但他也非常重視黨政關係，當時國民黨政策會有相當大的影響力，趙自齊時任政策會主任，蔣經國碰到政策上的困擾常率閣員與他協調黨政關係，在蔣內閣時期，財經部門所受的政治干擾最少，所有政治上問題，都由黨部去處理。

142　徐立德，前引書，頁118-119。

143　錢復，前引書，頁270。

第二章　孫運璿組閣

第一節　內閣菁英分析

　　1978年3月，國民大會以1,184票，近98.34％得票率選舉蔣經國為第6任中華國民國總統，謝東閔為副總統，[1] 1978年5月26日，新任的行政院長孫運璿組閣，副院長依然由徐慶鐘擔任、組閣期間祕書長先後由馬紀壯與瞿韶華擔任、內政部長先後由邱創煥與林洋港擔任、外交部長先後由沈昌煥、蔣彥士與朱撫松擔任、國防部長先後由高魁元與宋長志擔任、財政部長先後由張繼正與徐立德擔任、教育部長朱匯森、司法行政部長李元簇、經濟部長張光世、交通部長林金生、蒙藏委員會委員長先後由崔垂言與薛人仰擔任、僑務委員會委員長毛松年，在政務委員方面，有俞國華、李國鼎、高玉樹、陳奇祿、張豐緒、周宏濤、費驊等7人。[2]

　　關於孫運璿內閣人員簡歷，請參見表2-1。

1　《聯合報》，臺北：2003年8月12日，版A2。前中央銀行總裁張繼正在2003年8月11日的「蔣經國先生主政時期的財經政策與經濟發展研討會」上表示，他的父親張群在蔣經國取代嚴家淦擔任總統之際，曾勸蔣經國不要當總統，讓嚴家淦繼續做，由於蔣經國使命感甚強，沒有採納建言。

2　請參考薛化元，《臺灣歷史年表：終戰篇II（1966～1978）》，頁340、344。

表2-1　孫運璿內閣人員簡歷（分析27人）

姓名	出生年	入閣年齡	籍貫	黨籍	入閣前經歷	入閣職務	離閣出路	最高學歷 國內	最高學歷 國外
孫運璿	1913	65	山東	國民黨	經濟部長	行政院長	總統府資政	哈爾濱工業大學學士	
徐慶鐘	1906	72	臺灣	國民黨	行政院副院長	副院長	總統府資政	臺灣大學博士	
邱創煥	1925	53	臺灣	國民黨	中國國民黨中央社會工作會主任	內政部長	1981年接任行政院副院長	國立政治大學碩士	
林洋港	1927	54	臺灣	國民黨	臺灣省主席	1981年接任內政部長	副院長	國立臺灣大學學士	
沈昌煥	1913	65	江蘇	國民黨	國家安全會議祕書長	外交部長	動員戡亂時期國家安全會議祕書長		美國密西根大學碩士
蔣彥士	1915	63	浙江	國民黨	任總統府祕書長	1978年12月接任外交部長	國民黨中央委員會祕書長		美國明尼蘇達大學博士
朱撫松	1915	64	湖北	國民黨	駐韓大使	1979年接任外交部長	留任		英國倫敦大學碩士
高魁元	1907	71	山東	國民黨	國防部長	國防部長	總統府戰略顧問	黃埔軍校	
宋長志	1916	65	遼寧	國民黨	國防部參謀總長	1981年接任國防部長	留任	青島海軍官校	英國皇家海軍大學學士
張繼正	1918	60	四川	國民黨	行政院祕書長	財政部長	中央銀行總裁		美國康乃爾大學博士
徐立德	1931	50	河南	國民黨	臺灣省財政廳廳長	1981年接任財政部長	經濟部長	國立政治大學碩士	
朱匯森	1911	67	江蘇	國民黨	教育部政務次長	教育部長	國史館館長		美國密西根州立西部大學碩士
李元簇	1923	55	湖南	國民黨	教育部長	司法行政部長（1980年7月更名為法務部）	總統府祕書長		德國波昂大學博士

張光世	1913	65	江蘇	國民黨	經濟部政務次長	經濟部長	外貿協會董事長	清華大學學士	
趙耀東	1915	66	江蘇	國民黨	中國鋼鐵公司董事長	1981年接任經濟部長	政務委員		美國麻省理工學院碩士
林金生	1916	62	臺灣	國民黨	交通部長	交通部長	考試院副院長		日本帝國大學學士
連 戰	1936	45	臺灣	國民黨	行政院青年輔導委員會主任委員	1981年接任交通部長	留任		美國芝加哥大學博士
崔垂言	1906	72	吉林	國民黨	蒙藏委員會委員長	蒙藏委員會委員長	中央評議委員	清華大學碩士	
薛人仰	1913	68	福建	國民黨	駐瓜地馬拉大使	1981年接任蒙藏委員會委員長	亞太議會聯合會文化中心祕書長	中央大學學士	
毛松年	1911	67	廣東	國民黨	僑務委員會委員長	僑務委員會委員長	國策顧問	廣州師範學院學士	
俞國華	1914	64	浙江	國民黨	政務委員	政務委員	行政院長		美國哈佛大學碩士
李國鼎	1910	68	南京	國民黨	政務委員	政務委員	留任		英國劍橋大學碩士
高玉樹	1913	65	臺灣	無	交通部長	政務委員	總統府資政		日本早稻田大學學士
陳奇祿	1923	55	臺灣	國民黨	國立臺灣大學文學院院長	政務委員	行政院文化建設委員會主任委員		日本東京大學博士
張豐緒	1928	50	臺灣	國民黨	臺北市長	政務委員	總統府國策顧問		美國新墨西哥大學碩士
周宏濤	1912	66	浙江	國民黨	行政院主計處主計長	政務委員	總統府國策顧問	武漢大學學士	
費 驊	1902	76	江蘇	國民黨	財政部長	政務委員	1984年逝世		美國康乃爾大學碩士

在這27位內閣中，平均年齡是62.7歲，其中臺籍人士有8位，江蘇籍5位，浙江籍3位，山東籍2位，其他省籍有9位，本土化比例為29.6％。在學歷方面，擁有碩、博士學位者占63％，其中具有博士學位的6人中，1人是國內博士，5人是國外博士；碩士學位的11人中，3人是國內碩士，8人是國外碩士；軍校畢業的則有2人。

行政院長孫運璿在1934年以第1名成績畢業於哈爾濱工業大學，1945年12月來臺參加電力接收工作，1967年在嚴家淦內閣擔任交通部長，1969年接替陶聲洋任經濟部長，從部長職務到擔任行政院長一共歷經近十年的磨練。孫運璿深受兩位蔣總統的信任，在嚴內閣時代，蔣介石總統親自命他擔任交通部長以及其後的經濟部長，[3] 蔣經國對他則有託付家事之情，繼有託付國事之誼。[4] 當提名行政院長人選尚未揭曉時，各報揣測前3名人選有：中央銀行總裁俞國華、政務委員李國鼎和孫運璿；但孫運璿卻以黑馬之姿躍出。雖然有蔣經國的全力支持，但經濟部長人選難產，李國鼎因夫人反對怕過度操勞而堅持不肯；他轉而請曾任財政部長的費驊出任，費驊認為財政部長是首席部會，就經濟部長覺得委屈。最後，選擇升任跟隨自己8年的經濟部政務次長張光世。孫運璿的內閣名單中，只有外交部長和國防部長是蔣經國所決定。[5]

蔣經國接任總統後，不論國際與國內都面臨重大挑戰。在國際上，

3　楊艾俐，《孫運璿傳》，頁108、114、169。與蔣介石總統結緣是始於臺電時代，孫運璿認為老總統重視電力發展，也由於欣賞他任事勤奮，事親至孝，所以屢次召他赴陽明山革命實踐研究院受訓，其後老總統常找他去，詢問工作情形或在異國生活起居。

4　坊間常有人以訛傳訛說孫運璿是老總統的私生子，在1961年蔣經國將剛留學返國的長子蔣孝文付託至臺電工作，鄭重叮嚀蔣孝文對時任臺電總經理的孫運璿：「你（孝文）要待他如父、如師、如友。」而在蔣經國組閣後每當有新方案出來時，蔣院長總是對他說：「運璿，這全靠你了。」參閱楊艾俐，前引書，頁117-173。

5　楊艾俐，前引書，頁182。孫運璿提名3位外交部人選由總統選出1位，只有國防部長請蔣經國提名。

1978年12月15日美國總統卡特宣布中美建交聯合公報，1979年1月1日起中美互相承認對方並建立外交關係，中華人民共和國是唯一代表中國的合法政府，但保持與臺灣之間的文化、商業等非正式關係，1954年的共同防禦條約也一併終止。臺美斷交之後，蔣經國派孫運璿出面與美國國會議員斡旋並要求保護臺灣利益。1979年1月26日，美國總統卡特提請國會通過臺美非官方關係的「臺灣授權法」（Taiwan Enabling Act），國會內部經過兩個多月討論後，4月10日，美國政府簽訂為「臺灣關係法案」（Taiwan Relation Act）。

在國內，經濟成長率為高達13.59％，國內生產毛額GDP為26,836（百萬美元），[6] 而蔣經國在這段期間所秉持經濟方針為「加速經濟升級，積極發展策略性工業」。制訂「促進產業升級條例」，由政府研發高科技後轉由民間發展，促進產業升級，並規劃設立新竹科學園區，發展高科技產業，將勞力密集性工業轉向為技術密集性工業。但另一方面又歷經反對勢力的挑戰，諸如1977年底，臺灣地區舉行縣市長、省議員、臺北市議員、縣市議員及鄉鎮市長等五項地方公職選舉。因為這次的選舉，逐漸形成一股新的在野勢力，黃信介與1972年當選增額立委的康寧祥，成為新勢力崛起初期的兩位代表性人物。康寧祥在選前透過調查了解，與黃信介兩人巡迴全省，為需要黨外勢力支持的各候選人演講助選，等同串連起全省的黨外人士。[7]

1979年8月，立法委員黃信介的《美麗島》雜誌獲得行政院新聞局的批准發行，採取「暴力邊緣論」，在雜誌中發表與政府不同的言論。不久後，這份屬於黨外路線的雜誌受到部分民眾的歡迎，也在全臺各縣市成立

---

6 參考中華民國行政院主計處中華民國統計資訊網：http：//www.stat.gov.tw/mp.asp?mp=4。檢索日期：2006年3月1日。

7 李筱峰，《臺灣民主運動四十年》（臺北：自立晚報，1987年），頁122。

辦事處，慢慢的有了組黨的主張和路線。[8] 12月10日，高雄終於爆發了暴力衝突的所謂「美麗島事件」。[9] 而在國內反對勢力膨脹和國際外交受挫之際，孫運璿內閣的任務就更為艱鉅。

除了上述的內部挑戰，外部則因1978年底中美關係生變，沈昌煥辭去外交部長，總統府祕書長蔣彥士接替上陣，馬紀壯接補了蔣彥士的空缺，出任總統府祕書長，孫運璿則請瞿韶華接任行政院祕書長。

外交部長由朱撫松擔任，朱撫松於1915年出生於湖北，畢業於滬江大學，後獲英國倫敦大學政治經濟學碩士學位，1952年3月任外交部情報司司長，1956年3月任駐美國公使，1960年3月任駐加拿大公使，1962年5月任外交部常務次長， 1962年任外交部常務次長、政務次長，1965年5月任駐西班牙大使，1971年5月任駐巴西大使，1975年5月任駐韓國大使，1979年12月任行政院政務委員兼外交部長，1987年4月請辭。在擔任外交部部長期間，曾以代表身分多次出席聯合國大會，以首席代表身分出席多項國際組織年會，並在國際航空法大會代表我國簽署防止劫機事件的「海牙公約」。[10]

---

8 鄭文勛，《蔣經國與政黨高層人事本土化（1970～1988）》（桃園：國立中央大學歷史研究所碩士論文，2006年）。

9 張富忠、邱萬興編著，《綠色年代：臺灣民主運動25年上冊》，頁92。劉鳳翰、何智霖、陳亦榮訪問，何智霖、陳亦榮記錄整理，《汪敬煦先生訪談錄》（臺北：國史館，1993年），頁129-130。另有關於事件的影響請參可李功勤，《百年大業——中華民國發展史》（臺北：幼獅文化，2010年），頁215-217。1979年12月9日，美麗島高雄市服務處宣傳車，在鼓山分局附近宣傳隔天的演講活動時，警方以妨害公務逮捕姚國建、邱勝雄二人。陳菊等人率民眾包圍鼓山分局要求放人，當天半夜，始由蔡有全、蘇秋鎮兩位律師將姚、邱兩人交保。消息傳遍各地，反而讓更多的民眾決定參加隔天的演講大會。因此有論者認為鼓山事件是美麗島事件的導火線。

10 有關朱撫松資歷，請參考石之瑜，《寧靜致遠‧美麗人生——沈昌煥先生紀念文集》（臺北：沈大川出版，2001年），頁70-76。李登輝在擔任副總統之後，蔣經國命令朱撫松要到總統府向李登輝報告外交事務，而李登輝則認為朱部長是沈昌煥系的人物，外交部大部分事務都由沈昌煥在控制。見李登輝筆記，李登輝口述歷史小組編著，《見證臺灣：蔣經國總統與我》（臺北：允晨文化，2004年），頁31。

內政部長由邱創煥接替,[11] 邱創煥生於1925年出生臺灣彰化,畢業於臺中師範學院,後獲得國立政治大學政治研究所碩士,其政治職歷中國國民黨中央委員會第五組副主任（1967～1969年）、臺灣省政府社會處處長（1969～1972年）、中國國民黨中央社會工作會主任（1972～1977年）、行政院政務委員（1976～1981年）。[12]

邱創煥在1981年,由內政部長擢升為行政院副院長（1981～1984年）,內政部長一職由臺灣省主席林洋港接任。林洋港在臺灣省政府主席任內,正因為二重疏洪道問題,反對孫運璿立即動工拆除的指示。林洋港主張先將當地民眾、商家先遷建好,安置妥當,再動工。結果在行政院院會上,孫院長當場反駁林洋港的意見,使林洋港備覺尷尬,先於10月中旬,蔣經國於士林官邸召見時,林洋港提出可否調動之建議,結果卻被安排進入孫運璿的內閣團隊,當時部分媒體對於此項人事安排,以明升暗降來報導,因為他在省主席任上鋒芒太露,不免遭忌。[13] 在內政部長任內,林洋港最大的挑戰與壓力就是立法院無黨籍委員輪番批評政府長期實施戒嚴、黨禁、報禁等有關民主化的問題,同時來自國際間的批評都必須由內政部長曲意維護政府的政策,使林洋港和黨外,甚至媒體之間緊張關係逐漸升高。就在他身心俱疲之際,1983年5月,孫院長突然中風,內定由俞國華接任院長,於是他前往中央銀行求見俞總裁,向他表明調職或退休之意。

11　李雲漢《中國國民黨職名錄》,頁315、317、346、362。邱創煥是國民黨在臺灣所拔擢最早一批的臺籍人士。邱創煥在1967年已經擔任國民黨中央黨部第五組副主任,當時林金生是第一組副主任,林金生在1970年10月14日升副祕書長,邱創煥則於第10屆中央委員委員會後,任中央黨部社會工作會主任,到了第11屆中央委員會,1978年1月升任副祕書長。在中國國民黨中央黨部,是少數具有這些重要黨職的臺籍菁英。

12　李元平,〈臺灣的王雲五〉,《邱創煥——其人其事》（臺北:黎明文化,1991年）,頁1-6。

13　官麗嘉,《誠信——林洋港回憶錄》（臺北:天下文化,1995年）,頁177-179。

俞國華後來和蔣經國商量後，反而將他擢升為較清閒的行政院副院長。[14]

國防部長一職在1981年改由宋長志擔任，宋長志1916年生於遼寧，1941年畢業於青島海軍學校，1944年至英國皇家海軍大學深造。在國共內戰期間，宋長志曾指揮海軍「逸仙號」參加葫蘆島戰役，在1949年4月23日的江陰突圍戰中衝出重圍，這一役使宋長志成為著名海將。其重要資歷有海軍軍官學校校長（1955～1962年）、海軍總司令（1970～1976年）、國防部參謀總長（1976～1981年），在往後發展中，擔任行政院政務委員（1981～1986年）及總統府戰略顧問（1986～1987年），並於1987年任駐巴拿馬共和國大使館大使。[15]

教育部長由朱匯森擔任，朱匯森於1911年出生於江蘇南通，1932年畢業於南通師範學校，並曾從事記者工作，1943年獲國立中央大學師範學院教育系學士學位，美國密西根州立西部大學研究所碩士學位，爾後長期從事教育相關要職，其職歷有臺灣省立臺中師範專科學校校長（1960～1967年）、教育部社會教育司司長（1967～1968年）、教育部常務次長（1968～1969年）、國立編譯館編審（1969～1970年）、行政院國家科學委員會科學教育組組長（1970～1972年）。在蔣彥士擔任部長時，他被延攬為教育部政務次長（1972～1978年），當時的常務次長則由年僅35歲的師大教

14　官麗嘉，前引書，頁187-188。

15　〈宋長志〉，《臺灣地區政商名人錄》（臺北：中華徵信所企業股份有限公司，1996年），頁113。

授郭為藩出任。[16]

　　財政部長由徐立德擔任。徐立德1931年出生於河南省羅山縣，1945年隨父母遷臺，先後畢業於臺灣省立法商學院政治系、國立政治大學政治學碩士、哈佛大學公共行政碩士。早在1953年就公務人員高等考試及格，歷任臺灣省政府課員、人事處股長、經濟部組長、人事處專門委員並兼任經合會人力資源小組副執行祕書，1976年出任財政部常務次長，1978年接任臺灣省財政廳長，1981年12月以50歲的年齡接任財政部長。[17] 在接任財政部長之初，蔣經國總統召見訓勉並要求改善工商界所詬病的稅政改革。當時徐立德的重要工作團隊有政務次長陸潤康、常務次長嚴雋寶、主任祕書吳存信、金融司長許遠東、財稅所長王建煊（所長慣例由部長兼任，這是特例）。[18]

　　在徐立德就任財政部長後，先後處理了銀行呆帳以及亞洲信託投資公司的擠兌風波。1981年就任後，成立加值營業稅研究小組，由稅制會執行祕書林振國負責，並請王建煊負責集訓稅務人員。1983年12月，草案送到行政院，由政務委員兼經建會主委、中央銀行總裁俞國華負責審查，終於在籌劃15年，歷經6任財政部長的加值營運稅草案，在1984年完成立法程序，

16　〈朱匯森〉，中華民國教育部網站，http：//www.edu.tw/populace.aspx?populace_sn=1。檢索日期：2011年2月28日。在蔣彥士擔任教育部長時，他所延攬的3位次長，包括政次朱匯森、常次郭為藩、梁尚勇、技職司長陳履安、國際文教處長李鍾桂、高教司長林清江、接陳履安的技職司長郭南宏、接林清江的高教司長袁頌西等人，形成臺灣一支陣容堅強的「教育官僚系統」。請參閱郭為藩，〈至情至性‧為善最樂：如沐春風的日子〉，《蔣彥士八十慶賀文集》，頁255。

17　徐立德，《情義在我心——徐立德八十回顧》（臺北：天下文化，2010年），頁486-489。

18　徐立德，前引書，頁148-157。

1986年4月1日，由爾後的錢純部長正式實施。[19] 徐立德非常讚賞孫運璿的領導風格：「每有重要法案爭議，他必定親自出來協調」。[20] 徐立德也是當時政壇最被看好的明日之星，在稅制改革之外，他還設立風險基金、境外金融中心。

經濟部長由張光世擔任，1913年生於江蘇無錫，畢業於國立清華大學化學系，其職歷有南京中央軍校化學教官、清華大學教授（1935～1937年）、經濟部國營事業委員會執行長、經濟部常務次長（1969～1972年）、經濟部政務次長（1972～1978年）。雖然在學時並非以經濟專業為主，但自任職於中油公司起，其經歷大多與經濟相關業務有密切關係。[21]

1981年，趙耀東接任經濟部長。趙耀東1915年出生於江蘇淮陰縣，1940年畢業於武漢大學機械系，後至美國進修，獲麻省理工學院碩士學位，1949年任中本紡織公司總工程師、代總經理。1966年任利臺紡織纖維公司副董事長兼經濟部大鋼鐵廠籌備處主任。1971年起出任中國鋼鐵公司總經理、董事長。在他擔任經濟部長之職時，以鐵肩擔重任的大無畏精神，一展長才，博得「鐵頭」部長之形象，為臺灣的經濟騰飛做出了重大貢獻。1984年卸任經濟部長，轉任經建會主任委員。[22]

蔣經國當年找趙耀東籌辦中鋼公司，是因為他有最豐富的「辦廠」經驗，因此是經濟部長的不二人選。趙耀東最欽佩的政務官分別是尹仲容和葉公超，因為他們的成功之處在於守官分、重官格、具官德、顯官威。[23]

19　徐立德，前引書，頁160-162。

20　楊艾俐，前引書，頁243。

21　張光世是俞國華在清華大學低一屆的學弟。卸任經濟部長之後，轉任對外貿易協會董事長，並在任內去世。見俞國華，前引書，頁53-54。

22　前中共總書記之子，時任中共統戰副部長胡德平在會見臺灣媒體時，對李國鼎與趙耀東等人給予高度的肯定。《中國時報》，臺北，2007年3月11日，版A13。

23　趙耀東，《平凡的勇者》（臺北：天下文化，1991年6月），頁X、281-282。

王昭明則由財政部常務次長調升經濟部政務次長,他認為趙耀東的憂患意識特別強烈,也就是「居安思危」之義;其次,具有高度的前瞻性和誠摯坦蕩的胸襟,因此在言論上容易被人目為「危言聳聽」,在行動上被目為「輕舉妄動」。李國鼎認為:「趙耀東很想做好,但十分辛苦。」[24]

在趙耀東擔任經濟部長時,於1982年推薦當時只有40歲的國貿局副局長蕭萬長升任國貿局長,而國貿局長在蔣經國時代是需要總統親自同意並召見的。蕭萬長推崇趙耀東在部長勇於任事,個性明快,具備國際視野,嚴禁逢年過節送禮之陋習。趙耀東在部長任內毅然開放國內反對聲浪高漲的美國速食業麥當勞來臺設立,趙耀東認為吃的主動權在消費者,而且也可讓國人學習他們的制度。蕭萬長評論趙耀東肯為政策背書也肯為部屬擔責任。[25] 而趙耀東也公開支持與大陸貿易往來的主張,孫運璿也在私下向蔣經國提議,時機已經成熟,臺北可以正式准許與中國大陸進行貿易、旅遊的往來。[26]

交通部長自1981年起改由連戰擔任,連戰1936年出生於陝西西安市,籍貫臺灣臺南市,祖籍閩南漳州龍溪縣,祖父是連橫,即《臺灣通史》的作者,其父是連震東。連戰高中畢業後,先進入陸軍官校就讀,半年後轉學國立臺灣大學政治系,並於1957年取得學士學位,爾後赴美國繼續深造。1961年獲芝加哥大學國際公法與外交碩士,4年後獲得芝加哥大學政治學博士學位。1969年,國府在政大國際關係研究中心成立了兩個分別研究外交和經濟的高級研究小組,由行政院院長蔣經國直接負責。連戰受聘

24　有關王昭明、李國鼎對趙耀東評論請參看趙耀東,《我們不能再等待》(臺北:天下文化,1987年6月),頁I-III、VI。

25　蕭萬長口述,《微笑的力量:蕭萬長公職之路五十年》(臺北:天下雜誌公司,2012年5月),頁88-94。

26　陶涵,《蔣經國傳》,頁420。

擔任外交小組的成員，提名當選為國民黨中央候補委員，1969年9月出任第24屆聯合國大會中華民國代表團顧問。其政治職歷有駐薩爾瓦多共和國大使館大使（1975～1976年）、中國國民黨青年工作會主任（1976～~1978年）、中國國民黨中央委員會副祕書長（1978年）、行政院青年輔導委員會主任委員（1978～1981年），於其後發展中擔任政務委員，並於中央黨部擔任多數要職。[27]

蒙藏委員會委員長於1981年改由薛人仰接替崔垂言，薛人仰1913年生於福建福州市，1938年畢業於國立中央大學教育系並獲學士學位，其職歷有臺南縣政府縣長（1948～1952年）、臺灣省議會祕書長（1952～1960年）、內政部次長（1960～1962年）、中國國民黨臺灣省委員會主任委員（1962～1968年）、中國國民黨中央委員會副祕書長（1968～1976年）、外交部駐尼加拉瓜大使館大使（1976～1981年）。[28]

在行政院政務委員方面，有俞國華、李國鼎、高玉樹、張豐緒、費驊等5人是蔣經國前內閣時的成員，新任政務委員則有陳奇祿以及周宏濤。陳奇祿為中央研究院院士，1923年生於臺南，1943年考入東京第一高等學校，隔年返回上海就讀聖約翰大學政治系，1948年畢業獲學士學位，1966年獲東京大學社會學博士，並於1960～1991年間擔任臺灣大學教授，1969年任美國密西根州立大學人類學系客座教授、行政院文化建設委員會主任

---

27 有關連戰生平及重要資歷請參閱李建榮，《連戰風雲》（臺北：時報文化，1998年）。1993年8月獲得國民黨主席李登輝提名為國民黨副主席，1996年與李登輝搭檔參加1996年中華民國總統大選，以58萬多票當選為中華民國歷史上首位民選副總統。《連戰大紀事》（臺北：行政院新聞局，1997年），頁130。

28 詳見蒙藏委員會網站：http：//www.mtac.gov.tw/pages/20/index3-4.htm。檢索日期：2013年2月15日。

委員、中華文化復興運動推行委員會祕書長（1981～1988年）。[29]

　　周宏濤於1912年生於浙江寧波奉化，就讀東吳大學政治經濟系，後又轉到武漢大學政治系。周宏濤祖父周駿彥的兄長是蔣介石啟蒙老師。周駿彥曾任國民政府軍政部軍需署長。周宏濤27歲時，受蔣緯國推薦入軍委會委員長侍從室，長期追隨蔣介石，是任期最長的機要祕書。來臺後，曾任中國國民黨副祕書長（1952～1959年）、財政部政務次長（1958～1962年）、行政院主計處主計長（1968～1978年），並在其後發展中擔任總統府國策顧問（1990～1996年）。[30]

　　周宏濤對於未能擔任財政部長一職，始終耿耿於懷，在1951年3月，《民族晚報》突然報導將由周宏濤繼任行政院祕書長，結果在報導的次日，由已內定出任財政部長的嚴家淦，徵詢他出任政務次長。8月27日，新職發表後，周宏濤自認以自己的資歷及學識，而不能主管一個部會或擔任祕書長，而備感沮喪。[31]

　　1982年，周宏濤以政務委員身分兼任行政院「力行小組」召集人，[32]

29　〈陳奇祿簡介〉，財團法人吳三連臺灣史料基金會，http：//www.twcenter.org.tw/f01/peo_01.htm。檢索日期：2011年3月12日。陳奇祿踏入人類學的專業領域後，就專心研究臺灣原住民物質文化的田野調查，且長達30年之久，出版多項原住民研究相關著作，1990年獲頒國家文藝獎特別貢獻獎與行政院文化獎。

30　有關周宏濤生平請參閱胡健國主編，《國史館像藏民國人物傳記史料彙編》（臺北：國史館，2005年），頁152-157。也請參閱周宏濤口述、汪士淳著，《蔣公與我——見證中華民國關鍵變局》（臺北：天下遠見，2003年）。

31　有關周宏濤在1951年擔任財政部政次不滿新職的說法，請參考周宏濤口述，汪士淳撰寫，前引書，頁444-445。

32　周宏濤口述，汪士淳撰寫，前引書，頁484-485。所謂「力行小組」原名是1965年在行政院組成的「經濟作戰策劃小組」，簡單來說就是對中共及海外的經濟作戰，首任召集人是徐柏園，3年後由俞國華接任。力行小組委員分別由國防、財政、經濟、交通四部、僑委會、經建會、中央銀行、國家安全局、中央信託局及有關專家、代表組成委員，指定行政院政務委員為召集人，經濟部長為副召集人。1988年，周宏濤簽報行政院，結束力行小組的工作。

其實早在1972年3月21日，蔣介石當選第5任總統，在5月20日就職之前，內定為行政院長的蔣經國和蔣介石，已決定由周宏濤出任財政部長，並奉命隨蔣經國赴日月潭，在途中商定了此項人事安排。最後卻因為蔣宋美齡的外甥孔令侃返回臺灣，請託蔣夫人想擔任財政部長，蔣介石堅決認為孔家不宜再在此時出任政府要職，這會嚴重影響政府形象，由於蔣介石與夫人發生爭執，於是採取折衷的方法：即不用孔令侃，也不用周宏濤，使周宏濤期望在財經方面一展抱負的機會，又擦身而過。周宏濤在蔣經國擔任行政院長時，也是執行規劃及掌握財源的「五人小組」成員，出任行政院政務委員後，專責審查財經等案。1979年奉孫運璿指示，開始策劃興建長達近十年的臺北世界貿易中心，在其公職生涯中，始終無緣財政部長一職。[33]

關於孫運璿內閣與蔣氏父子的淵源關係，請參見表2-2。

表2-2　孫運璿內閣與蔣氏父子淵源關係

編號	職稱	姓名	1.血親或旁系親屬	2.同鄉	3.同學友朋（子女）	4.師生淵源	5.官邸近侍	6.黨中常委	7.技術專家	8.臺籍
1	行政院長	孫運璿				✓		✓	✓	
2	副院長	徐慶鐘				✓		✓	✓	✓
3	內政部長（前任）	邱創煥				✓		✓	✓	✓
4	內政部長（後任）	林洋港				✓		✓	✓	✓
5	外交部長（第1任）	沈昌煥					✓		✓	
6	外交部長（第2任）	蔣彥士		✓				✓	✓	
7	外交部長（第3任）	朱撫松				✓			✓	

33　周宏濤口述，前引書，頁482-483。「五人小組」其他成員有：央行總裁俞國華、財政部長李國鼎、經濟部長孫運璿、行政院祕書長費驊。

序號	職稱	姓名								
8	國防部長（前任）	高魁元				✔		✔	✔	
9	國防部長	宋長志				✔		✔	✔	
10	財政部長（前任）	張繼正			✔	✔			✔	
11	財政部長（後任）	徐立德				✔			✔	
12	教育部長	朱匯森				✔			✔	
13	司法行政部長	李元簇								
14	經濟部長（前任）	張光世				✔			✔	
15	經濟部長（後任）	趙耀東				✔			✔	
16	交通部長（前任）	林金生				✔		✔	✔	✔
17	交通部長（後任）	連　戰				✔				✔
18	蒙藏委員會委員長（前任）	崔垂言				✔			✔	
19	蒙藏委員會委員長（後任）	薛人仰				✔				
20	僑務委員會委員長	毛松年				✔			✔	
21	政務委員	俞國華		✔	✔	✔	✔	✔	✔	
22	政務委員	李國鼎				✔		✔	✔	
23	政務委員	高玉樹							✔	✔
24	政務委員	陳奇祿							✔	✔
25	政務委員	張豐緒				✔			✔	✔
26	政務委員	周宏濤		✔	✔	✔	✔		✔	
27	政務委員	費　驊				✔		✔	✔	
比例			0％	11.1％	11.1％	85.2％	11.1％	40.7％	92.6％	29.6％

　　以孫運璿內閣（1978年5月～1984年5月）成員分析，在總計27位的內閣成員中，以技術專家入閣的有25位，占92.6％，於所有選項中排名第1。

內閣中有23人曾在國防研究院與革命實踐研究院結業，包含孫運璿、徐慶鐘、邱創煥、林洋港、蔣彥士、朱撫松、高魁元、宋長志、張繼正、徐立德、朱匯森、張光世、趙耀東、林金生、連戰、崔垂言、薛人仰、毛松年、俞國華、李國鼎、張豐緒、周宏濤、費驊等，占全體閣員中85.2％，所以師生淵源在所有選項中排名第2。

　　11位閣員符合黨中常委選項，占全體閣員的40.7％，於選項中排名第3；而有8位閣員是臺籍菁英，合計有徐慶鐘、邱創煥、林洋港、林金生、連戰、高玉樹、陳奇祿、張豐緒等，占內閣成員的29.6％，於選項中排名第4。

　　曾擔任過蔣氏父子近侍的有沈昌煥、俞國華、周宏濤等3人，占全體閣員中的11.1％，俞國華、周宏濤、張繼正符合選項中的同學友朋，占11.1％；而與蔣氏父子具有浙江同鄉的淵源的有俞國華、周宏濤與蔣彥士等3人，占全體閣員中的11.1％，都是排名第5。在血親關係中無人符合，排名第6。

　　因此，根據以上統計分析，所列與蔣氏父子的9個選項中，技術專家所占比例最高，排名第1，其次分別是師生關係、黨中常委、臺籍、同鄉、官邸近侍、血親關係、同學友朋（子女）。請參考圖2-1各選項的占有比率。

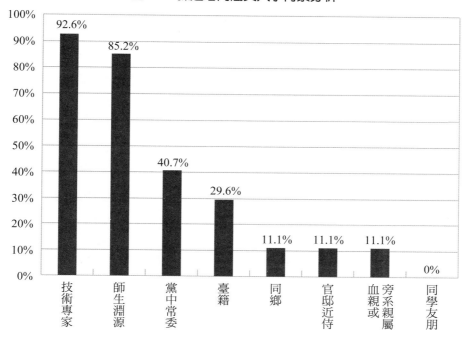

圖2-1　孫運璿內閣與人事背景分析

在所有內閣成員中，擁有6個選項的是俞國華1人，擁有5個選項的是周宏濤1人，擁有4個選項的是徐慶鐘、邱創煥、林洋港、蔣彥士、林金生等5人，擁有3個選項的是孫運璿、高魁元、宋長志、張繼正、李國鼎、張豐緒、費驊等7人。擁有2個選項的是沈昌煥、朱撫松、徐立德、朱匯森、張光世、趙耀東、連戰、崔垂言、毛松年、高玉樹、陳奇祿等11人。在所有閣員中僅李元簇與薛人仰2人具有1項淵源。

1984年2月24日，孫運璿當天原排定到立法院做施政報告，因發生腦溢血中風意外住進臺北榮總，成為中華民國史上首位任內因病無法執政的

內閣首長。[34]　5月，孫運璿在榮總病房寫下辭呈，15日向總統提出內閣總辭。孫運璿擔任行政院長時，因為有所謂的「鐵三角」——孫院長、中國國民黨祕書長蔣彥士、總統府祕書長馬紀壯，同心協力運轉黨政關係。他也極力與新聞界保持良好關係，孫運璿認為「所謂政通人和，先有人和，才能政通。」[35]　在強人總統下，他維持低調的領導風格並以方案推動施政，重用研考會考核各部會，以彌補自己威望的不足。[36]　在其院長任內，許多部會首長都是媒體寵兒，例如推動科技發展的政務委員李國鼎、擅於雄辯的內政部長林洋港、鐵頭部長趙耀東，另有新聞局長宋楚瑜、研考會主委魏鏞兩位年輕又具政治魅力的政務官。魏鏞認為孫運璿的英雄形象在社會人民心中建立，適時彌補臺灣在國際外交連串失利的人心浮動。[37]

第二節　動盪年代

　　孫運璿是兩代蔣總統最為器重的官員之一，在他就任行政院長後，先後遭遇中華民國遷臺後最大的外交風暴——與美國斷交，以及國內黨外人士的反抗力量。

　　1977年美國總統卡特（James Earl Carter, Jr.）就任，他基於全球戰略的概念，將美國與中共建交視為最重要的任務。[38]　而中共方面，主張實用主義的鄧小平在1978年12月於中共11屆三中全會上取得了領導權。臺灣則是蔣經國在1978 年5 月宣誓就任總統。自此，美、中、臺的三角關係開始出

34　記者劉作坤，〈孫運璿中風始末〉，《民生報》（臺北），http：//www.sunyunsuan.org. tw/b_1.asp?newsid=3&newscat=A。檢索日期：2006年3月1日。

35　楊艾俐，前引書，頁147、244。

36　楊艾俐，前引書，頁242。

37　楊艾俐，前引書，頁273。

38　施正鋒，《臺中美三角關係》（臺北：前衛，2001年），頁139-140。

現傾斜，往中國方向偏倚，臺美關係進入了緊張的階段。[39]

　　蔣經國在1978年12月16日凌晨獲知美國將與臺灣斷交，改與中共建交的訊息後，立即召集重要官員至官邸開會，並在之後隨即召開的國民黨中央黨部中常會上，親自提到卡特總統來信表示，日後美國對臺灣除了外交關係以外，仍保有經濟、文化、貿易等各方面關係，而中美共同防禦條約將於次年1月1日起一年以後廢止。蔣經國在會中要求加強民心、軍事與社會的安定，並決定停止年底舉行的中央民意代表增補選舉。[40] 當日上午10時，中共建交的消息與中華民國政府的聲明同時傳送至全國各地，蔣經國在晚間透過電視向全國民眾發表演講，號召全國同胞自信、自強，中華民國不會和共產政權談判，也不會放棄光復大陸的神聖使命。[41]

　　由於民眾的憤怒情緒很可能轉化對政府無能的反感，於是孫運璿展現危機處理的能力，在與中央黨部祕書長張寶樹磋商後，決定發動愛國自強捐獻運動以抒解民怨，結果在短短10天就捐出20億作為發展國防武器的基金。[42] 這時更重要的是爭取美國國會正在醞釀制定的臺灣關係法，1979年4月10日，卡特總統終於簽署「提供防禦性武器與服務給臺灣，足以使臺灣維持充分的自衛能力」的「臺灣關係法」後，才舒緩了緊繃的局面。[43]

　　1981年，雷根（Ronald Wilson Reagan）當選美國總統。雷根曾於1982年

39 陶涵著，《蔣經國傳》，頁369。美國接受中國方面關於正常化的三個基本條件（廢約、撤軍、斷交），開始商談中美正常化的問題。1978年12月13日，美中雙方在北京進行最後的談判，達成共識後，卡特令國務院在消息發布前12小時才通知臺北方面。

40 蔣經國先生全集編輯委員會編輯，《蔣經國先生全集》，第19冊，頁235。

41 見《聯合報》，臺北，1978年12月17日，版1。

42 楊艾俐，前引書，頁190-201。

43 楊艾俐，前引書，頁199-201。當時臺灣有6位工商界人士，如徐小波、侯貞雄、辜濂松等人自動組團赴美國，會見臺灣關係法關鍵人，即參院外交委員會主席邱池，爭取美國友人支持中華民國的立場及武器的需求，而孫院長在國內也不斷加強與美國商會的聯繫，敦請在臺美商定期寫信給美國國會議員，以確保雙方共同的利益。

召見美國在臺協會臺北辦事處處長李潔明（James R. Lilley），向他表達對臺灣的好感。[44] 而臺灣方面，蔣經國則派遣特使到美國向國家安全會議亞洲事務主任席格爾（Gaston Sigur）表達臺灣正準備進行變革，未來將朝向政治民主化、政府組織本土化、保障臺灣經濟繁榮、向中國開放民間往來等方向進行改變。蔣經國認為，臺灣必須發展出政治、經濟、多元、開放的典範，以作為維護臺灣自主、獨立地位的根據。[45]

在中共方面，鄧小平對當時的中美關係並不滿意，他反對美國出售FX型戰機給臺灣，並要求美國降低提供臺灣軍事武器的質與量，同時還要設定美國對臺軍售的最後期限。1982年1月11日，美國總統雷根宣布拒售我國高性能戰鬥機。5月，副總統布希在中國大陸公布雷根致鄧小平、胡耀邦、趙紫陽的三封信函，信中直指，美國支持任何和平解決臺灣問題的決定，一旦和平解決臺灣問題有所進展時，預期臺灣對武器的需求就會自然遞減。孫運璿認為「這是生死交關的時刻，我國三不立場很對，但是必須換種說法，用原來的一套已經不能說服國際了。」[46] 於是把握6月10日中美大陸學者會議閉幕茶會的致詞機會，由孫院長在演講的最後一段，以行政院長身分表示我國對兩岸關係的立場：「中共應盡速放棄四個堅持，加緊努力改變生活方式。只要在大陸上的政治、經濟、社會、文化等各方面與自由中國的差距不斷縮小，中國和平統一的條件就自然漸趨成熟，到那時候，統一的障礙就自然減少了。」孫院長也技巧迴避我國是否願意和中共談判的問題，引用美國總統甘迺迪在就職演說中說過的話：「美國絕不

---

44 李潔明著（James R. Lilley），林添貴譯，《李潔明回憶錄》（臺北：時報出版，2004年），頁219。

45 李潔明著，前引書，《李潔明回憶錄》，頁245。

46 楊艾俐，前引書，頁212。

恐懼談判，但絕不在恐懼中談判。」[47] 結果這段演講卻引發少數黨國元老的反彈。

為了平衡黨內歧見，蔣經國約見孫運璿，希望他在下次行政院會中澄清政府的「三不立場」依然不變。孫運璿在多年後自承這篇演講在政壇上的確帶來某種程度的傷害，「很多人開始說孫某人不容易駕馭，要小心。」[48] 由此可見，當時蔣經國的大陸政策依然處於相對保守的範圍。

實際上，孫運璿的這篇演講，中外人士均給予很高的評價。但由於國內保守勢力仍大，因此孫運璿擬於同年7月舉行的國建會中，針對這個問題繼續作廣泛討論。可惜情勢不對，於是孫運璿召集了一個內部會議，進行認真討論，不過仍有保守官員不願參加該次會議。[49] 宋楚瑜認為，當時孫運璿所引發的「政治敏感」話題，其實至今仍成為兩岸關係政策的主調，可見孫運璿具有前瞻性的政治眼光。而當年的批評者可能無法深入了解到孫運璿的投入，以及追求務實與效能所付出的心血和智慧。[50]

由於美國的外交政策仍需中共共同對抗蘇聯，即使雷根政府堅持不給軍售截止的最後期限，但中共與美國仍於1982年8月17日簽訂了第二次的「上海公報」，又稱「817公報」。這份公報，美方用字遣詞十分模糊，美方並未給予北京任何實際上的保證，因此雙方都不滿意。[51]

---

47 楊艾俐，前引書，頁216-217。當時這篇演講稿完成後，新聞局副局長戴瑞明邀請包括楊國樞、葉啟政、徐佳士等各方學者，就各種角度探討如何使這篇演講達到最高溝通效果。但這篇演講並未提到實際行動來解凍兩岸關係，使許多海內外人士失望。

48 楊艾俐，前引書，頁220。所謂「三不政策」是指──不談判、不接觸、不妥協，少數元老認為孫運璿的演說違反蔣經國宣布「三不」首要政策──不談判。

49 丘宏達，〈高瞻遠矚的孫運璿〉，《我所認識的孫運璿──孫運璿八十大壽紀念專輯》（臺北：財團法人孫運璿學術基金會，1993年）。

50 宋楚瑜，〈孫運璿先生的治事風範〉，《我所認識的孫運璿──孫運璿八十大壽紀念專輯》（臺北：財團法人孫運璿學術基金會，1993年）。

51 李潔明著，前引書，頁229。

同年8月19日，美國國防部通知國會，美國將與臺灣繼續合作生產F-5E、F-5F 戰機，總值2億4千萬美元，而臺灣軍事代表團也將與美國國防部舉行軍售會議。可見，「817公報」對臺海兩岸的穩定並沒有太大的衝突。李潔明認為，1983～1988年間，美國白宮、國務院、國防部對於亞洲戰略的思想是一致的，才使得臺、中、美的三角關係獲得穩固，不再像卡特政府時期那麼偏斜。美國與日本、南韓、臺灣等亞洲盟國有許多共同利益且不能放棄，只要把北京擺到正確位置，當然可以不必放棄臺灣。[52] 中美關係的緊張在此時獲得了舒緩。

在國內方面，1964年彭明敏和學生謝聰敏、魏廷朝起草的「臺灣人民自救運動宣言」，影響並激勵了海外臺獨人士，尤其當時在海外的臺獨大將如蔡同榮、張維嘉、蔡明憲等人原來就是彭明敏的學生。「臺灣人民自救運動宣言」事件使許多留學生加入臺獨團體，此一衝擊最後更促成全美臺獨團體的整合。[53]

發生於1979年12月10日的「美麗島事件」（又稱高雄事件），則對臺灣島內的臺獨運動及民主進步黨的成立，產生重大的影響。在這場於戒嚴事件中，當局將為首的8人安上「叛亂」罪名，分別是黃信介、施明德、姚嘉文、張俊宏、林義雄、呂秀蓮、陳菊、林弘宣等，[54] 而被告林義雄的

---

52 李潔明著，前引書，頁231。

53 對海外臺獨運動深具影響的還有許信良於1980年在美國建立的「臺灣建國聯合陣線」，吸引許多在1975年之後移民美國的中產階級。1986年成立「臺灣民主黨建黨籌備委員會」，主張遷黨回臺，促成民主改革，而當時的美國臺獨聯盟不相信民主改革，仍堅持武裝革命，出現路線之爭。另一個海外臺獨運動轉型的表徵就是1982年「臺灣人公共事務協會」（FAPA）的成立，主張透過遊說美國國會而非用武力推翻國民黨，旨在強調臺灣政治民主，未提到臺獨。

54 2003年2月27日，《新新聞》（臺北），第834期，頁45。《美麗島》是黃信介於1979年創辦的政論雜誌，當時美麗島政團有所謂核心決策的「五人小組」，成員有施明德、許信良、張俊宏、姚嘉文、林義雄，其中姚嘉文引介「暴力邊緣論」，而這一名詞也成為軍法大審中，國民黨指控他們叛亂的證據。

家人在隔年（1980年）2月28日白天遭人殺害。此外，大審中的辯護律師則有尤清、江鵬堅、陳水扁、謝長廷、蘇貞昌等人，他們日後在臺灣政壇日益嶄露頭角。

　　美麗島事件及軍法大審之後，英雄與道德色彩凌駕了過去一切因素，成為黨外運動群眾聲勢苗壯的最大能源。道德正當性投射在受難者家屬身上，至於英雄光環卻由辯護律師們接收了。在美麗島事件的本質分析上，施明德認為該事件和「228事件」一樣，不應過分強調有多少人被國民黨誣陷株連、無緣無故成為冤魂，反而應該強調許多人是有意識的反抗暴政，這些喪生的英靈，不但值得謳歌，其價值更超越所謂的「冤魂論」。[55] 雖然施明德以史詩般的浪漫加以歌詠，但該事件對臺灣政治其實產生了深遠的意識和影響，茲分析如下：

一、對國民黨的衝擊

　　1979年「美麗島」事件，是否加速蔣經國將政權「臺灣化」（或稱在地化）呢？蔣經國在處理1977年的「中壢事件」及「美麗島事件」時，[56] 都指示軍警不得動用武力鎮壓。當《美麗島》領導人申請在12月10日，以紀念世界人權日的名義在高雄舉辦夜間燭火遊行時，總政戰部主任王昇和其他情治官員把迫在眉睫的危機向蔣經國報告，時任蔣經國英文祕書的宋楚瑜表示，蔣經國嚴令當民眾騷亂時，警察必須打不還手、罵不還口。[57] 這場遊行到了晚上8點40分，群眾的情緒已經被演講

---

55 2003年2月27日，《新新聞》，頁44。

56 所謂「中壢事件」是指1977年許信良脫離國民黨自行參選桃園縣長，11月19日，中壢市第213號投開票所選監主任涉嫌舞弊作票。消息傳出後，引發萬餘名許信良支持者焚燒中壢警分局，蔣經國下令警察撤出，不准開槍傷人，許信良獲22萬票，當選桃園縣長。而在1977年臺灣首次五項地方公職人員選舉，「黨外」獲得4席縣市長、21席省議員、21席鄉鎮市長。

57 陶涵，《蔣經國傳》，頁386，注釋3。

者帶動到最高潮，於是演變成暴力攻擊事件。高玉樹向美國在臺協會官員證實，安全部隊沒有動武，他們只試圖以盾牌擋住攻擊者。[58] 中部警備司令常持琇在多年後提到，他曾制止高雄市長王玉雲要高雄警方組織黑社會流氓反制群眾。[59] 當時警備總司令汪敬煦則認為林義雄家人被謀殺，是「在美國策動的」，而澳洲學者家博則是被策動者派去探路的。[60] 在美麗島事件發生發生後，蔣經國傳話，不得有任何人被判處死刑，他「不允許島上有流血」。[61] 蔣經國在處理「中壢事件」和「美麗島事件」兩個問題的方針上，已經與50年代的嚴厲鎮壓有所不同，而代之以高壓懷柔並進。今後以本省菁英為主導的反對運動，似乎開啟了與蔣經國和平共存的契機，而為鞏固中華民國及國民黨政權避免陷入族群鬥爭泥沼，選擇李登輝作為政治上的接班人，在當時環境看來，或許是最好的選擇。[62] 許信良認為在「美麗島事件」之後的10年期間，蔣經國加速培養與黨外領導者同世代的國民黨菁英，而黨外運動卻經歷了10年的空轉。許信良認為美麗島事件不應該貿然發生，並沒有發揮應有的領導作用，民主的發展反而表現在蔣經國選擇李登輝當接班人的措施上，而非由反對運動所主導。呂秀蓮也認為這是一場「明知山有虎，偏向虎

58　陶涵，《蔣經國傳》，頁387-388，注釋5。

59　2003年2月27日，《新新聞》，頁43。

60　2003年2月27日，《新新聞》，頁44。

61　此為美國學者陶涵在《蔣經國傳》，第389頁注19中說，此話是「余紀忠，1996年5月24日在臺灣接受他的訪談所說。」

62　《聯合報》，臺北，2000年5月16日，版8。對於美麗島世代黨外菁英而言，李登輝是屬於父執輩的日本世代臺灣人，雙方有許多相同的成長歷程及回憶，尤其他在繼任總統之後刻意包容民進黨並禮遇海外臺獨人士，使許多民進黨人士都有無法抗拒的李登輝情結。民進黨創黨元老張俊宏就自承「完全無法抗拒李登輝，一看到他，就像看到自己的父親，看到那一代受良好日式教育的臺灣人。李總統的性格、脫口而出的俚語，面對重大事件的發言，我都能體會。他就像我父親」。

「山行」的躁進運動，不過這也是在臺灣的中國人對本地人的一種迫害。[63]

二、黨外勢力的發展

「美麗島事件」之後，「辯護律師派」崛起，1981年選舉中，蘇貞昌、陳水扁、謝長廷都高票當選，連帶將許多黨外新生代送進省議會，這些辯護律師所憑藉的正是在美麗島事件中挺身而出的道德勇氣與英雄形象。在這種悲劇英雄光芒的氣氛烘托下，黨外發展愈趨激進，強調「體制內改革」與「改革體制」的謝長廷及主張協商、制衡的康寧祥（《八十年代》主編），都遭到邱義仁等人猛批，務實的律師派也不得不改弦更張，向英雄與道德立場傾斜。這批美麗島事件之後才參與政治活動的新生代，在時勢所趨下，必須扮演一個集英雄、悲情、草莽、解放者等性格於一身的角色繼續領導黨外勢力挑戰國民黨，並取代老一輩所謂「美麗島系」大老們的政治舞臺。[64]

蔣經國在處理美麗島事件上，將黃信介及施明德等為首8人以叛亂罪起訴，而國民黨內部的改革派如楚崧秋等人則主張軍事法庭應該公開審理高雄事件。最後，蔣經國裁定，軍事審判過程公開，被告在庭上的聲明也准許報紙報導發表。[65] 美麗島事件的第二天，國民黨第11屆四中全會召開，中央委員會選出王昇、黃杰、馬紀壯、趙聚鈺等4人進入中常會，再加上原有的宋長志、高魁元、袁守謙等，共計有7位中常委具有軍方背景，占全體中常委的26％，這顯示蔣經國向軍方及保守派示好的結果；但另一方面，為了安撫基層民眾，臺籍中常委新增林洋港、邱創煥、李登輝、洪壽南等4人，加上原有的謝東閔、林金生、林挺生、徐慶鐘、蔡鴻文，臺籍中常委共有9位，占全體27位中常委的33％，約占整個中常委的三

63　2003年2月27日，《新新聞》，第834期，頁47-48。

64　2003年2月27日，《新新聞》，第834期，頁40-41。

65　陶涵，《蔣經國傳》，頁392。

分之一。[66] 在軍法大審後不久，面臨黨內保守勢力的壓力，蔣經國召見推動公開審判的中央文工會主任楚崧秋，將他調任中國電視公司董事長，將原董事長李煥轉任高雄中山大學校長。[67]

蔣經國同時決定，原本因臺、美斷交而中止的選舉，排定在1980年12月6日恢復舉行，新法令把開放改選的立法委員增加為70席，比1978年的名額增加78％，這反映出蔣經國正逐步走向民主政治的決心以因應未來將出現的變局。

第三節　大陸政策

1979年12月10日上午，蔣經國以主席身分在國民黨第11屆四中全會上發表一篇重要演講，他昭告780位黨代表，1979年「是本黨歷史上最艱險的一年」。他提出創造理想、模範社會的願景，也是未來改造中國的理想所繫。蔣經國指出，對岸經濟凋疲、社會紊亂，他相信中國大陸人民一定會問「我們為什麼不能有像臺灣那樣的國民經濟？」他宣稱，共產黨控制的中國「一定得順應人民的期望改變」。他又重申「絕不與中共談判、絕不妥協」的政策，堅定不移。[68]

1980年，雷根當選美國總統，在前任親大陸的國務卿海格主導下，與北京簽訂「817公報」；但換上親臺灣的國務卿舒茲之後，臺美關係日益增進。雖然臺灣期盼的先進FX戰機始終不得美國出售；但美國中央情報局會定期向參謀總長郝柏村簡報有關中共軍力動態等情資。[69] 在與美國斷交後兩年，臺灣的孤立感已經日益消散，蔣經國繼續其日益彈性的外交政策，拓展無邦交國家以及國際組織的實質關係，增加中華民國的生存空

66　李雲漢，前引書，頁361-363。在四中全會，也通過由陳履安擔任中央黨部副祕書長。

67　陶涵，《蔣經國傳》，頁395-396。

68　陶涵，《蔣經國傳》，頁386。

69　郝柏村，《八年參謀總長日記》（上）（臺北：天下文化，2000年），頁56-57。

間。[70]

　　大陸廣大的市場也愈發吸引臺灣工商人士的興趣，臺灣當局在蔣經國的許可下，首度發出訊息，希望兩岸人民可以有某種程度的接觸往來。《聯合報》報導，臺灣的農業計畫發展協會理事長宣布，如果中共想要農業「臺灣化」，該會樂於協助，「以改善我們同胞的生活水準」。《聯合報》也刊登一位學者的訪談，兩岸人民多接觸，可以有助開啟他們的心智。1979年，臺灣開放對外觀光，准許人民自由申請護照，許多人民前往第三國或香港，再飛往大陸老家探親。「三不政策」中的兩不，迅速遭到侵蝕，充分反應蔣經國已經慢慢調整大陸政策了。[71]

　　1982年5月22日，蔣總統約集嚴前總統、黃少谷、孫運璿、沈昌煥、蔣彥士、馬紀壯、朱撫松、錢復及郝柏村舉行機密談話，轉達雷根總統給蔣總統的信，申明信守臺灣關係法及不接受軍售設限。[72]　7月17日，孫運璿院長在行政院約見回國學者丘宏達、高英茂、熊玠等博士，請他們對臺美關係及中共統戰提出具體建議，學者們認為美國基於全球戰略所以需要中共，而臺灣只是美國的局部利益，故美國在必要時，會為全面利益犧牲局部利益，這是臺美關係上對臺灣基本態勢不利之處。在兩岸關係上，美國對於臺灣長期反對與大陸和談感到不可理解，也被視為妨礙美、中（共）關係正常化，因此學者們建議臺灣利用和談達成宣傳的目的，以爭取美國輿論的支持。孫院長希望他們不要在國建會公開提出，以免影響民心士氣，尤其和談是目前政府不可能同意的政策。[73]

70　臺灣在對外採購軍火方面來源就有許多國家，可見為了武力保臺推動實質外交的努力。可參閱郝柏村，前引書。

71　陶涵，《蔣經國傳》，頁404。

72　郝柏村，前引書，頁105。

73　郝柏村，前引書，頁139。

在1980年，兩岸間接貿易金額大約3億美元，在福建省福州、廈門的港口碼頭上，外國觀察家可以經常看到臺灣製成的電器用品紙箱。警備總部一再警告這種交易行為違法，可是有利可圖的臺灣漁民根本不予理會。黨外增額立委康寧祥公開指責「三不」成了「僵硬的政策」，「違背臺灣人民的利益」。他宣稱：「臺灣最終的生存，要依賴大陸的善意。」[74] 1982年，蔣經國批准大陸代表隊到臺北參加世界盃女子壘球錦標賽。王昇所領導的劉少康辦公室建議蔣經國准許北京代表隊參賽。最後，北京卻意外的不肯前來參賽。[75]

1982年6月10日，第1屆「中國大陸問題」開幕茶會中，孫院長在與會的一百多位中外學者前面，以流利的英語對我國與中共政策作了劃時代的演講，他說：「今天，國際間受到中共的影響，都把自由中國當作一個問題來看，也就是所謂的臺灣問題，其實這是不對的。在臺灣的自由中國不僅進步、繁榮，而且也是國際間具有建設性的一員，根本不成其問題。」[76]

孫院長認為真正的問題是「中國大陸問題」，中國大陸人民應否長期生活在共產黨統治之下的問題，自由世界願意有一個「唯我獨尊的共黨中國」，還是一個「愛好和平的非共中國的問題」。在演講的最後一段，他以行政首長身分表示我國對兩岸關係的立場：「中共應盡速放棄四個堅持，加緊努力改變生活方式。只要在大陸上的政治、經濟、社會、文化等各方面與自由中國的差距不斷縮小，中國和平統一的條件就自然漸趨成熟，到那個時候，統一的障礙自然就減少了。」[77]

---

74 陶涵，《蔣經國傳》，頁404。
75 陶涵，《蔣經國傳》，頁410。
76 楊艾俐，前引書，頁213。
77 楊艾俐，前引書，頁213-214。

孫內閣的經濟部長趙耀東也公開支持與大陸貿易往來的主張，而孫運璿私下曾向蔣經國提議，目前時機已經成熟，臺北可以正式准許與中國大陸進行貿易、旅遊的往來。[78] 當時臺灣還要面對的是轉口貿易問題，因為是戒嚴時期，如果商人賣貨品到大陸去，則觸犯資匪及叛亂罪；但許多出口商因有利可圖，甘冒風險，並增加許多貿易糾紛。而國貿局長蕭萬長則在總統召見時，當面提出報告，蕭萬長隨後由國安局長汪敬熙安排到力行小組和中常會報告。在幾經討論研究後，行政院隨後發布兩岸轉口貿易三原則：一、兩岸不可直接貿易和通商；二、不可與中共人員和機構接觸；三、政府對轉口貿易不加干涉。這對當時堅持已久的「三不政策」——不接觸、不談判、不妥協，出現歷史性的轉變。這些重要的經貿決策，都是在蔣經國身體狀況逐漸惡化的時候所做出的明快決定，蕭萬長認為蔣經國在臺灣外交受挫、經濟轉型的關鍵時刻，仍全力掌握國家大政方針，使得整個官僚體系無後顧之憂，勇於任事。[79]

在孫運璿內閣時期，由於智慧財產權（簡稱IPR）的談判，引發美國幾乎動用「301」報復條款，李國鼎認為這問題一定要解決，否則將來沒人敢來投資新竹科學園區。蔣經國則對美方壓力頗為不悅，後來蕭萬長到中常會報告，孫運璿、李國鼎以及俞國華都發言支持要建立一個完整的智慧財產權保護的法律體系，最後蔣總統裁示，智慧財產權談判開始進行，才平息國內反對聲浪。[80]

78　陶涵，《蔣經國傳》，頁420。

79　蕭萬長口述，《微笑的力量》（臺北：天下雜誌，2012年），頁95-96。

80　蕭萬長，前引書，頁96-98。

雖然官方的三不立場不鬆動，但蔣總統和孫院長對於進一步開放大陸政策早就有了共識及具體做法，前面提到的政府不干涉轉口貿易、允許大陸女子壘球隊來臺灣參加世界盃就是明顯例證。就在孫運璿演講不久後，中國國民黨中央常會做成我國重返奧運的決議，由孫運璿擔任召集人，召集中央黨部祕書長蔣彥士、國際奧林匹克主席徐亨，積極研擬方案。最後，我國奧會與國際奧會終於簽署協議書，由我國奧會另行設計會旗，以國徽及梅花為表徵，名稱也改為「中華－臺北」。而我國選手也因此彈性政策，終於得參加1984年的洛杉磯奧運。[81]

在1984年，積極參與國際組織是蔣經國和孫內閣共同奮鬥的目標，由於大陸在這一年申請加入亞洲開發銀行，臺灣展開了會籍保衛戰。美國駐北京大使館支持大陸加入、臺灣退出，認為是符合「一個中國」政策下順理成章結果。而美國在臺協會臺北辦事處長李潔明則支持臺灣留在亞洲開發銀行，支持爭取臺灣和北京在亞銀的雙重會籍是不違背它的會旨及利益。經過美國與大陸協調交涉，終於取得大陸同意一個折衷方案，讓臺灣以「中華－臺北」或「中華－臺灣」這樣的名義，保持亞銀會籍。[82]

亞銀名稱的更改，等同把奧運模式套用在此一多邊金融組織上面。而臺灣方面，則強烈反對改變國旗及正式名稱，或許臺北也想利用談判來獲取更大利益，畢竟繁榮的經濟和充裕的外匯存底在亞銀有其不可代替性。

81　楊艾俐，前引書，頁220~222。由於中共自1950年代開始向國際奧會施加壓力，奧會頻頻對我施加壓力，要求我更換國名、國旗，1960年，我代表團手持「臺灣」名牌但寫下抗議在羅馬出賽，楊傳廣贏得十項運動銀牌。1975年大陸文革結束，國際奧會力邀中共參加，又不斷要求我國更改國名及國旗，由於政府立場堅定，我國相繼退出1978年冬季奧運及80年莫斯科奧運會，體壇士氣大為低落。

82　李潔明，前引書，頁238-239。當時反對折衷方案的反而是最支持臺灣的美國駐亞銀馬尼拉總部的代表，直到最後才被美國國務院內的泛亞派說服。

最後，美國以有關「經國號戰機」（簡稱IDF）的技術將加速轉移臺灣，成功的說服臺灣在兩年後以「中華—臺北」的名義繼續參加亞洲開發銀行。[83] 而臺灣雖然一連多年以「抗議中」出席亞銀年會，但亞銀模式仍是一項劃時代的記錄，臺灣和大陸的大使級代表第一次可以共同出席同一個國際組織開會。

　　蔣經國和孫運璿的行政院團隊，在最高國防安全上，由蔣總統堅守三不政策；但在民間的兩岸貿易、國際組織參與上，都逐漸揚棄僵化的意識型態，加速拓展臺灣的國際生存空間。同時，政府似乎更有自信的處理大陸問題，繁榮的經濟和相對自由的生活方式，對於未來「質化大陸」的政策，似乎找到了一條明確方向。

第四節　政通人和

　　在孫運璿內閣時代，蔣經國的十大建設已經完成，到了1984年政府的經濟成長率為9.32％，較1973年石油危機發生後的1.86％，增加了7.46％（圖2-2）；國民所得從1978年5月組閣時的1,599美元，增加為1984年因病辭職時的3,219美元（圖2-3）。[84] 在臺灣兩位超人氣的政治領袖努力下，已經一掃退出聯合國、臺美斷交以及連串的國際孤立和石油危機所可能引發的陰霾氣氛。

83　李潔明，前引書，頁239-240。李潔明認為由於美國內部泛亞派的運作，替臺灣爭取到一項重大勝利，使一個所謂「非正式」的國家，在亞銀裡維持「正式」的會籍。

84　行政院主計處：http://ebas1.ebas.gov.tw/pxweb/Dialog/varval.asp?ma=NA0101A1A&ti=國民所得統計常用資料-年&path=../PXfile/NationalIncome/&lang=9&strList=L。檢索日期：2013年2月15日。

圖2-2

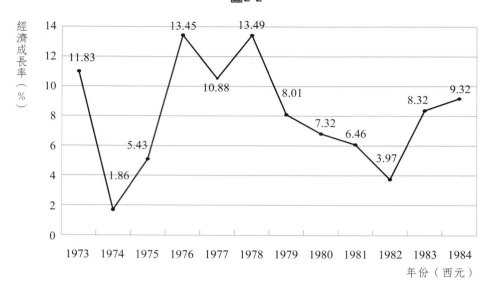

圖2-3

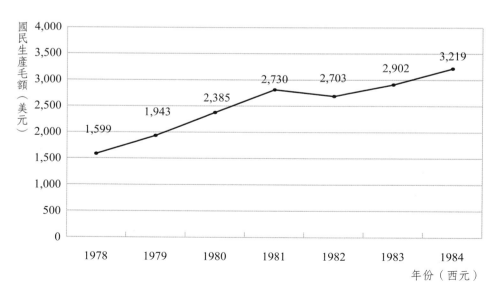

資料來源：行政院主計處；中華民國統計資訊網。

1979年1月8日，內政部出入境管理局首先發出兩張出境證給申請市民，出國事由為「觀光」，這是國內30年以來第一次可光明正大的出國觀光，而第一年的出國人數就高達30萬人。舞蹈家林懷民在德國遇見一位在臺北賣貢丸湯的17歲女孩時，他寫道：「在高大洋人聚立的柏林圍牆前，一個嬌小、樸素的臺灣女孩，告訴我自食其力的驕傲，以及理直氣壯的信心。」2月，中正國際機場也開放了，來自全省近50多萬民眾從各地湧來，參觀這座亞洲最大的飛機場。[85]

　　由於十大建設成果一一展現，國際經濟合作組織（OCED）將中華民國、韓國、香港、新加坡等國列為新興工業國家。孫院長認為國家必須要有高素質的國民，所以他督促新聞局成立公共電視，引進國內外高水準節目，責成教育部成立空中大學，使擠不進聯考窄門的民眾能再獲進修的機會；提倡大型藝文活動，如雲門舞集和國外藝術表演。[86]　臺灣人民有穩定的政局、幸福有感的施政措施，衝高了蔣總統和孫院長的人氣。

　　孫院長是在強人總統提名下，出任行政院長，這位以沒有班底著稱的最高行政首長有句名言：「全國能做事的人都是我的人。」。[87]　在他的內閣團隊中，有高人氣的話題部長趙耀東、林洋港，出身官邸的沈昌煥、俞

85　楊艾俐，前引書，頁229-230。

86　楊艾俐，前引書，頁230-231。孫運璿在任內完成了文建會、兩廳院、22個地方文化中心的建設。他女兒孫璐西指出，孫運璿一直是古典樂迷，尤其在睡前喜歡聽蕭邦樂曲。許博允透露，1983年新象邀請大提琴巨擘羅斯托波維奇和美國交響樂團來臺，也靠孫院長和駐美代表錢復、新聞局長宋楚瑜的幫忙使力下，這場音樂會得以在美國透過400多個公共電視臺同步轉播，外交意義深遠，爾後羅斯托波維奇與會俄語的孫院長結為好友並多次來臺演出。《聯合報》，臺北，2011年2月15日，版AA3。

87　楊艾俐，前引書，頁245。

國華、周宏濤，才華洋溢個性孤傲的李國鼎、費驊等人，他都能調和鼎鼐讓閣員們適才適性發揮。

　　李國鼎因財經問題在蔣內閣辭卸財政部長後，被蔣經國指派為應用科技研究發展小組召集人，他全面引進高等科學技術，以帶動臺灣工業升級。在孫院長任內，並不因李國鼎曾經婉拒經濟部長提名而產生嫌隙，孫院長反而盡全力幫助李國鼎推展相關工作，在行政院會通過了「科學技術發展方案」，又接受李國鼎的建議，成立行政院科技顧問組，李國鼎任召集人。1980年1月，召開外籍科技顧問會議，對我國科技政策及發展方向做全盤評估檢討之外，也提出書面建議。由於孫院長全力支持，這群在國際上盛名卓著的外籍科技顧問也發揮最大的工作效率。[88] 趙耀東在剛上任時，就公然與當時的總統蔣經國唱反調，包括總統指示的物價管制，挽救兩家民營公司，他都反對，在據理力爭分析後，蔣經國最後也接受他的看法。另外，趙耀東鑑於當年臺灣對日入超占臺灣出口的五分之一，產業界依賴日本技術零件太重，1982年，他在未向行政院報備之下，突然宣布限制1,533項日貨進口，引發軒然大波。日本政府立即組成一個空前規模經貿團訪臺，並承諾開放臺灣產品出口日本。趙耀東在面對鉅額逆差，化被動為主動，改善了臺日貿易問題。[89] 但限制日貨進口是屬於財政部業務範圍，因此徐立德立即致電經濟部政務次長王

88　康綠島，前引書，頁224-227。

89　王昭明，《王昭明回憶錄》（臺北：時報文化，1995年），頁165-167。在趙耀東有意推動與日本豐田汽車合作大汽車廠方案得罪國內汽車業而下臺，轉往經濟會任主委，俞國華院長特別調王昭明任副主委，「剛柔並濟」，最後在經濟會任內因禁止日本參加臺鐵電聯車採購投標，觸怒部分與日本有生意往來的立委；再加上立委朱高正質詢時，罵他「老賊」而不堪受辱後，1988年7月請辭，1998年8月20日辭世。請參見《聯合報》，臺北，2008年8月21日，版A1、A2相關新聞報導。

昭明表達強烈不滿；最後有賴孫院長出面緩頰，才使徐立德打消辭意。[90]

孫院長在立法院也有不少立委情義相挺，曾任立委黨部書記長的孫桂藉，是他相交40年的好友，兩人年輕時就一起在哈爾濱暢談國事，孫桂藉把政壇派系、官場慣例、黨國大老的好惡都一一傳給這位老友，多次出面幫初入官場，不諳人情世故的老友解圍。在交通部長任內，久任交通委員會召集人的立法委員袁其炯，也針對交通部內派系及部長應注意事項，傾囊相授。[91] 無黨籍立委康寧祥認為孫運璿是國民黨內部少數一、二位「知之為知之，不知為不知」的官員。[92]

孫院長對自己閣員在立法院被立委質詢，遭「惡意」攻擊時總是毫不猶豫挺身相護，當年一位立委質詢教育部長朱匯森事務官出身，政策保守、沒有開創性、不足以擔任政務官，更在一次全國中學教育會議上對未能改進聯招方案而落淚，有失政務官風度。孫院長立刻請求立法院長倪文亞允許答覆。他說：「朱部長做事很多，保守、沒有開創都不是事實，我認為他適合作政務官，他的落淚表示對全國青年學生真心的關懷。」議場頓時鴉雀無聲。[93]

財政部長徐立德在立法院也與僑選立委吳春晴結下嫌隙，由於吳春晴為華僑商業銀行董監事改選向財政部屢次關說未果後，常藉質詢機會修理徐立德部長，有一次在質詢中竟然進行人身攻擊，當徐立德上臺後情勢

90　2013年8月19日，筆者訪談徐立德。當時由於趙耀東以經濟部長身分宣布一些應屬財政部長權責的政策，徐立德曾憤而向孫院長請辭而遭慰留。徐立德認為趙耀東擅長運用媒體造勢，衝高自己聲望。

91　楊艾俐，前引書，頁149。

92　楊艾俐，前引書，頁180。

93　楊艾俐，前引書，頁240。

一度緊繃，最後孫院長向吳委員致歉，但也正告委員不可再用惡意言詞羞辱閣員的人格尊嚴。直到今日，徐立德憶及這段往事時，仍對孫院長的大度及有擔當而感念不已。[94]

孫院長維持與立法院關係的良好有另一個原因，那就是國民黨中央黨部祕書長張寶樹是他的至交。在長達12年（1969～1981年）祕書長任內，對他建立黨內地位頗有助益。[95] 除了張寶樹之外，孫院長與總統府祕書長馬紀壯、後接任國民黨中央黨部祕書長蔣彥士，被政壇視為合作無間的「鐵三角」，3人齊心協力運轉黨政關係，也運轉國事，尤其是緊急事件，如處理「陳文成案」、[96] 重新加入奧會、是否舉辦世界女子壘球賽等，在3人開過會後，報告給養病中的總統，即可實施，爭取諸多時效。[97]

孫院長在府、院（立法）、黨的關係良好，在民間因幸福有感而有極高的聲望，更重要的是他重視媒體關係公關。在初任交通部長時，首開每週五下午與記者聚會的先例，他會誠實面對問題，拿捏發言分寸。例如當中油準備提高油價時，記者問他是否會影響物價，他回答：「會，但是政府已作好準備措施。」如果事涉國家機密，他也會主動溝通以尋求諒解。[98] 孫院長開明與果斷的作風，使他及整個內閣團隊，成為高人氣的媒體寵兒。

---

94 徐立德，前引書，頁229-230。2013年8月19日，筆者訪談徐立德。吳春晴在十信案發生後又極力向俞國華院長施壓，造成徐立德辭去經濟部長，在徐立德前往美國哈佛大學進修時，吳春晴又致函給哈佛大學指控徐立德是罪犯。

95 楊艾俐，前引書，頁149-150。

96 楊艾俐，前引書，頁197。陳文成是美國卡內基大學教授，在1981年返國探親時遭警總約談，次日被人發現陳屍臺大校園中。事發後，臺灣國際形象跌到谷底。孫院長當時在筆記本上寫下：「要注意大問題，容忍中保持警覺，忙亂中保持冷靜。」文中吐露著不滿、氣餒，但不失方寸的冷靜意志。

97 楊艾俐，前引書，頁244。

98 楊艾俐，前引書，頁147-148。

1984年2月24日，由於孫運璿突然中風，使這位長久被外界視為可能接班的人事布局因此而中斷，蔣經國挑選出身官邸，與蔣家關係密切，曾經留學哈佛及倫敦政經學院的俞國華以70歲的高齡出任行政院長。在2月份的國民黨中常會二中全會，蔣經國將中常委由27人增加為31人，臺籍中常委增加為12人，包括李登輝、林洋港、邱創煥、連戰、高育仁、張建邦、許永德等中生代菁英，其中李登輝的排名已經超越許多黨國大老，高居第9名。[99]　這象徵蔣經國持續會以發展經濟作為內閣施政重心；另方面，也落實本土化，加速培植臺籍菁英的一貫政策。

99　有關中國國民黨第12屆二中全會中常委名單，請參考李雲漢，前引書，頁380-381。

第三章　國政底定

第一節　俞國華組閣

　　1984年5月20日，蔣經國、李登輝就任中華民國第7任正、副總統。1984年6月俞國華組閣，副院長由林洋港擔任，祕書長由王章清擔任、內政部長吳伯雄、外交部長朱撫松、國防部長先後由宋長志與汪道淵擔任、財政部長陸潤康、教育部長李煥、司法行政部長施啟揚、經濟部長徐立德、交通部長連戰、蒙藏委員會委員長董樹藩、僑務委員會委員長曾廣順，在政務委員方面，有馬紀壯、李國鼎、高玉樹、張豐緒、周宏濤、趙耀東、郭為藩等人。[1]　而這段時間臺灣社會正面臨快速的轉型，因此本屆內閣應變時局的壓力持續增加。

　　關於俞國華內閣人員簡歷，請參見表3-1。在這28位內閣成員中，平均年齡是60.9歲，其中臺籍人士有9位，浙江籍4位，江蘇、遼寧、安徽等都是2位，其他省籍有9位，本土化比例為32.1％。在學歷方面，擁有碩、博士學位者占60.7％，其中具有博士學位的5人，皆為國外博士；碩士學位的12人中，3人是國內碩士，9人是國外碩士。軍校畢業的則有3人。

　　俞國華內閣副院長由林洋港擔任，林洋港1927年出生於南投，獲國立臺灣大學政治系學士學位，政治職歷豐富，曾擔任過南投縣縣長（1967～1972年）、臺灣省政府委員（1972～1976年）、臺北市市長（1976～1978

1　俞國華口述，王駿執筆，《財經巨擘──俞國華生涯行腳》，頁394-398、492。俞國華與蔣經國早有默契，因兩家關係深厚又是小同鄉，因此只要蔣氏父子出任總統，就不以俞國華擔任閣揆。由於孫運璿突然中風，因此提名最信任的俞國華掌握行政院。除了內政及國防部長人選由蔣經國特別決定外，其餘部會首長包括教育部長李煥都由俞國華親自推薦或決定。

表3-1　俞國華內閣人員簡歷（分析28人）

姓名	出生年	入閣年齡	籍貫	黨籍	入閣前經歷	入閣職務	離閣出路	最高學歷 國內	最高學歷 國外
俞國華	1914	70	浙江	國民黨	中央銀行總裁	行政院長	留任		美國哈佛大學碩士
林洋港	1927	57	臺灣	國民黨	內政部部長	副院長	司法院長	國立臺灣大學學士	
連戰	1936	48	臺灣	國民黨	交通部長	1984年擔任交通部長，1987年接任副院長	外交部長		美國芝加哥大學博士
吳伯雄	1939	45	臺灣	國民黨	中國國民黨中央委員會祕書處主任	內政部長	臺北市長	國立成功大學學士	
朱撫松	1915	69	湖北	國民黨	外交部長	外交部長	總統府國策顧問		英國倫敦大學碩士
丁懋時	1925	62	雲南	國民黨	外交部政務次長	1987年接任外交部長	駐美國代表處代表		法國巴黎大學學士
宋長志	1916	68	遼寧	國民黨	國防部長	國防部長	總統府戰略顧問	海軍官校	英國皇家海軍大學學士
汪道淵	1913	73	安徽	國民黨	國家安全會議祕書長	1986年接任國防部長	司法院副院長	南京國立中央大學碩士	
鄭為元	1913	74	安徽	國民黨	行政院國軍退除役官兵輔導委員會主任委員	1987年接任國防部長	留任	陸軍官校	義大利盧查大學學士
陸潤康	1927	57	江蘇	國民黨	財政部政務次長	財政部長	大安商業銀行董事長		美國南以美大學碩士
錢純	1929	56	浙江	國民黨	行政院經濟建設委員會委員	1988年接任財政部長	行政院祕書長		美國明尼蘇達大學碩士
李煥	1917	67	武漢	國民黨	國立中山大學校長	教育部長	行政院院長		美國哥倫比亞大學碩士
毛高文	1936	51	浙江	國民黨	國立清華大學校長	1987年接任教育部長	留任		美國卡內基美隆大學博士
施啟揚	1935	49	臺灣	國民黨	法務部政務次長	法務部長	政務委員		德國海德堡大學博士

徐立德	1931	53	河南	國民黨	財政部部長	經濟部長	中國國民黨中央財務委員會主任委員	國立政治大學碩士	
李達海	1919	66	遼寧	國民黨	中國工程師學會理事長	1985年接任經濟部長	總統府國策顧問	西南聯合大學學士	
郭南宏	1936	51	臺灣	國民黨	交通大學校長	1987年接任交通部長	政務委員		美國西北大學博士
董樹藩	1932	52	綏遠（蒙古族）	國民黨	中央考核紀律委員會主任委員	蒙藏委員會委員長	1986年病逝	國立政治大學碩士	
吳化鵬	1921	65	蒙古	國民黨	蒙藏委員會委員	1986年接任蒙藏委員會委員長	總統府國策顧問		美國華盛頓大學、美國奧里岡大學碩士
曾廣順	1924	60	廣東	國民黨	1981年任第12屆中央委員	僑務委員會委員長	第13屆中央委員兼中央常委	廣東省法商學院學士	
馬紀壯	1912	72	河北	國民黨	總統府祕書長	政務委員	總統府資政	青島海軍學校	
李國鼎	1910	74	南京	國民黨	政務委員	政務委員	總統府資政		英國劍橋大學碩士
高玉樹	1913	71	臺灣	無	政務委員	政務委員	總統府資政		日本早稻田大學學士
張豐緒	1928	56	臺灣	國民黨	政務委員	政務委員	總統府國策顧問		美國新墨西哥大學碩士
周宏濤	1912	72	浙江	國民黨	政務委員	政務委員	總統府國策顧問	武漢大學學士	
趙耀東	1915	69	江蘇	國民黨	經濟部長	政務委員	經建會主任委員		美國麻省理工學院碩士
郭為藩	1937	47	臺灣	國民黨	國立臺灣師範大學校長	政務委員	行政院文化建設委員會主任委員		法國巴黎大學博士
蕭天讚	1934	52	臺灣	國民黨	立法委員	1986年接任政務委員	留任	臺灣大學學士	

年）、臺灣省主席（1978～1981年）、內政部部長（1981～1984年）、行政院政務委員（1981～1984年）。[2] 1987年林洋港轉任司法院長，曾在公開場合留下「司法像皇后的貞操，不容懷疑」一言，期勉法務人員能使臺灣司法形象公正廉明，以去除民眾對司法的不信任。原行政院副院長一職則由當時的交通部長連戰接任。

1987年4月，當時司法院長黃少谷、副院長王壽南雙雙退休，蔣經國起用行政院副院長林洋港、國防部長汪道淵升任司法院正、副院長，由於汪道淵是文人領導國防部，以致在不夠專業下而未能發揮所長。而汪過去曾經擔任軍法處長，對法律學有專精，蔣經國認為正好可以輔佐長於政治事務的林洋港。俞國華決定起用交通部長連戰升任行政院副院長，一方面是基於省籍平衡，另方面則是對連戰有相當好的評價，認為連戰是正派的人。至於國防部長人選就必須由蔣經國決定，蔣經國告訴俞國華，由退輔會主委鄭為元接任。[3]

內政部長由吳伯雄擔任，吳伯雄1939年出生於桃園中壢，1962年畢業於國立成功大學工商管理學系。在政治經歷上，曾擔任臺灣省議會議員（1968～1972年）、桃園縣縣長（1972～1976年）、中國國民黨中央委員（1975年）、中國國民黨中央委員會祕書處主任（1982～1984年），內政

2　俞國華口述，王駿執筆，前引書，頁396。基於省籍平衡考量，副院長由本省籍人士出任，當時，論聲望、資歷，本省菁英中以臺灣省主席李登輝、內政部長林洋港最為突出，而李登輝已在3月間被指定為副總統，所以行政院副院長由林洋港出任。李登輝認為汪道淵長期與宋長志不合，以致延緩接任國防部長。見李登輝，《見證臺灣——蔣經國總統與我》（臺北：允晨文化，2004年5月），頁179。

3　俞國華，前引書，頁490-492。而當時除了國防部長人選之外，青輔會主委關中的人事則是蔣經國主動交辦。關中當時是國民黨省黨部主委，在青輔會時間很短，沒多久又回歸黨務系統，出任國民黨組織工作會主任。

部長職位卸任後，擔任行政院政務委員（1984～1994年）。[4]

外交部長由朱撫松留任，1987年再由丁懋時接任朱撫松。丁懋時1925年出生，雲南人，畢業於法國巴黎大學獲學士學位，曾經駐盧安達代辦與大使（1962～1967年）、駐薩依共和國大使（1967～1971年）、新聞局局長（1975～1979年）、駐韓國大使（1979～1982年）、外交部政務次長（1983～1987年），擔任一年的外交部部長卸任後，轉至駐美國代表處代表（1988～1994年）。[5]

1987年國防部長由鄭為元接任，鄭為元1913年生，本籍安徽合肥，於安徽省立第二中學畢業，1930年進入陸軍軍官學校第8期步科，後畢業於義大利培盧查大學獲學士學位，其重要資歷有：海軍陸戰隊司令（1961～1964年）、國防部副參謀總長（1966～1967年）、陸軍總司令部副總司令（1967～1969年）、國防部副參謀總長兼執行官（1969～1972年）、聯合勤務總司令部總司令（1972～1975年）、臺灣警備總司令部總司令（1975～1978年）、國防部副部長（1978～1981年）、行政院國軍退除役官兵輔導委員會主任委員（1982～1987年），後升為國防部長。[6]

財政部長徐立德於6月1日轉調經濟部長，政務次長陸潤康升任財政部長，而政務務次長職缺由摯友李模從教育部次長商請轉調財政部，王建煊升任常務次長。徐立德這顆政壇明日之星卻在「十信案」辭職，結束不到10個月的部長任期。而十信案主要是蔡辰洲利用人頭，將十信存款貸給其關係企業——國泰塑膠。在徐立德擔任財政部長時，已處置十信的不良放

4　俞國華，前引書，頁396。吳伯雄在國民黨中央黨部擔任祕書處主任，只是一名中層幹部，但由於蔣經國提拔，一躍而為內政部長。

5　〈丁懋時〉，《中華民國名人錄》，頁2-3。

6　〈鄭為元〉，中華民國國防部網站，http://museum.mnd.gov.tw/Publish.aspx?cnid=1482&p=12191。檢索日期：2013年2月15日。

款，徐立德認為臺北市財政局執行不徹底；再加上臺北市黨部極力推薦蔡辰洲參選立法委員，結果蔡辰洲當選後，在立法院結合許多立委，形成所謂「十三兄弟」，逐步擴充影響力，向政府施壓開放若干信託業務、合作社理監事可無限制連選連任。1985年2月，終於引爆擠兌風潮，3月11日辭去經濟部長。在提名蔡辰洲參選立委事件中，蔣經國總統、中央黨部祕書長蔣彥士以及當時央行總裁俞國華、徐立德等重要人士都反對提名蔡辰洲而無效，這其中的政治角力則更耐人尋味。[7] 在十信事件爆發後，蔣經國要求蔣彥士辭去國民黨中央黨部祕書長，而以高齡74歲的駐日本代表馬樹禮接任祕書長。

在徐立德辭職後，包括政壇及新聞界在內，多方揣測的可能繼任人選均集中在當時財經界若干知名副首長，結果李達海爆黑馬出線。當時許多圈內人都言之鑿鑿指出，李達海出任經濟部長是蔣經國的提拔延攬，因為李達海早年擔任中油公司高雄煉油廠廠長，蔣經國在行政院長任內曾前往巡視，對李達海印象深刻，因此拔擢為經濟部長。其實，拔擢李達海完全是俞國華的意思，蔣經國立即表示同意此項人事任命。俞國華多年後憶及，之所以起用李達海為經濟部長，是根據長期以來的用人心法所作的抉擇，國營事業向為臺灣經濟主力，占國民生產毛額多數，因此經濟部長一向由國營事業單位主管出任。例如楊繼曾曾任臺糖董事長、孫運璿曾任臺電總經理、趙耀東曾任中鋼董事長，其他如李國鼎、張光世均曾在國營事業任職。因此基於這種心法，俞國華在徐立德辭職後，就決定選擇由操守、能力良好的中國石油董事長李達海出任經濟部長。[8]

1985年，李達海接替徐立德擔任經濟部長。李達海1919年生，原籍遼

7　徐立德，前引書，頁229-242。

8　請參見俞國華口述，前引書，頁484-485。俞國華認為李達海在經濟部長任內表現良好，但新聞界卻多次對其責難而深感抱屈。

寧省海城縣，但在營口出生。1941年，以優異成績畢業於西南聯合大學化學系，放棄了留學的機會，到雍興公司蘭州製藥廠工作。1942年，加入玉門甘肅油礦局，自此進入石油工業界，長達40年。1946年抗戰勝利，李達海奉命赴臺接收高雄左營日本海軍第六燃料廠，而在爾後職歷中國石油公司總經理（1976～1981年）、中油公司董事長（1981～1985年）。[9] 在任內歷經對美貿易談判，積極推動油、電開發措施，核定臺中港火力電廠、五輕案及杜拜的二氧化鈦投資案。並為推動高科技產業，成立臺灣半導體公司，推動國營事業民營化。1985年，李達海卸任後，轉任泰興工程公司最高顧問，而泰興公司是由美國貝泰工程公司（Bechtel）在臺灣和中實工程顧問社所合組的公司，由前臺灣電力公司副總經理鄭瀾出任董事長。而在美國的貝泰公司與共和黨淵源極深，雷根政府第2任國務卿舒茲（George Shultz）在出任新職前，就是貝泰公司總裁，在交卸國務卿之後，又回貝泰任職。在舒茲任內，扭轉前任國務卿海格（Alexander Haig）中國大陸的立場。[10]

　　財政部長由財政部政務次長陸潤康升任，陸潤康於1927年出生於江蘇無錫，1956年獲東吳大學法律系學士學位，後至美國南美以美大學獲法學院碩士學位。在職務歷練上，曾先後擔任行政院副院長黃少谷及王雲五辦公室祕書，1960年調任美援運用委員會擔任李國鼎祕書長助理，先後在經濟部和財政部追隨過李國鼎、陶聲洋、孫運璿、費驊、張繼正等部長。1981年徐立德擔任財政部長時，升任政務次長。在俞國華於1984年組閣後，出任財政部長。從1949年擔任臺灣省公路局主任課員（股長）到財

9　李達海口述、鄧潔華整理，《石油一生：李達海回憶錄》（臺北：天下文化，1995年）。
10　有關貝泰公司與臺灣淵源，以及舒茲的對華政策，請參看李潔明著，前引書，頁223-232。當時雷根政府的國防部長溫柏格（Cap Weinberger）也曾任貝泰公司主司法務的副總裁。

政部長新職，陸潤康已經歷35年的公職歷練，[11] 俞國華回憶，在當時對財政部長並無特別考量的人選，由於陸潤康財稅資歷完整，當時又是政務次長，因此順利升任部長。[12]

陸潤康認為俞國華獨特的「官邸」背景，使他在官邸以外，交遊甚少，尤其對國民黨、立法院、監察院這三個重鎮，一無朋友。當蔣經國健康正常時，問題不多，其後病情日漸沉重，俞院長處境就非常困難，當時黨內選舉中央委員，俞國華以行政院長之尊，得票數卻遠落人後。選舉中央常務委員時，其票數也不可思議的排於其他部長級人士或他的部屬之後，原因就在於，黨內有志之士有想做行政院長。[13] 陸潤康任內爆發「十信事件」，他認為前財政部長徐立德在任內已經力圖整頓，但積病甚深，加以蔡辰洲的政治背景特殊，以致收效甚微。十信主管機關臺北市財政局、十信的監理機關合作金庫也敵不過蔡辰洲的政治背景。陸潤康指派財政部稅制委員會執行祕書林振國出任臺北市財政局長，積極研討改善辦法。1985年2月9日、10日，財政部在擠兌風潮後立即著手處置，24日恢復營業，8月14日陸潤康請辭財政部長。[14]

陸潤康認為十信事件處理非常完美，也未引發十信事件後，美國和香港兩地相繼發生類似小型金融風暴的事件，但監察院報告則直指

11　陸潤康，《陸潤康回憶錄》（臺北：陸潤康出版，2007年11月），頁9-20。

12　俞國華，前引書，頁396。

13　陸潤康，前引書，頁164-166。第12次全國代表大會於1981年4月2日通過中央委員名單，其中俞國華排名第19，李登輝第18，孫運璿、李國鼎、李煥都排名甚前；在1986年3月31日第12屆中央委員會三中全會選出的中央常務委員，俞國華以院長之尊，排名第6，到了1988年7月8日第13屆全國代表大會，在中央委員部分，俞國華排名35，李煥、孫運璿、宋楚瑜、林洋港、吳伯雄分居前5名，在第13屆中央常務委員會，在一中全會到三中全會，俞國華都排名第4，謝東閔、李國鼎、倪文亞則分居前3名。請參見李雲漢主編，《中國國民黨職名錄》，頁373-403。

14　有關處理十信案件經過及檢討，請參考陸潤康，前引書，頁167-180。

「前任部長徐立德及現任部長陸潤康應負重大違失責任」。陸潤康不服，認為違失何在？實因幕後有人想做財政部長。當監察院主導調查之際，行政院也成立調查小組，由政務委員周宏濤主持調查，在監察院公布調查結果後，行政院調查小組也配合監察委員，對相關人員均從嚴處分，以期息事。俞國華院長也常感嘆：某公要做財政部長，早在10年前即曾向層峰有所請求，現在又利用經國總統病情加重之際，掌握時機，再度運作財政部長的位子。當陸潤康請辭之後，俞國華告訴陸潤康，那個幕後人物不可能擔任財政部長，並且對陸潤康表達感謝與抱歉。[15]

陸潤康下臺後由錢純接任財政部長一職。錢純1929年出生，籍貫浙江杭州，畢業於臺灣大學經濟系，獲學士學位，後留學美國明尼蘇達大學獲經濟研究所碩士，回國後就職於行政院經濟安定委員會工業委員會、中華開發信託公司，爾後擔任過中央銀行副總裁（1974～1985年）、行政院經濟建設委員會委員（1984～1988年），1985年任財政部部長。[16]

教育部長由李煥擔任，李煥1917年生於武漢，畢業於復旦大學法律學系。早期擔任瀋陽日報社社長，其政治職歷中國國民黨臺灣省委員會主任委員（1968～1972年）、革命實踐研究院主任（1975～1978年）、國立中山大學校長（1980～1984年），於教育部長任期期滿後任中國國民黨祕書長兼中國電視公司董事長（1987～1989年）。[17]

---

15 陸潤康，前引書，頁167-186、290。俞國華雖未明言某公是何人，但陸潤康認為是監察委員張一中的建議，才由周宏濤主持調查工作，而周宏濤的調查報告對自己的功過未置一詞。事後，監委林孟貴向陸潤康表示，主持調查的監委濫用權威連結某政務委員，表面打擊俞國華，真正的目的是作財政部長，而監察院內無人不知。

16 〈錢純〉，財政部財政史料陳列室網站，http：//www.mof.gov.tw/mp.asp?mp=1。檢索日期：2011年2月15日。

17 有關李煥生平及其資歷請參看林蔭庭，《追隨半世紀──李煥與經國先生》（臺北：天下文化，1998年）

韋艾德（E. A. Winckler）認為蔣經國有自己的親信勢力，可以分成三個最內圈派系：贛南派早在30年代就投靠蔣經國，當時蔣被委派管理這塊前共黨的根據地，該派最著名的成員是特工專家王昇；幹校派於第二次世界大戰期間在重慶投靠蔣經國，該派最著名成員就是黨組織專家李煥；第三派則是蔣經國於40年代中期返回南京後投靠他。王昇一向主張強硬路線，而李煥則主張實行有控制的自由主義。[18]　李煥參加國民黨之後，長期從事青年黨員工作，1968年任臺灣省黨部主任委員，1972年派任國民黨中央黨部組織工作會主任，1973年兼任中國青年反共救國團主任、革命實踐研究院主任。就在事業攀上顛峰之際，卻因為1977年的「中壢事件」而辭職下臺，1980年5月，出任國立中山大學校長。[19]

　　1984年5月俞國華組閣，基於李煥長期主持救國團，以民國70年代初期的情況而言，救國團所舉辦的各項活動，對安定校園有一定的效果。此外，由於李煥是國立大學校長，出任教育部長也是合乎政壇倫理的安排。因此俞國華主動向蔣經國推薦，蔣經國接受推薦後，李煥又重回政壇。[20]　在教育部3年的任期中，他特別推行若干改革工作。[21]　此外，李煥也重

18　E. A. Winckler, S. Greenhalgh編著，張苾蕪翻譯，《臺灣政治經濟學諸論辯析》（臺北：人間出版社，1994年9月），頁213-214。

19　林蔭庭著，前引書，頁181-184、187-188。1977年，當時省議員許信良執意角逐桃園縣長寶座，不惜脫離國民黨違紀參選，在投票日當天因群眾誤會中壢國小投票所監票員操縱投票，於是支持許信良群眾包圍投票所，焚毀中壢分局。蔣經國指示，此事不能動用軍隊只能由警察機關處理；其次，此案應交由司法單位處理。選舉結果，許信良以22萬票對13萬票擊敗國民黨提名的歐憲瑜，當選桃園縣長。蔣經國在1977年底五項公職人員選舉後，在院長辦公室約見李煥，以沉痛口氣，一連免去李煥在組工會、革命實踐研究院以及救國團主任三項要職。當時蔣經國曾要李煥徵詢曾任桃園縣長吳伯雄意見，結果吳伯雄肯定歐憲瑜的人品，但李煥卻早就質疑歐憲瑜的人際關係與選舉勝負有重大關係。

20　俞國華口述，前引書，頁396-397。

21　林蔭庭著，前引書，頁240-245。第一、教育即生活。第二、提升師範教育水準。第三、減少國小教育的城鄉差距。第四、延長國民教育。

視高等教育及終身教育，1987年1月，教育部宣布解除髮禁。此舉也透露社會解嚴的先聲。5月初，蔣經國任命李煥出任國民黨中央黨部祕書長。教育部長一職，由毛高文出任。

　　毛高文是浙江奉化人，不但與蔣經國有姻親關係，也與陳誠為姻親。毛高文為臺灣大學化學工程系學士，美國加州大學柏克萊分校化工碩士、卡內基美隆大學化工博士，曾任美國通用汽車公司工程師、國立清華大學工業化學系系主任、工學院院長、國立工業技術學院院長。1981年起擔任清華大學校長，任內創辦人文社會學院及增設人文社會相關科系，為今日清華打下人文學風，功不可沒。1987年辭去校長職務，任教育部長，任內積極減輕國中學生課業負擔，主張課程簡化和淺化，推動教育解嚴，並於1989年刪除教科書中吳鳳「捨身取義」的故事。[22]

　　司法行政部長由施啟揚擔任，施啟揚1935年出生於臺中，1958年於臺灣大學法律系畢業，後獲臺灣大學法律學碩士，並於德國海德堡大學取得博士學位。在政治職歷方面，擔任過中國國民黨中央黨部第五組副主任（1969～1972年）、中國國民黨中央委員會青年工作會副主任（1972～1976年）、教育部常務次長（1976～1979年）、教育部政務次長（1979～1980年）、法務部政務次長（1980～1984年），司法部長期滿後，1988年任行政院政務委員。[23]

　　1987年後，交通部長一職由郭南宏擔任。郭南宏1936年出生於臺灣臺南市，祖籍福建晉江，1954年畢業於臺南中學，考取臺灣大學電機系；1958年，考入交通大學電子研究所第1屆，後於1966年取得美國西北大

22　教育部部史網站：http：//history.moe.gov.tw/minister.asp?id=80。檢索日期：2013年2月20日。有關毛高文是蔣經國的親戚，也可參閱李登輝，《見證臺灣──蔣經國總統與我》，頁233。

23　施啟揚，《施啟揚回憶錄》（臺北：幼獅文化，2004年），頁23-25。

學電機工程博士學位，返臺後接受交大工學院院長鍾皎光先生的邀聘，回交大任教。1976年之後，轉任公職；至1979年，校長淩鴻勛先生親自出面邀請，返校出任校長。1987年任交通部長，任內宣布開放天空政策（deregulation policy），臺灣民航事業即蓬勃發展，一時之間，由幾家航空公司快速增到17家，原本資源有限的飛行員人力市場，一下成倍數成長。[24]

　　蒙藏委員會委員長由董樹藩擔任。董樹藩1932年出生，內蒙古薩拉齊人，1952年就讀陸軍官校，1961年畢業於國立中興大學社會系獲學士學位，並於1969年獲國立政治大學公共行政研究所碩士學位。在職歷方面，於1961～1984年間擔任過中國國民黨中央政策委員會幹事、總編輯、中央文物供應社社長、中央考核紀律委員會專任委員、主任委員，後長期在大學授課。董樹藩出任蒙藏委員會委員長一職，主要考量他的地域代表性。由於孫運璿時代的蒙藏委員長是籍隸福建的薛人仰，因此在俞國華組閣時，蔣經國特別交代蒙藏委員會是主管蒙古、西藏事務，應該優先找當地人士出任委員長，如果不是當地人士，最起碼也應該是蒙藏附近的邊疆地區。俞國華遵照指示，卻都無法找到符合資格的妥適人選。最後，還是蔣經國自己發現國民黨考紀會副主任董樹藩為內蒙古人士，因此董樹藩一躍成為內閣閣員，這在政府遷臺後幾乎是少有之特例。俞國華回憶表示，董樹藩跳等成為內閣閣員後，在任內備加努力，最後積勞成疾，於任內逝世。[25]

24　〈郭南宏〉，《中華民國名人錄》，頁226。

25　俞國華口述，前引書，頁397-398。

1986年董樹藩病逝後，蒙藏委員會委員長一職由吳化鵬接棒。吳化鵬1921年出生，祖籍蒙古昭烏達盟敖汗右旗人，1946年獲國立政治大學法政學系學士學位，後獲美國華盛頓大學政治系研究所與美國奧里岡大學法學碩士學位，自1949年起任國民大會代表、中國國民黨第7、8、9屆中央委員會委員，並從1948年起擔任長達38年的蒙藏委員會委員，後任委員長。[26]

　　僑務委員會委員長由曾廣順擔任，曾廣順於1924年出生，廣東省海豐縣人，廣東省法商學院政經系畢業。在政治職歷方面， 1972～1984年任中央海外工作會副主任、主任，華僑救國聯合總會常務理事、中央日報董事。1989年被聘為大陸工作會委員。1976年當選國民黨第11屆候補中央委員，1981年3月當選第12屆中央委員。1988年7月當選第13屆中央委員，並任中央常委委員。[27]

　　在行政院政務委員方面，馬紀壯、李國鼎、高玉樹、張豐緒、周宏濤、趙耀東等6人是前內閣時的成員，新任政務委員則有郭為藩1人。郭為藩1937年出生於臺南，畢業於臺灣師範大學社會教育學系，並獲教育研究所碩士學位，後出國進修，獲法國巴黎大學特殊教育博士，後又到英國倫敦大學教育研究所進修。在職歷方面，擔任過教育部常務次長（1972～1977年）、行政院政務委員（1984～1988年）。[28]

　　關於俞國華內閣與蔣氏父子淵源關係，請參見表3-2。

26　〈吳化鵬〉，《中華民國名人錄》，頁48。

27　曾廣順，《僑政歲月》（臺北：華僑通訊社，1993年）。曾廣順在接任後，期間歷經李煥及郝柏村內閣，前後任期長達8年9個月，是維繫海外僑胞重要的關鍵人物。

28　〈郭為藩〉，《中華民國名人錄》，頁226。

表3-2　俞國華內閣與蔣氏父子淵源關係

編號	職稱	姓名	1.血親或旁系親屬	2.同鄉	3.同學友朋（子女）	4.師生淵源	5.官邸近侍	6.黨中常委	7.技術專家	8.臺籍
1	行政院長	俞國華		✓	✓	✓	✓	✓	✓	
2	副院長	林洋港				✓		✓	✓	✓
3	副院長（後任）交通部長（前任）	連戰				✓		✓	✓	✓
4	內政部長	吳伯雄				✓		✓	✓	✓
5	外交部長（前任）	朱撫松				✓			✓	
6	外交部長（後任）	丁懋時							✓	
7	國防部長（前任）	宋長志				✓	✓	✓	✓	
8	國防部長（第2任）	汪道淵				✓			✓	
9	國防部長（第3任）	鄭為元				✓			✓	
10	財政部長（前任）	陸潤康				✓			✓	
11	財政部長（後任）	錢純		✓					✓	
12	教育部長（前任）	李煥				✓		✓	✓	
13	教育部長（後任）	毛高文	✓	✓		✓			✓	
14	司法行政部長	施啟揚				✓		✓	✓	✓
15	經濟部長（前任）	徐立德				✓			✓	
16	經濟部長（後任）	李達海							✓	
17	交通部長	郭南宏				✓			✓	✓
18	蒙藏委員會委員長（前任）	董樹藩				✓			✓	
19	蒙藏委員會委員長（後任）	吳化鵬				✓			✓	
20	僑務委員會委員長	曾廣順				✓			✓	
21	政務委員	馬紀壯				✓	✓		✓	

22	政務委員	李國鼎				✓		✓	✓	
23	政務委員	高玉樹							✓	✓
24	政務委員	張豐緒				✓			✓	✓
25	政務委員	周宏濤		✓	✓	✓	✓		✓	
26	政務委員	趙耀東				✓			✓	
27	政務委員	郭為藩				✓			✓	✓
28	政務委員	蕭天讚				✓			✓	✓
比例			3.6％	14.3％	7.1％	85.7％	14.3％	28.6％	100％	32.1％

　　以俞國華內閣（1984年6月～1988年1月）成員分析，在總計28位的內閣成員中，以技術專家身分入閣的有28位，占100％，於所有選項中排名第1。

　　閣員中有24位曾在革命實踐研究院與國防研究院研習，分別是俞國華、林洋港、連戰、吳伯雄、朱撫松、宋長志、汪道淵、鄭為元、陸潤康、李煥、毛高文、施啟揚、徐立德、郭南宏、董樹藩、吳化鵬、曾廣順、馬紀壯、李國鼎、張豐緒、周宏濤、趙耀東、郭為藩、蕭天讚，占85.7％，於所有選項中排名第2。

　　28位內閣成員中，有9位閣員為臺籍菁英，占內閣成員的32.1％，於選項中排名第3位，合計有林洋港、連戰、吳伯雄、施啟揚、郭南宏、高玉樹、張豐緒、郭為藩、蕭天讚等人。

　　有8位閣員兼具黨中常委選項，占全體閣員的28.6％，於選項中排名第4位，分別是俞國華、林洋港、連戰、吳伯雄、宋長志、李煥、施啟揚、李國鼎等人。

　　與蔣氏父子具有浙江同鄉淵源的有俞國華、錢純、周宏濤與毛高文等4人，占全體閣員中的14.3％，於選項中排名第5；曾擔任過蔣氏父子近侍

的有俞國華、周宏濤、宋長志、馬紀壯等4人，占全體閣員中的14.3％，同列排名第5；[29] 與蔣氏父子具有同學友朋關係的只有俞國華及周宏濤2人，占全體閣員中的7.1％，排名第6；血親關係只有毛高文1人，占全體閣員中的3.6％，排名第7。

因此，根據以上統計分析，所列與蔣介石總統淵源的9個選項中，技術專家所占比例最高，排名第1，其次分別是師生淵源、臺籍、黨中常委、同鄉、官邸近侍、同學友朋、血親關係。請參考圖3-1選項的占有比率。

圖3-1　俞國華內閣與人事背景分析

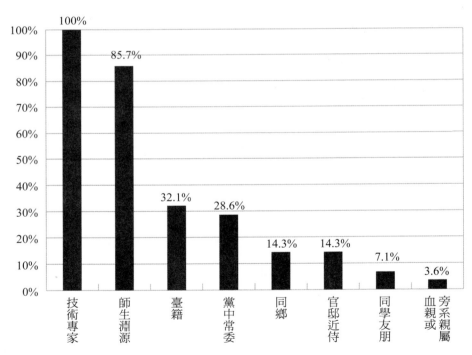

在所有內閣成員中，擁有6個選項的是俞國華1人，擁有5個選項的是周宏濤1人，擁有4個選項的有林洋港、連戰、吳伯雄、宋長志、毛高文、

29　俞國華，前引書，頁144。馬紀壯出身於重慶軍事委員侍從室第三處。

施啟揚等6人，擁有3個選項的是李煥、郭南宏、馬紀壯、李國鼎、張豐緒、郭為藩、蕭天讚等7人，擁有2個選項的有朱撫松、汪道淵、鄭為元、陸潤康、錢純、徐立德、董樹藩、吳化鵬、曾廣順、高玉樹、趙耀東等11人，擁有1個選項的有丁懋時、李達海等2人。

1987年3月29日，國民黨正式通過六大改革法案，其中包括國會的充實和地方自治法制化。同年7月1日，政府正式解除戒嚴令，陸續開放黨禁和報禁，同時，外匯管制的內容也大幅緩和，[30] 並且開放大陸探親。

1988年1月13日，蔣經國總統猝逝。下午6點50分，國民黨中央黨部召開臨時中常會，由主席俞國華宣布蔣經國的死訊，由副總統李登輝繼任。[31] 8點8分，在司法院長林洋港的監督下，李登輝依憲法宣誓接任中華民國第7任總統，而這時僅距蔣經國逝世約4個小時。數日後，一位老榮民在中正紀念堂的臺階上呢喃著：「沒什麼好擔心的，有憲法做我們的根本」。[32]

蔣經國的行政團隊成員中，尤其是財經技術專家大多承襲他父親時代的行政菁英，如費驊、李國鼎、孫運璿、俞國華、周宏濤、張繼正等人，形成蔣經國主政時期最堅強的財經人才庫。王作榮列舉日據時代與光

---

30 上村幸治撰、丁祖威譯，〈民主化的主導者——敬悼經國先生〉，《憲政思潮》（臺北：國民大會憲政研討委員會，1988年），頁95。

31 王作榮，《壯志未酬》（臺北：天下遠見，1999年3月），頁425-426。王作榮認為李登輝之能走上總統之路，除了蔣經國的不次拔擢其刻意栽培之外，尚得力於嚴家淦、黃少谷、孫運璿這3位蔣經國最敬重也最信任的人士同意；尤其以孫運璿最積極推薦支持。此外，還有余紀忠、宋楚瑜、蔣彥士和他本人。不過郝柏村、蔣孝勇都曾公開表示李登輝並不是蔣經國所選中的繼承人，李登輝自己也曾和司馬遼太郎說經國先生並未明言李登輝是他的繼承人。王作榮相信李登輝是總統但不一定是蔣經國心目中國民黨的接班人。郝柏村雖持不同意見，但也認為孫運璿及黃少谷兩人是蔣經國最倚重的幕僚，兩人都同意李登輝擔任副總統一職。王力行，《無愧——郝柏村的政治之旅》（臺北：天下文化，1993年10月），頁40-42。

32 王力行，《無愧——郝柏村的政治之旅》，頁45。

復後重要農工產品量比表之後，證明臺灣早在老蔣總統任內，經濟就已經起飛了。[33] 爾後更多的財經官員在孫運璿和俞國華內閣嶄露頭角，使得對岸大為驚羨。[34] 而優秀的技術專家的基礎在於高等教育，中華民國自遷臺以來，重視留學生及高教人才是兩蔣時代行政團隊的另一特色。

關於日據時代與光復後重要農工產品產量比較表，請參見表3-3。

表3-3　日據時代與光復後重要農工產品產量比較表

項　目	單　位	日據時代最高產量	1946年	1949年	1952年	1976年
米	千公噸	1,420	894	1,215	1,570	2,713
糖	千公噸	1,374	86	647	528	779
漁	千公噸	120	51	80	122	810
豬	千頭	1,873	678	1,362	2,099	3,676
電	百萬度	1,195	472	854	1,420	26,877
媒	千噸	2,854	1,049	1,614	2,286	3,236
棉紗	噸	539	410	1,805	13,576	147,477
棉布	千公尺	2,682	2,558	29,805	87,639	811,233
紙	千噸	26	3	10	28	500
肥料	千噸	34	5	46	130	1,634
水泥	千噸	303	99	291	446	8,749
鋼條	千噸	18	3	111	18	1,309
一般機械	噸	8,200	980	3,666	6,155	317,741

※糖產量較日據時代為少，係政府政策結果。資料來源：根據各種官方資料編製。王作榮，《壯志未酬》，頁346。

以俞國華為例，他和閻振興是清華的同屆同學，俞讀政治系，閻讀

---

33 王作榮，前引書，頁345-346。

34 《中國時報》（臺北），2007年3月11日。2007年臺灣媒體訪問中共統戰部副部長胡德平（胡耀邦兒子）時，他最關心的是「蔣經國對臺灣的貢獻怎麼樣？」「臺灣公共建設BOT的程序是什麼？」「李國鼎、趙耀東這些技術官僚都令我很感動啊！」

水力工程系。在嚴家淦內閣中，兩人同時出任閣員。此外，在孫運璿組閣時，出任經濟部長的張光世也是低俞國華一屆的清華校友，而曾經擔任過外交部長和駐美大使的葉公超，曾經是俞國華政治系英文教師。[35] 而臺灣不論是外省或本省人的家庭，都鼓勵大學畢業的子女前往美國深造，這個風氣長期下來對臺灣人的生活產生深遠的影響，在1954～1989年間，臺灣共有11萬5千人到美國求學，居全世界第1位。而此時已有少數留學生學成歸國，其中有部分投入政府公職，其中李登輝是美國康乃爾大學的農學博士，早在蔣經國第一次組閣時便被延攬入閣，爾後成為第一位本省籍總統。[36]

在蔣經國的行政團隊中，有無黨籍的閣員高玉樹；但在蔣經國去世之前，孫運璿內閣曾經嘗試延攬女性入閣而未果。[37] 而在行政團隊中，也有出身侍從室的所謂「官邸派」，其中俞國華、周宏濤先後擔任蔣介石的官邸機要祕書，沈昌煥則擔任過交際祕書。周宏濤在機要祕書任期內兼跨大陸與臺灣時期，任期最長；俞國華則曾親身歷經「西安事變」，而兩人不但是小學同窗也都是蔣介石同鄉，[38] 在行政團隊的領袖淵源中，被歸納為最內圈成員。不過在蔣經國主政時期，出身官邸機要祕書且為蔣氏族親的王正誼，在人事行政局長任內因涉貪，被蔣經國下令嚴辦並遭到司法重判。[39] 可見其端正官僚風氣的決心。

---

35 俞國華口述，王駿執筆，前引書，頁52-59。

36 陶涵，《蔣介石與現代中國的奮鬥》下冊（臺北：時報出版，2010年3月），頁650。

37 楊艾俐，前引書，頁181。孫運璿在組閣後欲延攬本省籍女性閣員，曾與時任國民黨祕書長張寶樹共商遴選臺大中文系教授，也就是連震東外甥女林文月，但遭婉拒，直到10年後由郭婉容拔得頭籌。

38 俞國華，前引書，頁70-86、164。

39 政府遷臺後，蔣氏父子及陳誠打擊貪腐經過，見陶涵，《蔣介石與現代中國的奮鬥》下冊，頁611-612、672、717-718。

而在蔣經國的財經智庫中，1972年首次組閣後就成立「行政院財經五人小組」，將經合會縮編改制為「經濟建設委員會」，由張繼正擔任主任委員，兩位副主任委員則由臺大教授郭婉容、孫震出任，這也是兩人踏入官場的濫觴。[40] 而五人小組除了當時任中央銀行總裁的俞國華之外，[41] 其他四名成員為時任財政部長李國鼎、經濟部長孫運璿、主計長周宏濤、行政院祕書長費驊。1976年7月上任後，財政部長換成費驊，行政院祕書長換成張繼正，其他三人未變。直到1977年11月，經設會改組為經建會，五人小組決策功能併入經建會，五人小組才正式取消。

　　1981年，孫運璿內閣改組，任命趙耀東、徐立德分掌經濟、財政兩部，趙耀東曾開過紡織廠、鋼鐵廠，首創以企業家入閣之先例。在蔣經國主政時期，個性孤直而與強人在政策上頂撞衝突辭職的首推李國鼎。[42] 而趙耀東則以耿言著稱，「趙鐵頭」之名不脛而走。[43] 然而，在俞國華接任閣揆之後，任內發生「江南案」、「十信弊案」，不但造成內閣中財政和經濟部長的去職，也顯示國民黨強人體制控制力鬆動。

　　在蔣經國主政時期（1972～1988年1月）的內閣團隊呈現四項特色：

---

40 俞國華，前引書，頁376-377。郭婉容在1988年夏天於央行副總裁任內出任財政部長，不但是政府遷臺後第一位女性部長，並在5月份率團赴北京出席亞銀年會。俞國華認為，這象徵我國今後在國際會議中，派員參加而不再顧忌中共。相較於臺灣，中共第4屆國務院（1975～1978年），產生首位女性副總理即吳桂賢，第5屆國務院（1978～1983年），則有女性陳慕華擔任副總理。

41 俞國華，前引書，頁255-256。研究蔣氏父子的行政菁英，中央銀行總裁人選是兩蔣親自決定的重要人選，主要是通貨膨脹導致大陸失守重要因素。在蔣經國時代，曾出身央行總裁或副總裁的閣揆或財經部長的人計有：俞國華、張繼正。蔣經國逝世後，郭婉容與錢純曾分別在俞內閣擔任財政部長，其中尤以錢純是俞國華視為的「財經王牌」。

42 康綠島，前引書，頁171-172、211-218。陳誠在生前一直反對李國鼎入閣，認為他行事衝動易得罪人；但蔣介石卻最器重他，在經濟部長4年半任內共被總統單獨召見79次。但在蔣經國組閣後，主要反對蔣經國執著「穩定物價」政策；尤其在鹽稅及糧價問題而辭去財經部長一職。

43 楊艾俐，前引書，頁245。

一、高學歷技術專家。其中大學畢業占 34.6％；擁有碩、博士學歷占 60.3％；其中留學背景占 67.9％，充分重視海外學者專家，也反映國際化特色。

　　二、本土化逐漸成為權力核心。內閣成員中本省籍占 28.3％；其中李登輝在1984年當選中華民國第7任副總統，1988年蔣經國去世後，繼任並當選為第8、9任總統；在蔣經國時代的內閣臺籍人士中，南部人占有絕對的優勢，其中若干人在今日臺灣政壇仍具影響力。

　　三、行政院長、行政院副院長以及國防部長一定兼任國民黨中常委，另外兼任中常委比例依序為交通部長、財政部長、教育部長、內政部長、外交部長、司法行政部長、經濟部長。

　　四、學而優則仕。施啟揚、徐慶鐘、李煥、陳奇祿、朱匯森、李登輝、張光世、郭南宏、郭為藩、董樹藩等人都是由學界轉任政務官的代表。

第二節　控制危機

　　俞國華出身官邸，從二十多歲的委員長機要祕書到七十多歲院長，始終深受蔣氏父子所倚重，但也因為獨特的成長背景，在官邸以外，交遊甚少，尤其在對國民黨、立法院、監察院這3個重鎮，幾乎沒有政治上的盟友。財政部長陸潤康認為俞院長唯一的堅強後臺就是蔣經國總統，但當總統的健康每下愈況時，院長的執行力就會出現很大的問題，因此陸潤康提到如果當年是由孫運璿內閣的副院長邱創煥來組閣，憑其豐富的黨政經歷以及代理院長期間卓越行政能力，整個政府會比俞內閣要來的繁榮與安定。[44]

　　1984年，臺灣國防部情報局長汪希苓透過幫派分子陳啟禮等3人刺殺被視為投匪叛徒的作家劉宜良（筆名江南），隔年，汪希苓被判處無期

44　陸潤康，《陸潤康回憶錄》，頁164-166，188-190。

徒刑。[45] 這件事充分顯示蔣經國已經無法完全控制情治單位，汪希苓認為他派遣竹聯幫分子去美國制裁江南，事先已報告上司國家安全局長汪敬煦；但事後汪敬煦卻全盤否認。[46] 11月17日，蔣經國召見郝柏村，把陳啟禮扯上情報局之事告訴參謀總長，研商對策。郝柏村在以後公開的日記中指出，總統對竹聯幫介入「江南案」，以及對黑社會勢力發展深感到憂心，甚至懷疑1981年發生的陳文成命案也是竹聯幫所為。[47] 蔣經國在「江南案」發生後召見俞國華，蔣告訴俞：「江南這件案子，是我們的人幹的」，俞國華事後回憶，蔣經國在震怒之餘，主動下令通知美方事情真相，親自操持所有善後事宜。當時所謂的「一清專案」，其實是由俞國華建議蔣經國全面掃蕩黑社會幫派，總統指派俞國華主持治安會議，總攬一切掃黑行動。[48]

在「江南案」爆發後，嚴重暴露國內情治單位的脫序以及內鬥情形。國家安全局長汪敬煦認為「江南案」令他最不滿意的地方有兩點，首先就是汪希苓仗著與官邸關係良好，事前不請示，卻要事後為他善後；第二，當時蔣經國已明示要依法嚴辦，居然還有高層人士想掩護汪希苓。汪敬煦的指控，不但顯示蔣經國的控制力減弱，而且有一些高層人士嘗試干涉政府的運作。[49] 1985年8月16日，蔣經國接受美國《時代週刊》專訪時，明

---

45 有關「江南案」事件始末，請參考汪士淳，《忠與過——情治首長汪希苓的起落》（臺北：天下遠見，1999年4月）。

46 汪士淳，前引書，頁280。

47 郝柏村，《八年參謀總長日記》上，（臺北：天下文化，2000年），頁640。針對劉宜良在書中的批判，蔣經國跟郝柏村說，「罵我的人很多，由他去罵好了，吾人為崇尚民主法治，應堅持法治政策與形象。」

48 俞國華口述，王駿執筆，前引書，頁404-406。

49 劉鳳翰，何智霖，陳亦榮訪問；何智霖，陳亦榮記錄整理，《汪敬煦先生訪談錄》（臺北：國史館，1993年），頁189-190。1985年12月1日，汪敬煦調任總統府參軍長，在接任後人事公文經過參軍長，計畫類公文相當少，後來重要人事案也不經過參軍長，總統也從未跟他談及國防、情報、治安三方面問題，雙方關係已經非常冷淡。見同注，頁213-214。

確表達「關於由蔣家人中的一員繼承總統職位一節，我從未有此考慮。1985年12月25日，蔣經國主持國大年會正式宣告：一、總統的繼任人選依憲法程序產生，他的家人不能，也不會作為候選人，唯有專制與獨裁政體，才指定繼承人；二、中華民國不能，也不會有軍政府統治；三、我體力雖不若興建橫貫公路與十大建設時代，但愛國愛民之心與日俱增。」[50]

俞內閣在1985年初，終於逐漸平息「江南案」所造成的美國壓力，有很大原因是美國親北京的國務卿海格去職後的雷根政府新團隊，「衷心不希望對蔣經國太為難」。白宮希望劉宜良案盡早落幕，還有另一層原因，美國雷根政府希望臺灣能夠捐款，援助與臺灣仍保有外交關係的尼加拉瓜反桑定政權（Sandinista）的游擊隊。駐美代表錢復透過美國國家安全會議東亞事務主任席格爾的安排，在他的華府辦公室與主導推翻桑定政權的諾斯（Oliver North）中校會面，諾斯還帶來尼加拉瓜反抗軍（Contra）領袖卡達羅（Adolfo Caldero）。[51] 蔣經國非常高興有此契機重新恢復雙方在江南事件中，受到傷害的互信。他謹慎的下令向白宮查證此事是否經過高層授意，國家安全會議的答覆是：「雷根總統會感謝（臺北方面）贊同的反應。」[52]

蔣經國指示國家安全局透過國民黨的外圍組織「世界反共聯盟」來回應美國的機密要求，作風一向謹慎的蔣經國再度查問：白宮會十分滿意捐款給尼加拉瓜反抗軍嗎？美方迅速給予正面答覆。6、7月間，國民政府透過世界反共聯盟把1百萬美元的祕密捐款（分成2期）的第1期款，匯入諾斯在瑞士的銀行祕密帳戶。由於蔣經國嚴守保密程序，因此行政院長俞國華和國民黨中央黨部祕書長馬樹禮根本不知道有這些祕密款項。7月份，郝柏村向蔣經國報告，白宮已經批准IDF戰鬥機合作生產的案子。蔣經國

50　　郝柏村，前引書，頁857-858。

51　　請參考陶涵，《蔣經國傳》，頁433-434。

52　　陶涵，《蔣經國傳》，頁434。

微笑的說：「這是我國軍事外交的重要成就。」[53] 除了情報局駐美人員被驅逐出境外，臺、美關係絲毫未受到「江南案」的影響。

1985年6月2日，總統召見郝柏村，指示由沈昌煥、汪道淵、宋長志、郝柏村、張祖貽、汪敬煦等人，由沈昌煥擔任召集人研究情報局改隸案，並切斷與泰緬邊界游擊隊所有關係，以免在國際上招致反感，且該等人員實際並無作用。[54]

俞內閣在由蔣經國總統全面主導善後事宜的「江南案」中，幾乎沒有受到任何影響，但內閣本身卻捲入國泰企業「十信案」的政治風波，於3月份請辭下臺的經濟部長徐立德，在接受訪談中吐露，由於俞院長本身捲入私人感情問題，[55] 而相關內幕資料被素來與徐立德有政治恩怨的僑選立法委員吳春晴所掌握，因此俞院長為息事寧人，要事前早已充分防範，並著手整頓十信的徐立德請辭。[56]

至於十信事件背後是否有政府高層介入？徐立德說曾有一次當時的中央黨部祕書長蔣彥士宴客，席間有重要部長在座，結果時間一延再延，最後是「十信案」主角蔡辰洲進入，餐會才開動。徐立德也曾接獲王昇的

---

53 陶涵，《蔣經國傳》，頁434-435。在1985年7月2日，郝柏村在日記中表示接到駐美軍事採購團長果芸來電，美方已正式通知我方批准IDF（即經國號戰機）支援自製案。郝柏村認為美方出力最多人士有丁大衛（在臺協會理事主席）、凱利（國防部助理副部長）、伍佛維茲（國務院助卿）、李潔明（副助卿）、陳約翰（軍援局長）、克拉克（前國家安全顧問）、勞克斯（白宮安全會議）。見郝柏村，《八年參謀總長日記》，頁759-760。

54 郝柏村，前引書，頁739-740。

55 2013年8月19日，徐立德接受筆者訪談時吐露，吳春晴掌握俞國華私人感情生活的內幕資料，並以此要脅一定要徐立德請辭，而俞國華也曾問蔣經國要如何安排徐的出路，蔣經國不高興的要俞別再過問，似乎對吳春晴的要脅已有所聞。

56 徐立德，《情義在我心》，頁229-230。吳春晴是僑選立委，在徐立德接任財政部長之初，曾經兩度向徐關說有關華僑銀行董監事的改選，有次談話遭徐拒絕，埋下嫌隙。吳春晴在立法院對徐立德質詢中，數度使用人身攻擊。在十信案之後，更是向俞院長施壓，迫徐立德辭職。

「關切」電話，徐立德在接受訪談時認為蔡辰洲與國泰企業的坐大，與當時王昇領導的「劉少康辦公室」有絕對的關係。[57]

　　8月，財政部長陸潤康請辭下臺，在十信風暴中，備感委屈的陸潤康則直指政務委員周宏濤與挺他的監察委員聯手，目的是覬覦財政部長的位置。[58] 徐立德在接受訪談時指出，周宏濤雖然擁有豐富的財政資歷，但蔣經國對出身官邸或自己內圈的親信，則盡量不用以免落人口實，能夠出任院長或部會首長僅俞國華和李煥2人。[59]

第三節　力挽狂瀾

　　經過了驚濤駭浪的1986年，歷史進入了1987年，距離蔣經國的病逝，只剩下一年多的時間了。在這幾年間，他首先命令總政治作戰部主任王昇上將，結束神祕的「劉少康」辦公室（1980～1983）。這個辦公室，據王昇說法，是一個反中共統戰的小組，是中央黨部祕書長辦公室下屬的一個特殊幕僚群，分設基地研究會、海外研究會、大陸研究會，基地研究會聘請國民黨文工會主任，先由吳俊才，次由周應龍為召集人，海外研究會聘請外交部政務次長錢復為召集人，大陸研究會聘請國民黨原副祕書長徐晴嵐為召集人，統由中央黨部祕書長蔣彥士督導。最後，劉少康辦公室的突然結束，王昇本人也一團迷霧。[60]

　　王昇在多年後分析，他的調職以及外放駐巴拉圭大使，主要是

57　2013年8月19日，徐立德接受筆者訪談時所說，某日王昇突然致電徐立德，只說「我與蔡辰洲無關」，隨即掛上電話，徐立德指出，當時王昇有一名親信在蔡辰洲處任職。而根據郝柏村公開的日記指出，這名親信就是政戰退役中將蕭政之，而蔣經國也極度不滿，是王昇下臺的原因之一。見郝柏村，前引書，頁378頁。

58　陸潤康，前引書，頁167-186、290。

59　2013年8月19日，徐立德接受筆者訪談時的表示。

60　陳耀祖，《王昇的一生》（臺北：三民書局，2008年），頁362-405。

蔣經國被人離間分化，[61] 當時參謀總長郝柏村在查證一些傳言後，極力幫王昇澄清，他認為王昇忠於國家及總統，無我無私，品德操守俱佳，又不搞個人突出，可惜做事過分主動積極，以至得罪有力人士；所以被羅織不實指控。[62] 在1983年初，蔣經國已經不良於行，經常劇烈頭痛，又不肯坐輪椅，重要會議幾乎都在官邸「七海新村」召開。[63] 而王昇的「劉少康辦公室」，逐漸插手各方面的國家決策，王昇經常召集各部會副首長開會，下達命令及要求執行。劉少康辦公室被某些人視為「太上內閣」，[64] 一般盛傳，中央黨部祕書長蔣彥士本身有心擔任行政院長，王昇則覬覦國民黨中央黨部祕書長。一批中常委和包括沈昌煥、張群等黨國大老採取了反擊，他們去見了蔣經國，說出他們的關切，並認為王昇有心當國王了。[65]

蔣經國首先解決了王昇的問題，接著，他開除了蔣彥士。1985年2月20日，蔣經國在農曆春節假期中，在七海新村官邸召見參謀總長郝柏村，談到已將蔣彥士調職，「因為他與十信國泰財團弊案有關。國泰集團利用某人拉某人，再拉蔣彥士。」[66] 時任副總統的李登輝也說，蔣經國在十信案發生後曾跟他說過一句話「不可再用蔣彥士。」李登輝相信是十信事件，結束蔣彥士在蔣經國晚年的所有政治生命。[67] 2月22日，春節假期結束，

---

61 可參閱陳燿祖，前引書，頁409-444。

62 郝柏村，前引書，頁371。

63 這是溫哈熊接受陶涵訪談所說，見陶涵，《蔣經國傳》，頁414。

64 這是美國眾議院外交事務委員會亞太小組委員會人權及國際組織小組，1981年6月30日至10月6日召開《臺灣在美特務及陳（文成）教授之死》聽證會紀錄，第69-73頁。轉引自陶涵，《蔣經國傳》，頁414。

65 陶涵專訪姜必寧、李潔民的說法，轉引自陶涵，《蔣經國傳》，頁414-415。

66 參見郝柏村，前引書，頁690。

67 李登輝，《見證臺灣——蔣經國總統與我》，頁111。在蔣經國過世後，李登輝還是用蔣彥士當國民黨中央黨部祕書長，理由是兩人熟識。

蔣經國在上班後召集副總統李登輝、總統府祕書長沈昌煥、國安會祕書長汪道淵、國防部長宋長志、郝柏村、參軍長馬安瀾、總統府副祕書長張祖詒開會，就高級人員應辨善惡、明是非，及投機取巧者沒有不失敗者，來訓勉勵高級幹部。[68] 李登輝在這次會議後，認為蔣經國當時比較信任的是張祖詒，其次為沈昌煥；至於總統府外面，他信任的是黃少谷、袁守謙、王惕吾。[69]

1987年4月22日，俞國華內閣局部改組，國防部長由文人出身的汪道淵擔任，李登輝認為層峰原本更早就要調動汪道淵，可是他與宋長志不合，而這次人事案還是郝柏村動用蔣宋美齡去影響蔣經國才定案的。[70] 而在培養李登輝方面，蔣經國為了讓李登輝熟悉美國觀點，請李登輝夫婦與美國在臺協會臺北辦事處長李潔明夫婦在1984年3月間一道環島旅行。在這次親密的兩家人聯誼之旅中，李潔明對李登輝在園藝和農業經濟的嫻熟而讚賞，也發現他和傳統的國民黨領導人殊為不同。在公開場合，他謹守國民黨的路線，私底下，卻是頗有主見的愛國者。李潔明認為李登輝認同並信賴臺灣百姓，對中國大陸沒有特殊敵意；也贊成對大陸採取開放政策，不過，李登輝堅定表示臺灣人不能接受大陸的統治。[71]

事實上，李登輝在內心世界並不認為蔣經國真正認同是臺灣人，不管他怎麼說「我也是臺灣人」，他還是中國人，因為他深諳中國社會、文化的各種情況，李登輝認為蔣經國非常嫻熟於半威權體制下的政治操控手

68　郝柏村，前引書，頁691-692。

69　李登輝，前引書，頁103。

70　李登輝，前引書，頁179。李登輝認為郝柏村不想當國防部長，因為沒有軍權及軍隊人事權，所以拜託汪道淵接任，至於蔣緯國當國家安全會議只是怕別人說話，說他對自己弟弟不好。

71　李潔明，前引書，頁250。

腕。[72] 雖然蔣經國也賦與李登輝對長老教會及美麗島人士溝通的重責大任，[73] 但他在根本上，還是認為蔣經國的用人仍以外省人為中心，臺灣人只是搭配而已。[74] 李登輝早年受徐慶鐘的提拔，其後受蔣彥士的提拔，[75] 但在未來接任總統後，將有機會實現他自己的政治觀點與主張。

1986年3月，國民黨在第12屆三中全會時，推出12人小組，[76] 討論6項重要改革議題，包括：充實中央民意機構、地方自治法制化、國家安全法令、民間社團組織、社會風氣、黨的中心任務。嚴家淦是總召集人，俞國華回憶當時為研究包括解嚴在內許多重要黨國政策，蔣經國多委請嚴家淦主持，有次討論一個多小時後，嚴家淦感覺有些疲倦，起身如廁，回來後中風，由榮民總醫院彭芳谷帶緊急醫療團隊趕赴總統府急救。自那次會議後，嚴家淦就長期臥病，留在榮總療養，後來又二度中風，情況惡化，1995年去世。[77]

在李登輝看來，1986年原定的6項改革主題，在小組中並沒有真正推展。他認為12人小組成員，或許比當年「C.C.派」要好，但是缺乏真正改革決心及一致看法。李登輝特別指出黃少谷一直在維護「法統」，而最重要的「動員戡亂臨時條款」，卻沒人敢去處理，反而大家都是要確保臨時條款。最後，李登輝參加12人小組的結論是「要改革就不能用這種方式。

72　李登輝，《見證臺灣——蔣經國總統與我》，頁9。

73　李登輝，前引書，頁52-60。李登輝在1984年開始，銜命處理釋放美麗島人士及長老教會高俊明牧師，而李登輝在當時也看過《自由中國》、康寧祥出版的《八十年代》，之後認識康寧祥也成為好友。8月22日並在副總統官邸接見林義雄、方素敏（其妻）、妹妹等一行3人。

74　李登輝，前引書，頁174-175。

75　陶涵，《蔣經國傳》，頁280-281。

76　這個革新小組成員由12位中常委擔任，包括嚴家淦、謝東閔、李登輝、谷正綱、黃少谷、俞國華、倪文亞、袁守謙、沈昌煥、邱創煥、吳伯雄與李煥。見李登輝，《見證臺灣：蔣經國總統與我》（臺北：允晨文化，2004年），頁167。

77　俞國華，前引書，頁411-412。

所以蔣經國過世以後，我進行改革，就走了不一樣的方向。我的改革就是解決臨時條款、獨裁這種法統問題。」李登輝認為現在法統已經褪色很多，中華民國早就進入「第二共和」了。[78]

蔣經國並不知道他的副總統對改革有不同的想法，但是參謀總長郝柏村也對黃少谷在3月12日三中全會的保守立場持保留態度。[79] 1986年9月29日，民主進步黨在臺北市圓山飯店宣布成立。下午1時，蔣經國在七海新村官邸召見郝柏村，郝柏村對蔣經國表示如果是忠於憲法，在體制內的溫和反對黨，是民主黨政潮流，也可刺激國民黨上進。蔣經國同意他的看法，並認為國民黨已經太老大；指示對於偏激份子的行徑，目前仍以避免衝突、冷靜處理為要。下午4時，總統召集俞國華、黃少谷（司法院長）、袁守謙（國策顧問）、倪文亞（立法院長）、馬樹禮（國民黨祕書長）、汪道淵（國防部長）、李煥（教育部長）及郝柏村在總統府會客室舉行會談，對民進黨成立採取默認態度及依法處理立場，敦促中央黨部加速研討政治革新議題，主動擬訂時程，讓所有民眾知道黨的政策與方向。[80] 10月2日，郝柏村與沈昌煥對解除戒嚴令及開放組黨問題交換意見，沈昌煥完全同意29日蔣經國與郝柏村的共識。[81]

1987年7月1日，李煥出任中央黨部祕書長。[82] 7月8日，蔣經國主持中常會，在聽取立法院長倪文亞新聞報導及中央政策會祕書長趙自齊分別報告審議解嚴案及國安法施行細則的經過後，特別指出立法院在七七抗戰五

78　李登輝，《見證臺灣──蔣經國總統與我》，頁164。

79　郝柏村，前引書，頁894-895。

80　郝柏村，前引書，頁998-999。

81　郝柏村，前引書，頁1001。

82　林蔭庭，《追隨半世紀──李煥與蔣經國先生》，頁246。當時資深政論記者對李煥的任命評論：「解嚴後，臺灣進入一個新局面，蔣經國指派李煥負起把國民黨帶進新時代的責任。他要李煥把他過去40年網羅培養的人才全部集結起來，準備突破僵局，國民黨的改革與再生，在此一舉。」

十週年紀念日議決通過解嚴案，意義至為重大，未來執政黨繼續推動民主法治的決心和誠意，絕不會改變，並勉勵全體黨員，不要猜疑，要互相信任，才能做好政治革新工作。[83] 7月15日，臺灣地區宣告解嚴，當天行政院新聞局局長邵玉銘舉行記者會，在會中引用俞國華院長的話表示：「解除戒嚴，只是表達我們的政府和人民，有能力用民主的方式去處理可能遭遇的危機，但並非表示國家安全威脅已經不存在。」[84] 在前一天，李國鼎向郝柏村表示對政府施政作風過於保守頗不以為然，並認為如果孫院長不病，今天的政治、經濟的形勢好多了，李國鼎認為2年前建議的外匯管制，拖延至現在才決定，政府的預算也比李任財政部長時的70％短少而不足50％，導致人民有錢去浪費，但政府卻沒錢去施政。[85]

1987年7月26日，美國《華盛頓郵報》以〈臺灣的進步〉為題，發表社論，文中指出，中華民國政府的解嚴，是心理上與政治上前進的重要一步。該報推崇蔣總統對民主大業的貢獻，並向中華民國致敬。[86] 7月29日，蔣經國主持中常會，在聽取社工會主任趙守博工作報告後，指出時代與環境變化快速，執政黨應站在潮流的尖端，主動改革，照顧廣大民眾的福祉，在經濟上尤應反對任何形式的剝削。同時指示研究改進現行田賦制度，並研究修改大學法。[87]

在俞內閣的施政方面，10月15日李國鼎再度向郝柏村表達四點不滿：一、政府支出稅收部分，歲入由他擔任財政部長的67％，降至48％，現在

83　「民國76年蔣經國大事日記略稿（二）」（民國76年7月8日（三）），《蔣經國總統文物檔案》，（國史館），典藏號005000000259A。

84　俞國華，前引書，頁412。

85　郝柏村，前引書，頁163-164。

86　「民國76年蔣經國大事日記略稿（二）」（民國76年7月26日（日）），《蔣經國總統文物檔案》，（國史館），典藏號005000000259A。

87　「民國76年蔣經國大事日記略稿（二）」（民國76年7月29日（三）），《蔣經國總統文物檔案》，（國史館），典藏號005000000259A。

民富政府窮；二、趙耀東調離經濟部，非常可惜；三、重大經濟建設如五輕廠不可再拖，否則危及石化工業下游原料；四、政府財政過於保守。[88]

但在這一年的夏末某日，蔣經國告訴他的世交——俞國華，打算開放臺灣地區人民赴大陸探親，要行政院擬訂具體方案。9月16日，蔣經國在國民黨中常會提議，由李登輝、倪文亞、內政部長吳伯雄、國民大會祕書長何宜武等5人組成專案小組，就行政院所提國人赴大陸探親原則，以及中常委意見，迅速審議，結論提報中常會討論。4個星期後，事情完全定案。[89]

10月，國民黨祕書長李煥公開宣布，國民黨的政策不再是尋求在大陸取代中國共產黨，而是推動「政治改革、言論自由和經濟自由化」。保守的元老紛紛向蔣經國抗議，但總統表示，大陸人民有權選擇是要共產黨、國民黨，還是其他政黨來主持政府。[90] 面對改革最困難的中央民意機構的改造，李煥要馬英九加入負責這個任務的專案小組，馬英九最後起草了一份鼓勵這批在大陸選出的全體中央民意代表自願退職的計畫。由於保守派的壓力，希望在立法院和國民大會採取代表全中國各省分的比例代表制，最後，蔣經國否定了保守派的建議。[91]

雖然俞國華內閣在財政方面被李國鼎等人視為保守，但美國哈佛教授陶涵卻認為1987年是中華民國的豐收年，[92] 政治革新繳出亮麗成績單，兩岸關係也主動突破僵局，蔣經國鼓勵投資高產業政策，成效顯著。臺灣居世界第10大製造業出口國家，外匯存底接近400億美元，以平均值來看，高居世界第1。1987年，臺灣在海外投資金額近20億美元，大部分投資在大

88　郝柏村，前引書，頁219。
89　俞國華，前引書，頁413-414。
90　李煥接受陶涵訪談。見陶涵，《蔣經國傳》，頁464。
91　陶涵，《蔣經國傳》，頁465。
92　陶涵，《蔣經國傳》，頁467-468。徐立德在2013年8月23日接受筆者訪談時表示，俞內閣的財政政策非常穩健踏實，不同意李國鼎的批評。

陸。官方公布的失業率是2.5％。平均家庭所得已經攀升到接近5千美元。[93]

1988年元旦，經由俞國華向蔣經國的建議，報禁全面解除，另一項劃時代新政策也付諸實施：臺灣地民眾得以赴大陸地區探親。[94] 就在民眾準備歡度農曆新年的前夕，這位中華民國最後一位強人總統卻在1月13日病逝，留下壯志未酬的遺憾。

第四節　壯志未酬

中華民國於1949年流徙到臺灣以後，蔣介石總統在面對中共武力侵臺的壓力下，對內實行戒嚴令下的威權手段，以西方價值觀對「民主政治」的定義，臺灣在民主化上是沒有任何進展的。然而，治史者必須以當時環境來討論當代人物才屬客觀公平，面對中共軍事犯臺的壓力及共諜在內部的顛覆，戒嚴及白色恐怖當屬必要之惡。蔣介石當時對臺灣最大的貢獻，就是充分信賴財經技術官僚、善用美援，奠定臺灣經濟奇蹟與富裕的基礎；另一方面，威權高壓統治形成一道緊箍圈，圍堵了異議的行動與聲音，在「反共抗俄」的創造性模糊口號下，「團結」了臺灣社會大部分的人心。

蔣經國在陳誠副總統過世後，順利解決蔣介石總統接班人的問題。另一方面，臺灣的戰略地位優勢已經被美國尼克森總統的「聯中（共）制蘇」所取代。在退出聯合國後，蔣經國拔擢臺籍菁英進入以往由外省菁英所掌控的權力核心，開啟「本土化」的工程。1979年美麗島事件爆發，這種以臺灣民族主義為訴求的群眾運動，促使蔣經國正視這些在野臺籍菁英的要求和壓力，於是加速民主化腳步，容忍民主進步黨的成立、宣布解嚴、開放大陸探親，更重要的是拔擢臺籍副總統李登輝成為接班人。由於

93　陶涵，《蔣經國傳》，頁467-468。

94　俞國華，前引書，頁413。

蔣經國的「本土化」及「民主化」政策，使得由大陸流徙臺灣的中國國民黨與中華民國，得以避開歷史上的陷阱，順利解決潛在省籍衝突可能爆發的因素，並為本地大部分人民所接受。

在蔣經國成功剷除黨內政敵，並開始重用臺籍青年才俊之際，相對的也引起非國民黨的臺籍菁英之疑慮和猜忌。美國駐臺大使館副館長來天惠，在1972年7月12日向美國務院提出報告指出，他與12位臺灣知識分子聚會，發現他們對蔣經國的任命及手法並不贊同，「他們認為人事任命目的在使蔣經國的權力伸到臺灣統治機構的根。同時以很技巧的方法，表面上對臺灣人要求更大的權力表示同意，大部分獲任的臺灣人都是『半山』，或早已是成為國民黨『爪牙』的人。但不幸的是大部分的臺灣人被蔣經國所惑，如此結果可能造成邁向改革及臺灣人有意義之參與政治的時機被延遲」。[95] 此外，這12位知識分子對蔣經國的統治表示關切，又擔心「上海公報」可能會結束臺灣與大陸的分裂，而走上統一。來天惠指出，這12名包括學界、商界及國民黨幹部的年輕一代臺灣人，「坦白表明他們反對蔣經國全面鞏固其權力，及他們決心組織一個對應的力量，以有朝一日從國民黨——外省人集團奪取主導臺灣的權力」。[96]

先是，1972年9月8日，來天惠向國務院發出另一份政情分析〈診斷臺灣的一些參數〉，他認為臺灣在當時遭遇的國際挫折，反而有助於內部穩定，而未造成因族群或相關問題為主之政治異議的威脅，因為「外省人及臺灣人對於政治穩定的期望高於一切……蔣經國被認為是唯一有足夠權力可以使社會團結，使臺灣各方面邁向獲益的領袖」。[97]

95　王景弘，前引書，頁439。這些人士有勞工法教授陳繼盛、臺大法律系主任王澤鑑、張德銘、張俊宏、林連輝、姚嘉文、張政順、賴浩敏、洪明宏等人。

96　王景弘，前引書，頁429-440。

97　王景弘，前引書，頁441。

來天惠訪問過一些人，包括臺北、高雄及嘉義的市長、省議員們，如謝東閔、蔡鴻文、洪樵榕、郭雨新、高育仁，交通部長高玉樹及林金生等臺灣人，也包括李煥、黃少谷、蔣彥士等外省人。他宣稱這些結論也包含其他反對外省人繼續支配臺灣政治活動之人士的意見。綜合這些意見，反映出臺灣大部分人民認為政府是統治者，而不是被統治者的事，此外這些改革最好是由最強力的政府來達成，且不一定要用最民主的辦法。另外，他們體會到彭明敏的出走，對他們並沒有帶來可見的益處，及中華民國國際地位的急劇改變。[98]

在革新保臺的呼聲中，國會改選終於在1972年底舉行，國民大會選出53名新代表，立法院選出36名新委員，國民黨大勝。而臺灣省第5屆省議員、第7屆縣市長選舉舉行投票，結果國民黨囊括20席縣市長、55席省議員。[99] 這次選舉，根據美國大使館分析，國民黨以年齡門檻作為淘汰老一輩臺灣政治人物的手段。凡是超過61歲者便不能再競選縣市長的規定，把高玉樹、楊金虎和許世賢分別從臺北市、高雄市、嘉義市長職位移走，而這一批人是臺籍政治人物中對228事件有參與或記憶者，也是擁有資源和高曝光率的地方行政首長。[100]

國民黨也藉此次選舉，把老一代的臺灣省議會議員淘汰，年過60歲者

98　王景弘，前引書，頁442-443。

99　薛化元，《臺灣歷史年表——終戰篇II》，頁190。

100　林蔭庭，前引書，頁140-145。在1972年12月的縣市長選舉上，蔣經國及李煥（1960年上半年任省黨部主委，後調任中央黨部組工會主任）聯手實現「超越派系」的理念，尤其針對派系鬥爭最激烈的臺中縣、基隆市、臺南縣、臺東縣等分別提名陳孟鈴、陳正雄、楊寶發、黃鏡峰等人而順利當選，當時臺東縣長選情甚至引起蔣介石總統特別的關切。

只有少數幾人獲提名，結果使省議會空出70％的位子給國民黨所提拔的新人。蔣經國的目的，是希望國民黨不再依賴傳統的派系領袖來填補地方公職。

統計數字顯示，半山集團、阿海派、[101]日本殖民政權協力者、反日本殖民政權運動集團都無人當選，而光復後反對運動集團勢力則呈現明顯的滑落；但蔣經國最厭惡的地方派系，仍然是影響省議員當選最重要的因素。[102]

美國大使館認為「國民黨決定爭取臺灣人及年輕一代的支持，反映領導層有一項共識，即這些人的忠誠對長期的穩定是必要的。為改善其形象，國民黨精明的宣傳臺灣人在內閣人數的增加，及大量淘汰老人，以便增加新血的措施」。[103]另一方面，逐漸吸收臺灣人進入行政及黨務系統，以穩定國民黨在臺灣的永續經營，這是蔣經國在組閣之初所思考的方向，而行動上也逐漸落實他的理想；但是一批另有企圖心和野心的臺籍知識分子、政客等，對蔣經國逐漸本土化的措施則顯得憂心忡忡。因此，如何在本省籍群眾中生根、如何接納臺籍知識分子、對臺籍政客如何釋出更多的權力及利益，是當時蔣經國必須嚴肅思考的政治課

101　請參閱陳明通，《臺灣省議員研究》（臺北：國立臺灣大學政治研究所博士論文，1991年）。阿海泛指1945年之前其祖先從大陸遷臺墾殖的先民子孫，其祖籍大部分為閩南及客家；1945年之後才由大陸各省來臺的人士，泛稱為阿山（阿山係指唐山），半山指在抗日期間在大陸與重慶國民政府合作的臺籍人士。

102　根據陳明通的統計顯示，在1972年省議員選舉中，地方派系當選人仍然占有32.2％；光復後反對運動集團則只有0.8％。但是爾後省議員選舉中，反對運動集團大致維持成長的趨勢，地方派系雖有比例下滑的趨勢，卻仍然占有相當的實力。可見派系問題一直是國民黨的沉重包袱。

103　王景弘，前引書，頁446。

題。[104] 分析蔣經國主政時期的內閣特色後，顯示高學歷及政治歷練是內閣職務甄補的必備條件，但拔擢本土菁英則是刻意的政治手段；以中華民國從一個外來流徙政權，在經過「臺灣化」之後，成功的與本土社會緊密聯結。早在1970年代，全臺灣26萬名公務員當中，已有16萬人為本省人，而本籍本省人士進入軍校人數也穩定上升，本省籍校官開始擔起領導大任。[105] 蔣經國主政後，1974年就決定由當時37歲的吳伯雄接任公賣局長、36歲的趙守博出任臺灣省政府新聞處長、42歲的臺南縣長高育仁出任內政部常務次長。[106] 至於俞國華內閣成員中，除了李登輝升為副總統之外，交通部長連戰當時48歲，法務部長施啟揚49歲，副院長林洋港57歲，以及45歲入閣擔任內政部長的吳伯雄等人，都是臺籍內閣菁英的中生代代表。

東亞國家早期推動經濟發展時，會採取出口導向政策，主因缺乏資源、國內市場狹小，拓展出口可突破國內市場限制，並產生多重功能，加速經濟發展。因為出口的發展，可提高生產設備利用率，不只降低成本、增加利潤、提高投資能力，還可刺激投資、創造就業機會，更能調升工資，提高所得與消費水準。同時，由於出口擴大，外匯收入增加，可降低或解除進口管制，提升進口能力；不僅企業得以採購先進資本設備，提

---

104 林蔭庭，前引書，頁123-124。國民黨籍的臺籍政客對外省人長期壟斷政治資源心生不滿，也會產生對外省人爭權的企圖心。1963年省教育廳長，與許水德有師生之誼的吳兆棠曾對許水德說：「將來本省人一定會慢慢起來的。地方教育行政單位、省立中學都會重用本省人，因為本省人才愈來愈多了。」這番話使許水德大受鼓舞，最後走上從政之途。李遠哲則分析李登輝在臺灣光復後，由於大陸國民黨痛恨日本文化及受日本教育的臺籍知識分子，所以李登輝自覺一直備受壓迫和排斥，而產生「國中後段班」的心態，從而導致他一直認為國民黨是外來政權的看法。見1990年8月25日，《聯合報》。

105 陶涵，《蔣介石與現代中國的奮鬥》下冊，頁660。

106 俞國華，前引書，頁300。

升生產力與調整產業結構；消費者亦可選擇更便宜和多樣化的進口商品與服務。因此，拓展出口，是創造就業機會和加速經濟成長的原動力。

1946年臺灣光復後，自貧窮落後轉變成繁榮富裕，創造舉世矚目的「臺灣經濟奇蹟」。臺灣社會也快速的由傳統的農業社會轉變成現代化社會，由於成功溫和的土地改革、循序漸進的經濟發展計畫、國民教育普及、經濟機會均等、所得分配平均，因此在兩蔣時代，臺灣占全球出口總額的比率，從1960年的0.13％拉升至1987年的2.13％，不僅位居亞洲四小龍首位，且為全球第11大出口國；此亦刺激國內投資每年成長11.8％，促進每年就業人數增加3.2％，以美元計的每人所得（GNP）更每年提升14％，帶動民間消費每年成長9.6％。因此，該時期每年經濟成長率高達9.4％，被譽為開發中國家經濟發展奇蹟，顯示出積極推展出口對臺灣經濟成長的卓越貢獻。[107]

在1970～1980年代的兩蔣時期，世界曾先後發生過兩次石油危機和一次國際金融危機，受上述危機的影響，臺灣經濟也曾陷入衰退，物價連續上漲。在1972年12月～1974年2月的一年多時間內，全島經濟成長率只有1.1％，但由於政府採取的措施得力，臺灣經濟在短時間內就得到了恢復和發展。[108]

著名經濟學家王作榮先生曾對1949年國民黨到臺灣初期時的臺灣經濟情況，描述如下：「人口激增、生產設備毀壞、物資奇缺、人民窮困、物價高漲、財政赤字、外匯枯竭，整個經濟已到了崩潰邊緣」。由於兩蔣時代採取一切措施穩定經濟，經過1949～1952年的努力，國民黨政權站穩了

---

107 〈社論〉，《經濟日報》，臺北，2009年7月24日，版A2。

108 劉建興，〈略評「兩蔣」時期和陳水扁時期的臺灣經濟〉，取自中國臺灣網，2008年1月7日。網址：http://big5.taiwan.cn/tsh/mtxy/tylt/200801/t20080107_566913.htm。檢索日期：2011年12月15日。

腳跟，並於1953～1960年實行了兩個四年經濟建設計畫，為臺灣經濟的高速發展奠定了良好基礎。1961～1987年，臺灣經濟起飛、繁榮，並進入轉型階段，這二十多年被人們稱為臺灣經濟的「黃金時代」。[109] 從此可以看出，兩蔣時代的經濟建設與發展，除了穩定當時國民政府撤遷來臺所造成的經濟動盪之外，更進行不少建設，奠定了臺灣在接下來的數十年中，成為世界經濟重要的一員。

在兩蔣時期，先後培養和使用了一批知識菁英，如：上海聖約翰大學畢業的嚴家淦、曾任職美國西屋公司的電機工程師尹仲容、哈爾濱工業大學畢業的孫運璿、中央大學畢業的李國鼎和王作榮、倫敦政治學院畢業的蔣碩傑和化工專家嚴演存等。專業與技術菁英的任用，使得臺灣在行政效率與經濟表現上，展現了高度的成就。

兩蔣時代創造了令人驚豔的經濟成就，在亞洲地區，臺灣與香港、新加波、南韓並稱「亞洲四小龍」，並為「亞洲四小龍」之首。與亞洲其他三小龍相較，臺灣在兩蔣時代所創造的經濟成就毫不遜色。從平均每年經濟成長率來看；臺灣在「兩蔣時代」高達9.4％。如與亞洲其他三小龍比較，「兩蔣時代」臺灣經濟成長率高居第1，香港9.0％居第2位，新加坡8.3％第3，韓國8.2％殿後。當時各國每年經濟成長率都高達8.0％以上，而臺灣最高，故為四小龍之首。[110]

其次，就各時代平均每年出口增加率來看，臺灣在「兩蔣時代」高達24.9％，與其他三小龍比較，在「兩蔣時代」韓國出口增加率更高達

---

109 劉建興，〈略評「兩蔣」時期和陳水扁時期的臺灣經濟〉，取自中國臺灣網，2008年1月7日。網址：http：//big5.taiwan.cn/tsh/mtxy/tylt/200801/t20080107_566913.htm。檢索日期：2011年12月15日。

110 「歷任總統對臺灣經濟的功與過」，經濟日報，http：//www.moneyq.org/forum/lofiversion/index.php/t11971.html，瀏覽日：2011年10月18日。檢索日期：2011年12月15日。

32.2％，居第1，臺灣排第2。[111]

第三，以兩蔣時代最後一年的每人GDP比較，在「兩蔣時代」最後一年的1987年臺灣每人GDP為5,291美元，較香港與新加坡低，高於韓國排第3名。[112] 至於出口金額，在「兩蔣時代」最後一年的1987年，臺灣出口537億美元，超過其他三小龍，高居四小龍之首。

在「兩蔣時代」，臺灣的經濟成長率及出口金額，均居四小龍第1名，出口增加率居第2，每人GDP居第3，四項合計，高居四小龍之首。[113]技術官僚是創造臺灣奇蹟的重要力量，為臺灣經濟發展制定一系列具前瞻性的計畫，自1951年開始每四年一期的中程經濟發展計畫，引領臺灣經濟與社會的發展方向。如臺灣工業化之初，資金短缺，政府先從勞力密集工業著手，發展第一階段進口替代產業，如民生必需品。60年代起臺灣的紡織品、塑膠製品、橡膠製品、合版及木材製品，以及家電用品等迅速展開外銷，臺灣政府推出各種鼓勵出口擴展措施。1973年石油危機，1970～80年代，臺灣陸續完成十大建設，包括石化、鋼鐵、造船、核能以及基礎公共建設（如高速公路、鐵路電氣化等）；並進一步發展技術密集工業，如電子、資訊、電機與機械工業。政府引導產業結構轉型與技術提升，發展政策如「獎勵投資條例」在1970年為配合鼓勵資本密集與技術密集工業，特別是創業投資，而作修正。1979年成立工業技術研究院，從事關鍵性技術研究，並將成果移轉民間。另外類似機構如資訊工業策進會、生物技術開發中心、食品工業發展研究所等。1980年設立新竹科學工業園區，該園

---

111 「歷任總統對臺灣經濟的功與過」，經濟日報，http：//www.moneyq.org/forum/lofiversion/index.php/t11971.html，瀏覽日：2011年10月18日。檢索日期：2011年12月15日。

112 「歷任總統對臺灣經濟的功與過」，經濟日報，http：//www.moneyq.org/forum/lofiversion/index.php/t11971.html，瀏覽日：2011年10月18日。檢索日期：2011年12月15日。

113 「歷任總統對臺灣經濟的功與過」，經濟日報，http：//www.moneyq.org/forum/lofiversion/index.php/t11971.html，瀏覽日：2011年10月18日。檢索日期：2011年12月15日。

區目前是臺灣高科技工業中心，占臺灣製造業出口的三分之一。90年代在經濟全球化自由化的浪潮下，臺灣政府積極推動經濟自由化，包含外匯、貿易與金融自由化。[114]

　　兩蔣時代，臺灣的華人終於享受自辛亥革命以來最安穩的一段歲月，從經濟繁榮到解除戒嚴，為落實民主自由奠定了基礎，趨近孫中山先生在當年推翻滿清，創建民國時所揭櫫的理想。

　　曾經傳聞擔任兩案密使的曹聚仁在1948年出版的《蔣經國論》中，對蔣有如下描述：「經國是哈姆雷特型的人物。他是熱情的，卻又是冷酷的；他是剛毅有決斷的，卻又是猶豫不決；他是開朗的黎明氣息，卻又是憂鬱的黃昏情調。他是一個悲劇性格的人，他是他父親的兒子，又是他父親的叛徒！」[115] 曹聚仁在兩岸之間扮演密使角色，後來由1998年，中共中央文獻室出版的《周恩來年譜》得到權威的佐證。根據年譜記載，周回答曹詢問臺灣回歸後，將如何安排蔣介石。周說：「蔣介石當然不要作地方官，將來總要在中央安排。臺灣還是他們管。陳誠如願到中央，職位不在傅作義之下。」但直到曹聚仁暮年，終於留下「經國不願當李後主」的話語。[116]

　　面對大陸文革結束，鄧小平復出之際的形勢變化，蔣經國洞燭機先預測美國將會與這位溫和派的中共領導人加速進行外交關係正常化。1973年，鄧小平宣布北京已經準備跟臺北直接談判統一的問題。而滯留大陸，依附中共的老國民黨人透過公開、私下管道向蔣氏父子招

114　「歷任總統對臺灣經濟的功與過」，經濟日報，http：//www.moneyq.org/forum/lofiversion/index.php/t11971.html。檢索日期：2011年10月18日。

115　大陸人民出版社在北京重新出版上市的《蔣經國論》，是1948年上海版、1953年香港版和1997年臺灣版的綜合體。參見《中國時報》，臺北，2009年5月8日，版A16。

116　有關曹聚仁密使傳聞，請參見《中國時報》，臺北，2009年5月8日，版A16。

手。但是，蔣式父子仍舊不予理會，蔣經國告訴《紐約時報》記者：「與中國共產黨的接觸，就是自殺行為，我們沒有那麼愚蠢。」[117]

1978年12月16日，中共停止自1958年開始砲轟金門、馬祖「單打、雙不打」的砲擊，國軍也停止砲擊。新年元旦，北京全國人民代表大會發表「告臺灣同胞書」，提議兩岸開放經貿、旅行和通訊。北京的國臺辦負責人廖承志也發表致經國「老弟」的一封公開信，提議國共第三次合作。[118]

蔣經國比鄧小平更精算的分析，如果兩岸之間擴大經濟、社會、文化交流，長久下來對臺灣是利大於弊，也就是「質化大陸」，鼓勵大陸正在萌芽的民主運動。可以說在1980年代，兩岸修好的舞臺已經布局。[119]

面對鄧小平一波波的統戰攻勢與改革開放，蔣經國也更注意如何將臺灣的發展經驗推展到大陸。1970年代初期起，蔣經國就深信，就長期而言，臺灣要盼望永續生存，就得作為成功的政治、經濟模範。他從過去的經驗曉得，一旦政治改革進程開始，就很難倒轉。而臺灣的政治進展也會對大陸產生催化的作用。關鍵在於如何創造一個進程，不僅要維持臺灣的安定，還要將「臺灣經驗」推展到全中國大陸。宋楚瑜、馬英九和其他受蔣經國提攜的從政學人開始公開表示，臺灣模式事實上在大陸可以取得勝利。[120]

117　陶涵，《蔣經國傳》，頁344-345。

118　陶涵，《蔣經國傳》，頁377、413。廖承志父親廖仲愷是國民黨元老，因為主張「聯俄容共」，於1925年8月20日遭人暗殺，也引發當時國民黨內部分裂。而廖承志早年與蔣經國在上海是同學，兩人當年也是左傾的學生。1982年7月24日，廖承志再度給「同學好友」蔣經國一封信，表示願意訪向臺灣，討論兩岸統一的問題。臺北方面很堅定的謝絕廖承志來訪。蔣經國宣稱，大陸人民唾棄共產主義，而臺灣的成功卻激發人民渴望「自由、民主和繁榮的生活方式」。

119　陶涵，《蔣經國傳》，頁378。

120　陶涵，《蔣經國傳》，頁409。宋楚瑜在1981年曾經在演講裡提到：「現在我們是更好的抉擇。當我們提到光復大陸時，可能不是直接去做，而是提供一個不同的抉擇。」

雖然鄧小平至少有一次透過李光耀，向「我在莫斯科的同學」蔣經國致候。[121] 鄧小平也賣力推銷「一國兩制」，強調除了「一個中國的原則之外，大陸方面沒有其他絕對的條件，所有的其他條件、方式，都可以談判、調整」。[122] 面對鄧小平的統戰，蔣經國堅持自己的大陸政策，而臺灣不論在經濟發展和政治民主化都已奠定良好的基礎。在他過世前，唯一放不下的就是人事的布局，據蔣經國晚年身邊最信賴的么子蔣孝勇吐露：「當年選擇李登輝成為副總統，是因為他不像林洋港、邱創煥等人地方派系濃厚，而且還有美國的博士學歷。同時，在黨內元老重臣如黃少谷、孫運璿等眾人的集思廣益下，大家都公認李登輝是最好的選擇。」[123]

在蔣經國晚年，一直構思如何黨政分離以求制衡，而且已經考慮由郝柏村當黨的副主席；但是因為他的軍人身分及背景問題而無法解決。[124]

在蔣經國猝逝前，未完成的人事布局或許是他的遺憾，也為臺灣政壇投下極大的動盪。

121　陶涵，《蔣經國傳》，頁425。

122　陶涵，《蔣經國傳》，頁426。

123　王力行、汪士淳，《寧靜中的風雨》（臺北：天下文化，1997年），頁127-128。

124　蔣孝勇強調，當年蔣經國考慮未來國民黨由誰接班的人選上，絕對不是李登輝，也不是陳履安；較有期待的是李煥。見王力行，汪士淳，前引書，頁135。

第四章　後蔣經國時代

第一節　第十三次全國代表大會

　　蔣經國逝世後，俞國華在政壇上的危機逐漸加深，以及日益孤立。蔣孝勇認為俞院長有兩大「致命傷」：「一個是孫前院長的形象太好，國語也好；另外一個是俞院長剛上任正好碰到一個水災，再來是兩個礦災，使得民間在兩相比較之下，聲望日差。」[1]　蔣孝武覺得李登輝運用蔣經國故後在民間哀悼之隆，順勢提高自己的聲望，而這一切的背景都是因為俞院長聲望太低所襯托出來的，因此預測俞雖請辭而獲慰留，但國喪後立院復會可能以「倒俞」為主要政潮，與其到時灰頭土臉下來，不如現在辭職而由李煥組閣為宜。蔣孝勇希望郝柏村勸俞自行請辭，郝柏村雖認逾矩而拒絕，但也直覺認為俞院長將做不下去了。[2]

　　1988年1月24日晚，宋楚瑜拜訪郝柏村，就中常會推李登輝代理主席尋求連署，郝簽了名，提案人為俞國華。[3]　27日凌晨3時，李煥祕書長電話告知郝柏村，蔣夫人有信指示，黨主席應由第13次全國代表大會（以下簡稱「十三大」）決定，希轉告諸同志。郝柏村向李煥說：「這很麻煩。」郝認為蔣夫人意欲扼殺預定在當天中常會推舉李登輝為代理黨主席職務，也使得原提案人俞國華陷於兩難之境。[4]

　　根據當時媒體報導，在27日中常會前夕，蔣孝勇致電話給俞國華，表

1　王力行、汪士淳，《寧靜中的風雨：蔣孝勇的真實聲音》（臺北：天下文化，1997年），頁130。
2　郝柏村，《八年參謀總長日記》（下），頁1273。
3　郝柏村，前引書，頁1273。
4　郝柏村，前引書，頁1274。

示奉蔣夫人指示，要求俞國華不要在中常會提出代理主席案。據日後《中國時報》報導，「士林官邸」方面的意見是，希望將本案延至7月召開全代表大會時再作決定，並認為依據黨章，中常會無權推舉代理黨主席。[5] 蔣孝勇事後表示，宋美齡的態度是：「這事實上很單純的事，我祖母並沒有反對李登輝代理主席，而是一直強調要完成應有的法定程序，這不是中常會就能決定的。當時的確有寫信給李煥，最後把我也捲進去了。」[6]

　　蔣孝勇強調蔣經國原先對政局的安排就是要黨政分離，但李煥傾向黨政領導一元化。也就是說，先安排在中常會通過由李登輝代理黨主席，到了同年7月7日的十三大，再循黨章規定真除，正式就任主席。[7] 而李煥回憶，在這一天的中常會，討論4項例行案件，討論完第3案，尚未進入第4案時，列席的宋楚瑜突然起立發言，要求應該討論推舉李登輝代理黨主席的提案。他並責備負責提案的俞國華模稜兩可、畏首畏尾。說罷憤而退場，留下滿堂愕然。[8] 接著，曹聖芬、吳伯雄、陳履安、張建邦、辜振甫、李國鼎等6人相繼發言，呼應宋楚瑜意見，俞國華無法再拖延，提出該案，並獲全體中常委以起立方式無異議通過。李煥指出，「俞國華先生當時並非不打算再提案，但他的確也很猶豫，不知如何解決這個問題。」[9] 郝柏村認為李登輝代理主席職務顯示黨內識大體、一致團結，但夫人來信卻被摑一掌，實在不值得。[10]

　　對於1971年才加入國民黨的李登輝而言，他很清楚自己身為第一位本省籍總統和國民黨主席對本省人民的意義，因此獲得民間社會巨

5　王力行、汪士淳，前引書，頁192。
6　王力行、汪士淳，前引書，頁193。
7　王力行、汪士淳，前引書，頁191-193。
8　林蔭庭，《追隨半世紀──李煥與經國先生》，頁275。
9　林蔭庭，前引書，頁276。
10　郝柏村，前引書，頁1274。

大的支持力量，再加上國民黨內部山頭林立，俞國華掌握政府行政權，郝柏村負責穩定軍方，李煥主持黨務系統，並無可服眾望一方之霸，而這些利益彼此衝突的人物由於無法獨立勝出，因此，李登輝可合縱連橫，先聯合防堵官邸勢力，再以政治利益釋放為餌，各個擊破。[11]

　　1988年7月的十三大，李登輝在全場起立表決的方式之下，完成接任黨主席的法定程序。當時有趙少康、李勝峰、林火旺等8位年輕黨代表主張採用祕密投票方式，以符合民主原則。[12] 在中央委員的選舉過程中，黨務系統的李煥、宋楚瑜聯手全面主導，與行政系統抗衡，目睹權力爭奪，李登輝認為蔣經國生前的人事布局僅半年，就開始內部傾軋。[13] 早在5月16日，陳履安即向郝柏村表達對俞院長得票數可能過低的憂慮。[14] 當天晚上7時投票結果，李煥名列第1，宋楚瑜名列第3，關中名列第12，謝東閔列13，俞國華落到第35名。郝柏村認為這是黨工人員運用職權，突出李煥打擊俞國華，也破壞黨內倫理，資深要員如沈昌煥、張繼正排名大大落後。[15]

　　在1988年的十三大，俞國華等諸多黨國大老的排名落後，李登輝嘗試補救難堪的局面，在7月14日所召開的一中全會上，他將前副總統謝東閔排入中常委第1名，俞國華則排名第4；但國民黨祕書長李煥則挾其中央委員排名第1的聲勢列第5。[16] 蔣經國在生前曾於1987年12月25日的中常委提出，將在隔年的7月7日召開十三大，他向李煥表示舉行這次大會的意義在

11　鄒景雯，《李登輝執政告白實錄》（臺北：印刻出版，2001年），頁11。
12　林蔭庭，前引書，頁280。
13　鄒景雯，前引書，頁66。
14　郝柏村，前引書，頁1322。
15　郝柏村，前引書，頁1347。
16　李雲漢，《中國國民黨職名錄》，頁402。

於「要求黨內團結，黨政一體。對在野黨以溝通代表對立，協調代替抗爭，接受友黨意見，多幫助友黨解決問題。」而選擇在7月7日，則是為了紀念抗戰精神。[17]

然而十三大的中央委員選舉，則昭示國民黨內部分裂的開始。李煥是唯一得票超過1千票的人，李煥回憶那次開票到一半時，已經發現自己票衝得太高，於是向李登輝報告是否能減少得票，以免被外界視為自己作票。副祕書長宋楚瑜從開票處察看回來，表示現在有8位評議委員在監票，絕對不能有任何暗示的動作，否則會造成全部選舉無效，李登輝也同意順其自然。[18] 原本在中央候選人配票排名第3的俞國華，在面臨如此難堪的局面下，於7月23日進行內閣的局部改組，以挽救閣揆的尊嚴。

十三大對於「後蔣經國時代」國民黨的權力布局，形成一次重要的分水嶺。這次大會奠定了李登輝在國民黨內的領導權，逐漸積極參與黨務。他強勢的介入俞國華的內閣改組，一群李登輝色彩濃厚、資歷尚嫌生嫩的新閣員浮上檯面。許水德、蕭天讚等閣僚在首次記者會上雖然自承「還在學習之中」，另方面卻侃侃而談新政抱負，象徵權力交班已進入實戰階段。[19]

7月20日的國民黨中常會通過了內閣的改組名單，省籍閣員增加外交與財政兩部。參謀總長郝柏村認為俞院長似乎只為保全自己地位，而一切聽從李總統的擺布，故人稱「李登輝內閣」。郝柏村認為臺灣目前省級以

---

17 林蔭庭，前引書，頁277。
18 林蔭庭，前引書，頁281-282。
19 鄒景雯，前引書，頁66-67。

下已經百分之百本土化了，所以中央政府必須由大陸人及省籍人士共同掌理，他擔心如果中央政府也全部省籍化，恐非國家及本省同胞之福。[20]

郝柏村的擔憂，正反映臺灣在蔣經國總統逝世後，外省籍權力菁英對李登輝權力逐漸上升的焦慮。過往在蔣經國時代以外省人主導的本土化政策，轉變成由李登輝主導的本土化政策，權力的分配和蔣經國路線的實踐，將會決定國民黨權力菁英是否能夠團結和諧的考驗。[21]

第二節　請辭風波

由於俞國華在十三大的排名不理想，為了挽回內閣聲望，行政院長俞國華於7月23日對內閣進行局部改組。法務部長施啟揚接替連戰升任行政院副院長，而連戰則轉任外交部長接替丁懋時，政務委員蕭天讚接替施啟揚轉任法務部長，祕書長由原財政部長錢純接替王章清，財政部長由郭婉容接替錢純，內政部長由許水德接替吳伯雄，經濟部長陳履安接替李達海，國防部長鄭為元，教育部長毛高文，交通部長郭南宏，蒙藏委員會委員長吳化鵬，僑務委員會委員長曾廣順，新增政務委員沈君山、王友釗、錢復、黃昆輝等4人，高玉樹、張豐緒、周宏濤等3人留任。[22]

關於俞國華內閣局部改組的人員簡歷，請參見表4-1。

20　郝柏村，前引書，頁20。

21　我們根據研究顯示，蔣經國在去世前已經很明白的指出：經濟、民主、土本化以及質化大陸，是臺灣永續發展的關鍵與目標。

22　俞國華，前引書，頁485-493。錢純深得俞國華信任，由於長期在中央銀行追隨俞國華，外界早已以「俞門大弟子」稱之，而俞國華在任內對起用政務官有一原則：基本上他只任命首長，至於政務副首長則由首長自行決定，另外，也拔擢立法院菁英蕭天讚及簡又新入閣。

表4-1 俞國華內閣局部改組（1988年7月～1989年6月）分析（19人）

姓名	出生年	入閣年齡	籍貫	黨籍	入閣前經歷	入閣職務	離閣出路	最高學歷	
								國內	國外
俞國華	1914	74	浙江	國民黨	行政院長	行政院長	總統府資政		美國哈佛大學碩士
施啟揚	1935	53	臺灣	國民黨	法務部長	副院長	留任		德國海德堡大學博士
許水德	1931	57	臺灣	國民黨	臺北市長	內政部長	留任	國立政治大學碩士	
連戰	1936	52	臺灣	國民黨	行政院副院長	外交部長	留任		美國芝加哥大學博士
鄭為元	1913	75	安徽	國民黨	國防部長	國防部長	留任	中華民國陸軍軍官學校	
郭婉容	1930	58	臺灣	國民黨	中央銀行副總裁	財政部長	留任		日本國立神戶大學博士
毛高文	1936	52	浙江	國民黨	教育部長	教育部長	留任		美國卡內基美隆大學博士
蕭天讚	1934	54	臺灣	國民黨	政務委員	法務部長	留任	臺灣大學學士	
陳履安	1937	51	浙江	國民黨	行政院國家科學委員會主委	經濟部長	留任		美國紐約大學博士
郭南宏	1936	52	臺灣	無	交通部長	交通部長	留任		美國西北大學博士
吳化鵬	1921	67	蒙古	國民黨	蒙藏委員會委員長	蒙藏委員會委員長	留任		美國華盛頓大學、美國奧里岡大學碩士
曾廣順	1924	64	廣東	國民黨	僑務委員會委員長	僑務委員會委員長	留任	廣東省法商學院學士	
高玉樹	1913	75	臺灣	無	政務委員	政務委員	總統府資政		日本早稻田大學學士
張豐緒	1928	60	臺灣	國民黨	政務委員	政務委員	留任		美國新墨西大學碩士
周宏濤	1912	76	浙江	國民黨	政務委員	政務委員	留任	武漢大學學士	
沈君山	1932	56	浙江	無	國立清華大學理學院院長	政務委員	中央選舉委員會委員		美國馬里蘭大學博士
王友釗	1927	61	福建	國民黨	農發會主任委員	政務委員	留任		美國愛荷華大學博士
錢復	1935	53	浙江	國民黨	政務委員	政務委員	留任	臺灣政治大學學士	美國耶魯大學博士
黃昆輝	1936	52	臺灣	國民黨	中國國民黨青年工作會主任	政務委員	留任		美國北科羅拉多大學博士

在19位內閣中，平均年齡是60.1歲，其中臺籍人士有9位，浙江籍6位，其他省籍都是1位，本土化比例占了47.4%。在學歷方面，擁有碩、博士學位者占73.7%，其中具有博士學位的10人中，全部都是國外博士；碩士學位的4人中，1人是國內碩士，3人是國外碩士。軍校畢業的則是1人。

李登輝上臺後開始大幅起用本土派菁英，本屆臺籍內閣人數11位，占50%，居歷屆之首。副院長由施啟揚擔任，施啟揚1935年出生於臺中，1958年於臺灣大學法律系畢業，並於德國海德堡大學取得博士學位。施啟揚是發跡甚早的本土派菁英，在回國後即開始參與中國國民黨的黨務工作，1971年起擔任臺大法律系兼任教授至1984年，並在1976年步入政壇。在政治職歷方面擔任過中國國民黨中央黨部第五組副主任（1969～1972年）、中國國民黨中央委員會青年工作會副主任（1972～1976年）、教育部政務次長（1979～1980年）、法務部政務次長（1980～1984年）。1984年出任法務部部長，法務部部長期滿後，1988年任行政院副院長，同時兼任大陸工作會報召集人。[23]

內政部長許水德於1931年出生於臺灣高雄市，畢業於國立政治大學教育研究所，1966年4月考取公費留學日本，赴日本國立東京教育大學研究所專攻教育心理。1967年，教育廳長潘振球聘請回國擔任屏東縣教育科長，協助推動九年國民教育。而在蔣經國重用臺籍幹部，刮起一陣「吹臺青」的時代，蔣經國的一再提拔，是許水德平步青雲的重要起步。先後擔任高雄市長（1982～1985年）、臺北市長（1985～1988年）、中選會主委（1988～1991年）、內政部部長（1988～1991年）。1988年李登輝推動三項重大法案——「動員戡亂時期選舉罷免法修正草案」、「動員戡亂時期人民團

---

23 有關施啟揚生平，請參見施啟揚，《源——三十年公職回憶》（臺北：幼獅文化，2004年）。

體組織法修正草案」及「資深中央民意代表自願退職條草案」，希望借重政通人和的許水德，與時任內政部長的吳伯雄職務對調，以促成法案順利通過。[24] 許水德因歷練完整，臺籍的身分與李登輝良好的互動，更成為李登輝時期提拔的重要官員之一。

財政部長由郭婉容擔任，1930年出生於臺灣臺南縣，是中華民國第一位女性部長，也是臺灣最早期在學術研究與政府公職表現上皆具輝煌成就的女性人物。郭婉容於1973年在臺灣大學擔任經濟系教授時，被行政院長蔣經國延攬至政府部門，陸續擔任經濟建設委員會副主委及中央銀行副總裁；1988～1990年任財政部長；其後並擔任經濟建設委員會主委及行政院政務委員，至2000年始退休。其公職生涯共歷經四屆總統及六任行政院長，可謂政壇長青樹。[25]

1983年時，中共正式透過外交途徑，致電亞洲開發銀行，申請加入成為會員，並要求排除中華民國的會籍，之後中共表示，我方可以使用「Taiwan, China／中國臺灣」的名義留在亞銀當中，美國則建議改用「Taipei, China／中國臺北」，對此提議，我國均表示不能接受；1983～1984年間中央銀行總裁兼亞洲銀行理事俞國華，利用亞洲開發銀行總裁藤岡真佐夫過境臺北期間，先後磋商我國會籍權益問題，共達十餘次之多，我國並且透過各種外交管道，協請美國、日本等亞銀主要出資國家，繼續支持我方立場。[26] 1986年2月20日，亞洲開發銀行執行理事會，通過中共入會，成為亞銀第47個會員國，我國名稱則被改為「Taipei, China／中國臺

---

24 許水德口述、魏柔宜著，《全力以赴：許水德喜壽之年回憶錄》（臺北：商周出版，2008年），頁203-204。

25 郭婉容簡介，財團法人吳三連獎基金會。http：//www.wusanlien.org.tw/02awards/02winners23_e00.htm。檢索日期：2013年1月12日。

26 我國參與亞洲開發銀行相關史料，財政部財政史料陳列室。http：//www.mof.gov.tw/museum/ct.asp?xItem=3760&ctNode=41&mp=1。檢索日期：2013年1月12日。

北」，在中共與亞銀簽署的備忘錄中，亞銀同意這項決定，並不影響我方的會員地位，但是所有文件中的中華民國名稱，都將按照決議而更改。[27]

1989年5月，亞洲開發銀行理事會年會在北京召開，俞國華極力促成派遣官方代表團與會，本省籍財政部長郭婉容持亞銀代表團證明書入境，以亞洲開發銀行董事身分參加，上面並未標示任何國籍名稱。外交部發言人陳毓駒發表聲明，與大陸「不接觸、不談判、不妥協」的政策並不牴觸，強調與會的目的是出席國際組織會議。[28] 開幕式當天，會場僅懸掛亞銀旗幟、會徽與主辦方國旗，當演奏主辦方國歌時，郭婉容以起立抱胸，並與團員交談的方式，表達不承認與抗議的立場。[29]

郭婉容出現在中國大陸吸引了大批國際傳媒，在長城飯店第一次會見記者的時候，她被記者包圍，記者們同時要求她用中文和英文回答問題，有時候要她的回答用這兩種語言都重複一遍。對於她的風範及友善的態度，記者們都有深刻的印象；當時她的專訪在美國《紐約時報》第2版被刊登了幾近全版的大篇幅報導。[30] 此時，國內各大報也針對我國參加亞銀年會的外交突破作出評論：「學者楊力宇認為，這項決定顯示中華民國積極推動彈性外交，重返國際社會的決心，再者，當局已明顯突破了『漢賊

---

27 我國參與亞洲開發銀行相關史料，財政部財政史料陳列室。http：//www.mof.gov.tw/museum/ct.asp?xItem=3760&ctNode=41&mp=1。檢索日期：2013年1月12日。

28 《聯合報》，臺北，1989年4月7日，版1。

29 俞國華，前引書，頁376-377。1988年5月在馬尼拉召開的亞銀年會由央行總裁張繼正率團出席，並且第一次在國際金融場合與中共同臺對陣，1989年5月年會在北京召開，因為張繼正之父張群為黨國大老，在大陸門生故舊眾多，為避免橫生枝節故在張繼正婉辭後，改由郭婉容出席。當時我國政策已有轉變，決定若有國際會議我方就派人參加，不再顧忌中共，在這次北京年會中，我國代表團成員經建會副主委崔祖侃為北平人士，在北京也會見了親人。

30 郭婉容簡介，財團法人吳三連獎基金會。http：//www.wusanlien.org.tw/02awards/02winners23_e00.htm。檢索日期：2013年1月12日。

不兩立』的逃兵心態;相信今後兩岸的互動將受到更大的鼓舞」。[31]

　　法務部長蕭天讚,1934年出生於臺灣嘉義。國立臺灣大學法律系畢業,革命實踐研究院國建班第1期結業,曾任高等法院推事兼書記官長、中國國民黨中央組織工作會副主任、中央社會工作會主任、中央委員。1972～1983年間,4次當選增額立法委員,前後擔任立法委員14年,1986年6月,出任行政院政務委員。[32]

　　經濟部長由陳履安擔任,陳履安1937年生於浙江青田,在美國受高等教育,1960年於美國麻省理工學院電機工程學系畢業,並先後於美國紐約大學攻讀數學系碩博士。出生於政治世家,其父親為前行政院長、副總統陳誠,1984年入閣前任行政院國家科學委員會主委,而後出任經濟部長,與連戰、沈君山、錢復等人並稱「政壇四公子」。[33]

　　新任政務委員方面有沈君山、王友釗、錢復、黃昆輝等4人。沈君山,1932年出生於江蘇南京,其父沈宗瀚是世界聞名的農學家,曾主持臺灣農業建設工作。1955年自國立臺灣大學取得物理學士學位,1961年取得美國馬里蘭大學物理博士學位。1970年日本侵占釣魚臺,引發留美青年的愛國保釣運動,沈君山參與其中,也因此改變了他的人生。他從一個打橋牌、下圍棋、不問政治的書生,轉為關心國家同胞前途的知識分子。在臺灣退出聯合國、臺灣人彷徨失措之時,他毅然辭去美國普渡大學終身教職,回臺效力,決定以兩岸關係和族群融合為努力目標,並提出「革新保臺、志願統一」的主張。1973年起,任教國立清華大學物理學系,爾後接任理學院院長(1984～1987年),1988年短暫入閣,出任行政院政務委員

31　《中國時報》,臺北,1989年4月7日,版7。

32　蕭天讚,《牛背上的法務部長:蕭天讚自傳》(臺北:蕭天讚教育基金會),2010年。

33　陳履安簡介,監察院全球資訊網。http://www.cy.gov.tw/ct.asp?xItem=3227&ctNode=877&mp=1。檢索日期:2013年1月12日。

（1988～1989年），1993年當選臺灣清華大學第1屆遴選校長。[34]

　　沈君山回到臺灣不久，就擔負起朝野溝通的責任，處理了海外黑名問題；旁聽美麗島軍法大審後，向當局力陳不可流血的必要性，結果無一人判死刑；繼之全力協助美麗島受難家屬；並參與林宅血案和陳文成命案的善後。他的各種努力，都有助於避免政治上各走極端的衝突，也使解除戒嚴和開放黨禁能提早水到渠成。[35] 至於兩岸間事，他創造了「中華—臺北的奧會模式」，使臺灣能適度參加國際活動。[36] 同時，沈君山參與制訂《國家統一綱領》，並提出「和平統一，一國兩治」、「一屋兩室，各持門匙」、「一個國家，兩個政府」等各種方案，希望能為兩岸找出制度性的和平共存之道。[37]

　　政務委員王友釗1925年7月2日出生於福建省晉江縣，臺灣大學農業經濟系畢業，美國愛荷華大學農業經濟學碩士、哲學博士，革命實踐研究院國家建設研究班第2期結業。歷任臺灣大學教授、農業發展委員會主任委員，1988年7月20日出任行政院政務委員。[38] 在臺灣的發展經驗中，「中國農村復興聯合委員會」具有舉足輕重的歷史地位，農復會在政府遷臺初期就協助行政部門推動土地改革。土地改革的完成，有助於農業生產力的提升，也帶來穩定的農業社會秩序，奠定鄉鎮復興的基礎。王友釗從1955年進入「農復會」到1990年從行政院政務委員、農委會主任卸任，在農業

34　沈君山，《浮生後記：一而不統》（臺北：天下遠見，2004年），頁52-98。

35　沈君山，前引書，頁74-92。

36　沈君山，前引書，頁74-92。

37　沈君山，〈浮生後記：一而不統〉，《天下遠見》，2003年，頁278-386。1990年沈君山卸任之後，三度到北京會見江澤民，每次都談數小時。沈君山表態，臺灣目前不能接受統一的原因，臺灣必須要有自主空間的理由。中國大陸如操之過急，臺灣抗力必強，揠苗助長，定有惡果。為了兩岸的利益，維持現狀是現時最好的選擇。

38　臺大傑出校友王友釗：http：//www.agec.ntu.edu.tw/ALUMNI/news/news.php?Sn=274。檢索日期：2012年12月20日。

部門奉獻了35年，對臺灣農業相關產業的發展具有舉足輕重的地位。[39]

　　錢復1935年出生於浙江省杭州市，祖父錢鴻業，曾為上海地區檢察官，在淪陷時因不屈於汪精衛政府，因而被日本特務暗殺。父親錢思亮曾任國立臺灣大學校長、中央研究院院長及行政院原子能委員會主任委員，為中國近代科學界傑出的學者。兩位兄長錢純及錢煦，俱為國內財政及醫學界知名人士，[40] 這次錢復入閣，創下兄弟在同一個內閣服務的紀錄。錢復曾任蔣中正總統之傳譯、蔣經國總統之駐美代表，為李登輝總統掌舵外交，擔負多項臺灣在國際社會求存圖強的歷史任務。他的風雲歲月見之於外交場域，從退出聯合國、中美斷交、八一七公報、軍購、中美貿易失衡到江南命案等等，錢復無役不與，在國際現實下忍辱負重，臨政治危境時絕處逢生。[41]

　　黃昆輝1936年出生於臺灣雲林縣，從臺北市政府教育局長開始至接掌台聯黨主席，追隨前總統李登輝三十餘年。青年時代曾留學美國北科羅拉多州立大學，回國後擔任臺灣師範大學教育所教授、所長；在李登輝擔任臺北市長任內任教育局長（1979～1981年），從此踏入政壇，之後隨著李登輝進入省政府擔任臺灣省教育廳長（1981～1983年）、中國國民黨文化工作會副主任（1983～1984年）、行政院青年輔導委員會副主任委員（1984～1987年）、中國國民黨青年工作會主任（1987～1988年）。在臺北市教育局長任內，發生外雙溪放水造成15位高中師生溺斃事件，當時他請辭以示負責，但李登輝批示慰留。在黃昆輝省教育廳長任內，1983年發生著名的豐原高中禮堂倒塌事件，黃昆輝終於請辭獲准，也創下日後政務

39　詳見黃俊傑，《中國農村復興聯合委員會口述歷史訪問紀錄》（臺北：中央研究院，1992年）。

40　錢復，《錢復回憶錄卷一：外交風雲動》（臺北：天下遠見，2005年），頁5-14。

41　有關錢復的外交生涯，請參考錢復，《錢復回憶錄卷二：華府路崎嶇》（臺北：天下遠見，2005年）。

官遇重大公安事件請辭的典範。從李登輝臺北市長時期，黃昆輝即為其倚重的班底，黃昆輝亦曾公開表態，追隨李登輝二十多年來，支持他的理念從未改變。[42]

關於俞國華內閣與蔣氏父子淵源關係，請參見表4-2。

表4-2　俞國華內閣與蔣氏父子淵源關係

編號	職稱	姓名	1.血親或旁系親屬	2.同鄉	3.同學友朋（子女）	4.師生淵源	5.官邸近侍	6.黨中常委	7.技術專家	8.臺籍
1	行政院長	俞國華		✓	✓	✓	✓	✓	✓	
2	副院長	施啟揚				✓		✓	✓	✓
3	內政部長	許水德				✓		✓	✓	✓
4	外交部長	連　戰				✓		✓	✓	✓
5	國防部長	鄭為元				✓		✓	✓	
6	財政部長	郭婉容						✓	✓	✓
7	教育部長	毛高文	✓	✓		✓		✓	✓	
8	法務部長	蕭天讚				✓		✓	✓	✓
9	經濟部長	陳履安		✓		✓		✓	✓	
10	交通部長	郭南宏				✓			✓	✓
11	蒙藏委員會委員長	吳化鵬				✓			✓	
12	僑務委員會委員長	曾廣順				✓		✓	✓	
13	政務委員	高玉樹							✓	✓
14	政務委員	張豐緒				✓			✓	✓
15	政務委員	周宏濤		✓	✓	✓	✓		✓	
16	政務委員	沈君山							✓	
17	政務委員	王友釗				✓			✓	
18	政務委員	錢　復		✓		✓		✓	✓	
19	政務委員	黃昆輝				✓			✓	✓
	比例		5.3%	26.3%	10.5%	84.2%	10.5%	52.6%	100%	47.4%

---

42 古琳嘉，「台聯黨主席黃昆輝談與李登輝關係」（北加州KTSF電視臺，2012年6月25日）。http://www.ktsf.com/taiwan-solidarity-union-party-chairman-huang-kun-huei-visited-bay-area/。檢索日期：2013年1月12日。

以俞國華內閣（1988年7月～1989年6月）成員分析，在總計19位的內閣成員中，全都以技術專家身分入閣，占100％，於所有選項中排名第1。

　　曾在革命實踐研究院或國防研究院研習過的閣員有16位，分別是的俞國華、施啟揚、許水德、連戰、鄭為元、毛高文、蕭天讚、陳履安、郭南宏、吳化鵬、曾廣順、張豐緒、周宏濤、王友釗、錢復、黃昆輝等人，與蔣氏父子具有師生關係，此項目占全體閣員中的84.2％，排名第2。

　　而俞國華、施啟揚、許水德、鄭為元、郭婉容、毛高文、連戰、陳履安、曾廣順、錢復等10位閣員兼具黨中常委選項，占全體閣員的52.6％，於選項中排名第3位。19位內閣成員中，有9位閣員是臺籍菁英，占內閣成員的47.4％，在選項中排名第4位。

　　與蔣氏父子具有浙江同鄉淵源的有俞國華、毛高文、陳履安、錢復與周宏濤等5人，占全體閣員中的26.3％，於選項中排名第5。曾擔任過蔣氏父子近侍的有俞國華、周宏濤2人，占全體閣員中的10.5％，排名第6；與蔣氏父子具有同學友朋關係的也是俞國華及周宏濤2人，占全體閣員中的10.5％，排名第6。血親關係中只有毛高文1人，占全體閣員中的5.3％，排名第7。

　　關於俞國華內閣與人事背景分析，請參見圖4-1。

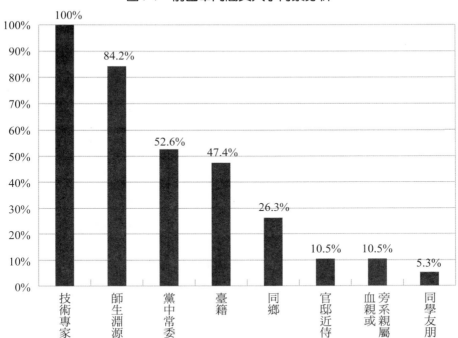

圖4-1　俞國華內閣與人事背景分析

在所有內閣成員中，擁有6個選項的是俞國華1人，擁有5個選項的是周宏濤與毛高文2人，擁有4個選項的是施啟揚、許水德、連戰、陳履安、錢復等5人，擁有3個選項的有鄭為元、郭婉容、蕭天讚、郭南宏、曾廣順、張豐緒、黃昆輝等7人，擁有2個選項的有吳化鵬、高玉樹、王友釗等3人。在所有閣員中，沈君山僅1項淵源。

在俞內閣的最後一役，由於郭婉容率團到北京出席亞銀年會，而繳出了一張漂亮的成績單。在孫運璿院長時代，府院先後對准許轉口貿易、大陸女子壘球來臺比賽、更改奧會名稱等有了突破性政策，而這一次，是中華民國首度派遣政府現任的部長前往大陸參加國際會議。這項突破性的舉措，為爾後的「一個中國，各自表述」和「互不承認主權，互不否認治

權」的交往模式，開創了兩岸關係的新思維。

俞國華在黨大會的屈辱風暴在會後轉入立法院持續發酵，由於立法委員吳春晴質詢指俞院長涉及包養酒家女的緋聞風波全面引爆，俞國華面臨前所未有的難堪之局，在準備請辭之前，蔣彥士與王惕吾雙雙面見李總統，建議盡早把俞國華換下來，由李煥接掌行政院。[43] 而在十三大之後，國家安全局長宋心濂就已經和郝柏村談及李登輝與李煥之間完全失去工作信心，長久下去，終非黨國之福。[44]

1988年，國民黨十三大召開前，黨內的派系政爭已初步顯現出來，十三大期間掌握黨權力的李煥以第一高票當選中央委員。而時任行政院院長俞國華卻排名跌至35名。雖然李登輝當選黨主席，但會議期間李登輝完全沒有權力發揮的空間，全由李煥掌握。然而李登輝利用李煥想當行政院長的心理以及和俞國華之間的矛盾，迫使俞國華於1989年5月提出辭職。[45]

李登輝接受俞國華的辭呈後，沒有表示慰留之意，緊接著他還陸續約見了張寶樹、蔣彥士、馬樹禮等前後三任國民黨中央黨部祕書長，徵詢召開國民黨第13屆二中全會事宜及閣揆人選的意見。其中錢復、連戰、施啟揚與邱創煥都曾經被提及討論。5月16日，李登輝又赴士林官邸拜訪了宋美齡。5月17日《聯合報》獨家報導俞國華發布辭呈消息，理由是：為了

---

43 鄒景雯，前引書，頁67。面對緋聞，俞院長在報紙刊登啟事否認，聲言保留法律追訴權。立法委員吳勇雄亦緊追這個議題不放，還說行政院祕書長王章清對他行賄，要其放手，造成王祕書長辭職，由錢純接任。請參閱邵玉銘，《此生不渝──我的臺灣、美國、大陸歲月》（臺北：聯經出版，2013年），頁259。

44 郝柏村，前引書，頁1356。

45 俞國華事後追憶，在國民黨十三大選舉中央委員排名落後完全是黨部內部有人上下其手。選舉結果不但李登輝極為憤怒，也使他因遭打壓，再加上1989年春天，行政院祕書長王章清亦被汙衊，捲入「贈金案」事件，使俞國華決心求去。俞國華宣布辭職後，對於撤換政務委員沈君山一事也事先不知情，而是在此之前由副院長施啟揚告知沈君山不留任。見俞國華，前引書，頁495-499。

黨內團結,讓李登輝有改組行政院的機會,讓年輕人接棒等。然而,據當時總統官邸核心人士的說法,李登輝已有規劃在十三大之後換下俞國華,而要國民黨元老張群之子張繼正出任閣揆的人事布局,沒想到選舉結果張繼正排八十幾名而俞國華亦因選舉結果不如預期,都不夠分量來組閣。[46]因此俞國華隨即辭去行政院長改由李煥組閣,1989年6月李煥奉命組成新的內閣。[47]

　　1987年1月,臺灣「民意調查文教基金會」公布民眾對5位政府行政首長施政滿意度的反應,依序分別是蔣經國總統77.7%,其次是省主席邱創煥、臺北市長許永德、高雄市長蘇南成,俞院長居最後一名,只有38.5%。同年3月,「中華民國民意測驗協會」向大專副教授以上者,寄出1,321份問卷調查,結果對院長未來施政表示沒有信心者高達48.2%。[48]當時新聞局長邵玉銘認為,俞國華拙於言詞,且出身官邸,早已養成凸顯長官而隱居幕後的習慣,因此面對解嚴後媒體導引民意的趨勢,新聞局必須扮演政府的首席化妝師,讓政績多所曝光以提升形象。[49]1987年7月,臺北《時報周刊》進行一項對俞院長形象的問卷調查,已有40.3%的人認為俞院長的形象變好了。[50]到了1988年上半年,根據《聯合報》所刊一項民調,俞院長所得「非常滿意」與「滿意」之比率,已從前述之38.5%,上升至54.1%。[51]證明俞國華確實已在內外交迫的困境中,逐漸擺脫民調所

---

46 徐立德訪問,《聯合報》,臺北,2010年9月5日,版A6。

47 俞國華,前引書,頁500。而俞國華退出行政職位後,在國民黨內仍擔任首席中常委,並於1996年初夏,出任代理副主席。

48 邵玉銘,《此生不渝:我的臺灣、美國、大陸歲月》(臺北:聯經出版,2013年),頁252。

49 邵玉銘,前引書,頁252-253。

50 《時報周刊》,1987年7月26日～8月1日,頁46-47。

51 《聯合報》,臺北,1989年7月3日。

帶來的低聲望之窘境。

俞國華從政以來，最難以釋懷的就是在蔣經國總統逝世之後，1月27日中常會上受到宋楚瑜副祕書長的指責。俞院長回到辦公室之後，很難過的向祕書長等親近部屬說：「我早年追隨蔣委員長夫婦，他們對我提攜備至，待如親人。關於李登輝先生繼任本黨代理主席，我也完全支持，其實可以提案的人很多，為何非我不可？既然夫人方面半夜打電話來，希望延後辦理，我受到的壓力很大，今天受到指責，真是情何以堪。」[52] 在面對十三大的排名風波及緋聞事件糾纏下，俞國華終於在5月8日提出辭呈。而俞夫人接受媒體訪問時則說出她的名言：「我覺得政治太可怕了，早點離開是非的圈子，我想是很明智的決定。」[53] 而這句話似乎也對往後政局紛擾不斷，作了最佳注腳。

當俞國華離職已成定局，外界紛紛猜測應該是由李煥來組閣，然而李登輝其實真正屬意的人選是曾經被蔣經國在十信風波後「開除」的蔣彥士。李登輝考慮蔣彥士在國民黨內仍有雄厚的班底與人脈，對於在黨內資歷甚淺、幾無班底的李登輝而言，仍是一著好棋；但由於蔣彥士不願放棄他的私人感情，李登輝考量他將來一定會和俞國華一樣，陷入立法院及輿論攻擊的風暴之中，在數度懇談後，蔣彥士堅持「不愛江山愛美人」，斷然婉拒出任閣揆。[54]

在俞國華的5年閣揆任期中，雖不如孫運璿內閣的明星光環，但財經方面政績卓著，如停徵證交稅、融資工商企業，1985年7月19日，行政院核定經濟部所提降低工廠用電與燃料價格方案，也核定財政部所提報放寬銀行融資等短期措施，以協助廠商紓解困難，這些全方位紓困專案，在1970

---

52 邵玉銘，前引書，頁260。
53 《聯合報》，臺北，1989年5月17日，版3。
54 鄒景雯，前引書，頁67-68。

年代初期到1980年代中期，屢見不鮮。[55]　在俞內閣時代，1985年的十信案，轟動全國。其實當時也頻頻出事的華僑信託銀行，由新任財政部長錢純及政務次長何顯重，迅速且祕密處置其人謀不臧，導致財政結構惡化的問題。最後，由世華銀行在9月4日接掌華僑信託，解決僑信因蔡辰男旗下的10家關係企業提供將近8億元保證金而遭凍結的衝擊。[56]　不同於十信與國泰信託複雜的政商關係，俞內閣以10天左右的時間就解決危機。

　　僑信事件後，俞國華又於1986年3月1日實施加值營業稅，並從1986年2月14日開始，由於國際原油跌價，於是奉蔣總統指示，從2月～4月份，連續四波密集調整油價，也對實施加值營業稅提供良好環境。在俞內閣的各項措施當中，租稅政策占了相當的分量，若干劃時代的租稅政策，諸如降低所得稅率、廢屠宰稅、降低關稅稅率外，[57]　1986年10月2日，俞國華在行政院中指示財政部與中央銀行迅速修法，開放黃金買賣。更重要的是臺幣不斷升值，外匯存底繼續累積。1986年12月3日，美國派遣斷交後層級最高的官員，財政部首席副助理部長達拉羅（Charles Dallra）來臺談判匯率。1987年3月23日，中央銀行的外匯存底已大致增加到530億美元，26日，俞院長宣布解除外匯管制。1988年，臺幣匯率觸及25元底線，隨後即在25元與26元之間沉浮擺動。在1997年底，受亞洲金融風暴拖累，大幅貶值之前，臺幣對美元一直在27元與28元之間擺盪，一場升值惡夢，終於因匯率市場供需作用自然互動的結果而平靜了。[58]

　　在俞院長任內，臺灣股市自1986年底開始一路攀升，為了遏止證券市場不合理現象，1988年9月24日，財政部長郭婉容宣布自次年元旦起，恢復

55　俞國華，前引書，頁431-435。
56　俞國華，前引書，頁436-438。
57　俞國華，前引書，頁444-447。
58　俞國華，前引書，頁464。

課徵證券交易所得稅。此後股市連續下跌19天，這段歷史被稱為「924證所稅事件」，而這19天的冷卻效果，是讓股市下跌了三千多點。[59] 1979年春天，在俞國華主動請辭前，以激烈幅度拉高銀行利率，使得貨幣供給緊縮，股市炒作資金受到影響，因此逐漸冷卻投機風潮。而他辭職後一年，緊縮政策才在1990年春天，擊敗了股市過熱投資。[60] 在俞國華院長任內，國人的平均所得，由1984年的3,219元美金，到1990年的8,124元美金，增加了4,905元美金；經濟成長率方面，從1984～1990年，平均經濟成長率是8.3％。[61] 徐立德推崇俞國華當時保守而又穩健的財政政策，穩定了國家發展的命脈，功不可沒。[62]

第三節　李煥組閣

1989年6月，李煥出任行政院長，這是中國國民黨第一位由中央黨部祕書長接掌閣揆的首例，李煥並推薦宋楚瑜扶正為祕書長。[63]

1990年第8屆中華民國總統選舉，由於國民黨內部對李登輝提名副總統人選及決策方式有所歧見，國民黨領導階層爆發嚴重之權力鬥爭，形成

---

59 俞國華，前引書，頁474-475。

60 俞國華，前引書，頁476-478。

61 請參考「行政院主計處資料庫」。http：//www.dgbas.gov.tw/ct.asp?xItem=14616&CtNode=3566&mp=1。檢索日期：2013年1月12日。

62 2013年8月19日，筆者訪談徐立德。徐立德認為蔣經國對孫運璿的器重超過俞國華，但俞院長清廉自持，謙謙君子，對臺灣財經貢獻，功不可沒。

63 李煥對於坊間傳言在黨內逼俞國華辭職完全否認，然而十三大也奠定李登輝在黨內的領導權，一年後將嫻熟黨務的李煥轉任行政院長之後，任用宋楚瑜繼任黨祕書長，進一步掌握黨的機器。見林蔭庭，前引書，頁280-284。

所謂「主流派」與「非主流派」之爭。[64]　就在這個時候，遷臺40年來從未改選過的國民大會，又自行通過「臨時條款修正案」，將1986年增額代表的任期延長為9年，創下國會議員自行通過延長任期的惡例。在這種情況下，各界對國大代表一連串爭權牟利的行為，不但開始感到不耐，同時也展開抗議行動，「罷課、罷稅、抗稅」的呼聲四起。由於民進黨黨主席及國代赴總統府請願，遭抬離毆辱而有升高抗爭強度的趨勢。1990年3月16日，9名臺灣大學的學生到中正紀念堂前靜坐抗議，拉出寫著「我們怎能再容忍700個皇帝的壓榨」的白布條，為「三月學運」揭開了序幕。[65]

曾在當時被稱為「蔣經國之後最強勢內閣」的李煥，於6月1日進行內閣局部改組，施啟揚續任行政院副院長，王昭明接替錢純轉任行政院祕書長，內政部長許水德，外交部長連戰，1989年12月郝柏村接替鄭為元擔任國防部長，張建邦接替郭南宏擔任交通部長兼政務委員，郭南宏轉任政務委員，財政部長郭婉容，教育部長毛高文，經濟部長陳履安，1989年7月呂有文接替蕭天讚擔任法務部長，環保署長簡又新，衛生署長施純仁，蒙藏委員會委員長吳化鵬，僑務委員會委員長曾廣順，新增政務委員張劍寒、呂有文2人，王友釗、錢復、黃昆輝、張豐緒、周宏濤等5人留任。[66]

關於李煥內閣人員簡歷，請參見表4-3。

64　鄒景雯，前引書，頁79-80。期間除了李登輝先生積極化解所謂非主流勢力：郝柏村、蔣緯國、陳履安、林洋港、李煥等人，而八大老包括李國鼎、倪文亞、袁守謙、陳立夫、辜振甫、黃少谷、蔣彥士、謝東閔等也出面勸退林洋港與蔣緯國，李登輝認為八大老談訪對政局毫無作用，而最關鍵在於請省議會議長蔡鴻文拜訪林洋港，以「南部鄉親對林洋港與外省人合作打擊李登輝非常不諒解」，帶給林洋港很大衝擊，遂在3月9日於臺北賓館辭謝國代的推舉。

65　何金山、官鴻志、張麗伽、郭承啟合著，《臺北學運：1990.3.16 - 3.22》（臺北：時報文化，1990年）。

66　李煥內閣人事可參閱林蔭庭，前引書，頁295-321。

表4-3 李煥內閣（1989年6月～1990年6月）分析（21人）

姓名	出生年	入閣年齡	籍貫	黨籍	入閣前經歷	入閣職務	離閣出路	最高學歷 國內	最高學歷 國外
李煥	1917	72	湖北	國民黨	國民黨中央黨部祕書長	行政院長	總統府資政		美國哥倫比亞大學碩士
施啟揚	1935	54	臺灣	國民黨	副院長	副院長	留任		德國海德堡大學博士
許水德	1931	58	臺灣	國民黨	內政部長	內政部長	留任	國立政治大學碩士	
連戰	1936	53	臺灣	國民黨	外交部長	外交部長	臺灣省政府主席		美國芝加哥大學博士
鄭為元	1913	76	安徽	國民黨	國防部長	國防部長	總統府國策顧問	陸軍官校	義大利培盧查大學學士
郝柏村	1919	70	江蘇	國民黨	國防部參謀總長	1989年12月接任國防部長	行政院長	陸軍官校	
郭婉容	1930	59	臺灣	國民黨	財政部長	財政部長	行政院經濟建設委員會主任委員、政務委員		日本國立神戶大學經濟學博士
毛高文	1936	53	浙江	國民黨	教育部長	教育部長	留任		美國卡內基美隆大學博士
蕭天讚	1934	55	臺灣	國民黨	法務部長	法務部長	總統府國策顧問	臺灣大學學士	
呂有文	1926	63	四川	國民黨	法務部政務次長	1989年11月接任法務部長	留任	北平朝陽法學院學士	
陳履安	1937	52	浙江	國民黨	經濟部長	經濟部長	國防部長		美國紐約大學博士
張建邦	1929	60	臺灣	國民黨	1981年任臺北市議長	交通部長	國安會諮詢委員		美國伊利諾大學博士
吳化鵬	1921	68	蒙古	國民黨	蒙藏委員會委員長	蒙藏委員會委員長	總統府國策顧問		美國華盛頓大學、美國奧里岡大學碩士
曾廣順	1924	65	廣東	國民黨	僑務委員會委員長	僑務委員會委員長	總統府國策顧問	廣東省法商學院學士	
郭南宏	1936	53	臺灣	國民黨	交通部長	政務委員	政務委員		美國西北大學博士
張豐緒	1928	61	臺灣	國民黨	政務委員	政務委員	總統府國策顧問		美國新墨西哥大學碩士
周宏濤	1916	73	浙江	國民黨	政務委員	政務委員	總統府國策顧問	武漢大學學士	

					臺灣省議會研究發展及諮詢委員會委員			臺灣大學碩士	
張劍寒	1928	61	江蘇	國民黨		政務委員	政務委員	臺灣大學碩士	
王友釗	1927	62	福建	國民黨	政務委員	政務委員	總統府國策顧問		美國愛荷華大學博士
錢　復	1935	54	浙江	國民黨	政務委員	政務委員	外交部長		美國耶魯大學博士
黃昆輝	1936	53	臺灣	國民黨	政務委員	政務委員	留任		美國北科羅拉多大學博士

　　在李煥的21位內閣中，俞國華內閣19人中有15位獲得李煥留任，占李煥內閣的71.4％。在這21位內閣中，平均年齡是60.7歲，其中臺籍人士有9位，浙江籍有4位，江蘇籍2位，其他籍貫是6位，本土化比例為42.9％。在學歷方面，擁有碩、博士學位者占71.4％，其中具有博士學位的10人中，全部都是國外博士；碩士學位的5人中，2人是國內碩士，3人是國外碩士。軍校畢業的則有2人。

　　在本屆新入閣成員方面：行政院祕書長王昭明，1920年8月5日出生於福建，人稱「福州才子」。1952年東吳大學法律系畢業，1969年畢業於國防研究院。國民政府播遷來臺不久，王昭明即參與經建大計，於出任行政院祕書長之前，先後在工業委員會、美援運用委員會、經濟部、財政部、經濟建設委員會及臺電公司擔任要職，先後為尹仲容及李國鼎所倚重，因而和臺灣的經濟發展結下了不解之緣，亦是世人所讚譽的臺灣經濟奇蹟的重要見證人之一。[67]

67　有關王昭明生平，請參見王昭明，《王昭明回憶錄》（臺北：時報出版，1995年06月20日）。

國防部長郝柏村，1919年8月8日出生於江蘇鹽城，中華民國陸軍一級上將，獲頒雲麾勳章與虎字榮譽旗，1978年6月，掌陸軍總司令。1981年12月由蔣經國總統晉任一級上將，並調升國防部參謀總長，在職8年。參謀總長原來兩年一任，因種種特殊情況一再延任，成為歷任在職最久的參謀總長。[68] 1990年12月，李登輝任命郝柏村出任國防部長，也順利的防堵郝柏村龐大的軍中勢力。[69]

　　政務委員張豐緒、周宏濤、錢復、王友釗、黃昆輝繼續留任，[70]新任政務委員方面有呂有文、張劍寒2人。呂有文，1926年出生於四川江律，北平朝陽法學院法律系畢業，革命實踐研究院及戰地政務研究班結業。1948年通過司法官考試，被分配到臺灣法院學習。歷任金門、臺東地方法院院長，高等法院推事兼庭長。1982年任司法院副祕書長，1987年任法務部政務次長，1989年10月升任法務部長。[71]

郝柏村生平請參見郝柏村，前引書。王力行，《無愧：郝柏村的政治之旅》（臺北：天下文化，1994年）。

69 李登輝當初要撤換郝柏村時，蔣宋美齡極力反對，並專程請李登輝到士林官邸溝通，而早在1988年郝柏村建議葉昌桐出任海軍總司令並兼任中山科學院院長時，即讓李登輝警覺並堅持將郝調離軍令系統，因此萌生兩人宿命上敵對因素。見鄒景雯，前引書，頁69-71。

70 留任政務委員資料參照李功勤，〈蔣經國主政時代的政治菁英（1972～1988年）──以行政院內閣成員為例〉，《世新大學通識教育與多元文化學報》，第2期，頁174-203。

71 陳柔縉，《總統的親戚》（臺北：時報文化，1999年），頁514-515。呂有文先後擔任過施啟揚及蕭天讚時代政務次長，受施啟揚推薦接任部長，呂有文也是歷任中僅見的從最基層做起且不曾脫離司法系統的法務部長。

郭南宏因不獲層峰欣賞而轉任政務委員，由張建邦接任交通部長。[72]

張建邦1929年3月15日出生於臺灣宜蘭，童年被父親張驚聲帶去大陸，曾就讀上海聖約翰大學經濟系，美國伊利諾大學農業經濟碩士、教育行政學博士。返臺後任教於淡江文理學院，1980年起續任校長至1986年；同時有感中華語文文化之重要，曾於1976年兼任臺北語文學院首任董事長，為國家之教育與中華文化推波助瀾。自1969年起從政，先後擔任臺北市議會議員、副議長、議長等職，基層實力雄厚。[73]

政務委員張劍寒1928年出生於江蘇省沛縣。臺灣大學政治系畢業，臺灣大學政治研究所碩士，革命實踐研究院國建班第1期結業。曾任臺灣大學教授、臺大政治系主任、臺大政治研究所所長、臺大法學院院長。1983年被聘為臺灣省議會研究發展及諮詢委員會委員。1989年5月任行政院政務委員，1990年任行政院大陸委員會委員。1991年5月～1993年2月任行政院政務委員兼陸委會委員。[74]

關於李煥內閣與蔣氏父子淵源關係，請參見表4-4。

72　鄒景雯，前引書，頁69。
73　陳柔縉，《總統的親戚》（臺北：時報文化，1999年），頁428。張建邦的繼母是國民黨元老居正的女兒，透過居正家族中間銜接，張建邦與前參謀總長賴名湯及前行政院祕書長費驊都有姻親關係。
74　國立臺灣大學政治學系系友電子報，2009年12月。

表4-4　李煥內閣與蔣氏父子淵源關係

編號	職稱	姓名	1.血親或旁系親屬	2.同鄉	3.同學友朋（子女）	4.師生淵源	5.官邸近侍	6.黨中常委	7.技術專家	8.臺籍
1	行政院長	李　煥				✓		✓	✓	
2	副院長	施啟揚				✓		✓	✓	✓
3	內政部長	許水德				✓		✓	✓	✓
4	外交部長	連　戰				✓		✓	✓	✓
5	國防部長	鄭為元				✓		✓	✓	
6	國防部長	郝柏村				✓	✓	✓	✓	
7	財政部長	郭婉容						✓	✓	✓
8	教育部長	毛高文	✓	✓		✓		✓	✓	
9	法務部長	蕭天讚				✓		✓		✓
10	法務部長	呂有文				✓			✓	
11	經濟部長	陳履安		✓		✓		✓	✓	
12	交通部長	張建邦				✓		✓		✓
13	蒙藏委員會委員長	吳化鵬				✓			✓	
14	僑務委員會委員長	曾廣順				✓		✓	✓	
15	政務委員	郭南宏				✓		✓	✓	✓
16	政務委員	張豐緒				✓			✓	✓
17	政務委員	周宏濤		✓	✓	✓	✓		✓	
18	政務委員	張劍寒				✓			✓	
19	政務委員	王友釗				✓			✓	
20	政務委員	錢　復		✓		✓		✓	✓	
21	政務委員	黃昆輝				✓			✓	✓
	比例		4.8％	19％	4.8％	95.2％	9.5％	57.1％	100％	42.9％

以李煥內閣（1989年6月～1990年6月）成員分析，在總計21位的內閣成員中，以技術專家身分入閣的有21位，占100％，於所有選項中排名第1。

　　與蔣氏父子具有師生關係的有李煥、施啟揚、許水德、連戰、鄭為元、郝柏村、毛高文、蕭天讚、呂有文、陳履安、張建邦、吳化鵬、曾廣順、郭南宏、張豐緒、周宏濤、張劍寒、王友釗、錢復、黃昆輝等20人，曾於革命實踐研究院或國防研究院結業。此項目占全體閣員中的95.2％，排名第2。

　　李煥、施啟揚、許水德、連戰、鄭為元、郝柏村、郭婉容、毛高文、陳履安、張建邦、曾廣順、錢復等12位閣員兼具黨中常委選項，占全體閣員的57.1％，於選項中排名第3。21位內閣成員中，有9位閣員是臺籍菁英，占內閣成員的42.9％，在選項中排名第4位。

　　與蔣氏父子具有浙江同鄉淵源的有毛高文、陳履安、周宏濤、錢復等4人，占全體閣員中的19％，於選項中排名第5。曾擔任過蔣氏父子近侍的是郝柏村與周宏濤，占全體閣員中的9.5％，於選項中排名第6。與蔣氏父子具有同學友朋關係的只有周宏濤1人，占全體閣員中的4.8％，排名第7。血親關係中只有毛高文1人，占全體閣員中的4.8％，也是排名第7。

　　關於李煥內閣與人事背景分析，請參見圖4-2。

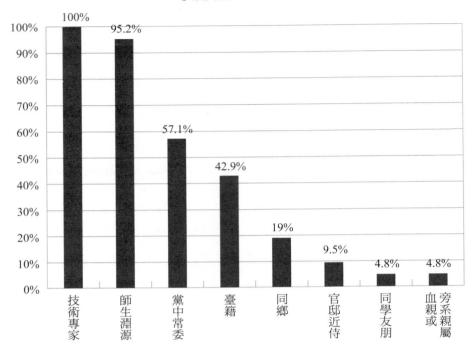

4-2　李煥內閣與人事背景分析

　　在所有內閣成員中，擁有5個選項的是周宏濤與毛高文2人，擁有4個選項的是施啟揚、許水德、連戰、郝柏村、陳履安、張建邦、錢復等7人，擁有3個選項的有李煥、鄭為元、郭婉容、蕭天讚、曾廣順、郭南宏、張豐緒、黃昆輝等8人，擁有2個選項的有呂有文、吳化鵬、張劍寒、王友釗等4人。

　　1989年8月，調查局調查第一高爾夫球場逃漏稅案，偵辦過程中，教育部體育司二科科長何敏在約談時供出，法務部長蕭天讚在1987年曾經為了第一高爾夫球場的設立向他關說施壓涉嫌受賄關說，[75] 此案爆發期間輿論

75　有關蕭天讚事件可參閱林蔭庭，前引書，頁307-308。

譁然，嘉義地方支持蕭天讚的群眾，動員北上造勢聲援。此一造勢活動，反而加劇輿論對其批評，1989年10月蕭天讚突然辭官下臺，由政務次長呂有文接任法務部長。[76]

1990年5月，李煥辭卸行政院長，1年的閣揆生涯中，最讓李煥難以釋懷的是李登輝總統對他未能充分信任，無論在人事安排或政策決定上都未得到應有的尊重。李煥不只一次形容，當年在「教育長」蔣經國底下做事，因為師生倆深厚的了解與默契，讓他大可放手去做，但他對李登輝的領導作風則無法調適。1990年3月3日，新任總統就職前，李煥面告李總統他將不再續任行政院長。4月下旬，103位國民黨籍立委連署支持李煥留任閣揆。5月中旬，國防部長郝柏村突然赴行政院拜訪李煥，告知李登輝將要他接任行政院長。李煥同意之後兩天，媒體正式發布這項消息，自始至終，李煥都未獲得總統親口告知這項人事安排。[77]

李登輝總統則不諱言，「若郝柏村擔任閣揆，李煥則不得不退，昔日的結盟也將因此而瓦解。接掌了行政權，郝柏村勢必辦理退役，交出軍權。而在軍人干政的陰影下，反對黨與知識界將引爆爭議，而且郝柏村一旦成為行政院長，接下來就是立法院的問題，不再只是李登輝個人的問題了。」[78]

76　林蔭庭，前引書，頁306-308。蕭天讚的辭職在外界早已傳說紛紜，認為蕭天讚是「李登輝的人馬」，他的辭職引發李登輝的不快云云；但李煥回憶當時蕭天讚於1989年10月6日向記者宣布辭職時，事先並未知會李煥，對外宣布後才將辭呈送交李煥，使他沒有轉圜空間，只得准辭。

77　林蔭庭，前引書，頁317-321、325。李煥在退休多年後自認過去在幾度政治風雲險惡的時刻，就是因為不夠狠，所以無法成就霸業。

78　鄒景雯，前引書，頁73-75、93。在1990年第8任總統選舉前，李煥與郝柏村曾經天天見面並擬改變提名人選，最後蘇志誠建議將提名李元簇消息曝光而成功制止，李登輝直接告訴李煥提名李元簇不可能改變，但在臨中全會上，李煥和林洋港仍主張票選，而郝柏村則不動聲色，最後票選派以70不敵99而失敗。

李登輝在提名郝柏村之際，接獲美國方面電報，表達高度推崇郝柏村，認為李登輝決定由其出任閣揆是極佳的安排。李登輝雖然表示他與郝柏村是「肝膽相照」；但也主動提出與郝柏村分工的架構，他藉由諸多場合，一再明確指出，「未來軍事、外交與大陸政策歸我管，提名郝柏村是為解決政局不安、治安不好、民心不定」，並且釋放出國防部長宜由文人擔任的訊號。李總統也在5月26日批准郝柏村的除役申請。[79]

第四節　權力重組

在俞國華請辭，蔣彥士又婉拒出任閣揆之後，李煥挾其中央委員第一高票的聲勢出任行政院長，李煥自認與李登輝的淵源甚深，他曾和郝柏村論及是他推薦李登輝出任行政院政務委員，並擬即調省主席，但是謝東閔支持林洋港任主席，之後才輪到李登輝接任。[80] 閣揆任內不久，與李總統每週一下午3點在總統府的固定會面，時間就變得愈來愈短，「兩人到最後幾乎沒什麼話可聊，有時雙方草草結束，李煥擔心新聞界作文章，刻意繞到總統府其他辦公室打發時間，等到待得夠久了，才敢走出總統府。」[81]

李登輝與李煥之間的矛盾，始於中央委員選舉中的權謀手段，使李登輝非常防範；另方面，由於李煥較為陰柔的個性，喜歡在幕後折衝，而相對於喜歡有話當面說清楚的李登輝，很不欣賞李煥這種獨特的行事風格。在交通部長人選方面，就出現兩人個性上的矛盾，李總統主動詢問由蘇南成出任的適宜性，李煥當面同意，結果行政院卻釋放出張建邦是交通部長熱門人選的消息，而且理由是「張建邦與李登輝關係良善」。李登輝覺得

79　鄒景雯，前引書，頁95。

80　郝柏村，前引書，頁1288。

81　鄒景雯，前引書，頁68。接替張祖詒的總統府副祕書長邱進益說了這段描述。

李煥若是屬意張建邦，大可直接提出建議，他會尊重，不需拐彎抹角來表達。[82]

　　李煥也覺得李總統的領導作風與蔣經國有很大的差異，因為李煥長期追隨蔣經國，應對之間習慣不易調適，種下爾後分手的原因之一。以交通部長人選來說，李煥說是遵奉李登輝指示，由張建邦取代郭南宏。[83] 另外，法務部長蕭天讚的請辭，也被描述成是雙李鬥爭下的犧牲品。[84] 在權力的布局中，李登輝決定先將郝柏村抽離掌握實際軍權的參謀總長職務，擔任李煥內閣的國防部長，然後再以郝柏村軍事強人的實力，取代李煥接任閣揆。而一旦郝柏村成為行政院長，接下來就是立法院的問題，不再只是李登輝一個人的問題，而且在軍人干政陰影下，反對黨與知識界將引爆爭議。[85] 換言之，李總統可以利用郝柏村軍人背景，以及其一貫反臺獨的立場，在府內結合知識界及反對黨形成輿論及民意壓力，來牽制已經沒有軍權的郝柏村。

　　1989年6月28日，郝柏村告訴總政治作戰部副主任兼執行官楊亭雲，婉謝某些人商談推舉他出任副總統，而蔣孝武卻已經正式向李總統提出這項人選建議。[86] 同年7月18日，國防部長鄭為元勸郝柏村在他於下期立法院會總質詢完畢辭職後，能夠接替出任國防部長。[87] 9月17日，由於民進黨欲在士林官邸示威，以見蔣夫人為名，要求搬出官邸以興建國宅。當天

82　鄒景雯，前引書，頁69。

83　林蔭庭，前引書，頁297。

84　林蔭庭，前引書，頁308。郝柏村也認為蕭天讚涉及第一高爾夫球場所謂關說案是新聞界炒作出來的，也對新聞界將其描述為雙李較勁深感不以為然。見郝柏村，前引書，頁1510。

85　可參閱鄒景雯，前引書，頁93。

86　郝柏村，前引書，頁1484。

87　郝柏村，前引書，頁1490。

下午，官邸電召郝柏村共商對策。19日，憲兵司令周仲南見郝柏村，告知國家安全局長宋心濂在聯指部會報中，公然查詢昨天郝柏村進入士林官邸的動機和原因為何。蔣孝武早就認為宋心濂有問題，郝柏村則認為宋心濂現在已隨時可見李總統。由於宋一向對李煥不悅，也同時監控李煥行動。[88] 換言之，李總統已經開始收編國民黨內的情治系統，並對可能的政敵展開情蒐布建的任務。

1989年11月1日，蔣緯國在寓所宴請郝柏村，主張由郝出任副總統，郝柏村則表明，目前最重要的是要團結在臺灣的大陸人支持李登輝實行反共復國基本國策。郝柏村認為如果由俞國華出任副總統，李總統將最放心，郝告訴蔣緯國應該支持俞國華，也必須在李登輝體制內爭取，否則將會破壞黨內的團結。[89] 郝柏村在11月7日見李總統，同意將於12月5日調任國防部長。[90]

在郝柏村即將調任國防部長，釋出兵權之際；1989年11月14日下午，蔣夫人約見了李總統，表達對郝柏村即將調職的關切，並認為不宜調職。李登輝回府後立刻約見郝柏村，最後達成由郝柏村去官邸向蔣夫人解釋，請她放心，並在下次中常會再提出任命。[91] 在幾天後，蔣夫人又送了一封信給李登輝，再度詳述她對繼續留任郝柏村的理由，這封以英文打字的信內容如下：[92]

88　郝柏村，前引書，頁1515-1516。蔣孝勇則說過，在他父親過世後，李登輝的身邊已經形成一個核心圈子，人物包括蔣彥士、宋楚瑜、宋心濂、張祖詒。其中有人在經國先生過世後第2天就和他翻臉。見王力行、汪士淳，《寧靜中的風雨：蔣孝勇的真實聲音》，頁193-194。

89　郝柏村，前引書，頁1534。

90　郝柏村，前引書，頁1536。

91　郝柏村，前引書，頁1539。

92　信件內容可參閱鄒景雯，前引書，頁70。

「從報章得知，你考慮更換參謀總長與國防部長，我有責任提醒你，這個改變會對我們的國家安全造成危險，萬一鄧小平發生任何不測，共產黨的死硬派會占上風，隨時可能對我發動軍事攻擊，因此我們絕對不能讓沒有經驗的人領導我們國家的軍隊。

從過去殘酷的經驗告訴我，軍隊的士氣需要有一個強而有力的領導者來維繫，否則可能在一夜之間瓦解，現在的國防部長與參謀總長是絕佳的組合，在這重要的時刻，應該讓他們至少再繼續做一年。

沒有強大國防，我們的經濟繁榮將會消失，沒有經濟的力量，外交不會有任何進展，我知道延長總長與國防部長的任期將會使你遭遇反對與爭議，而且會讓反對黨對你有所攻擊，或導致本黨流失選票等等。

但如你所知，反對黨一點都不在乎我們的國家，他們的唯一興趣是滿足他們的野心，當我們的國家都沒有的時候，還要這些立法委員幹什麼？

我必須提出我最嚴重的警告，身為一個國家領導者，在非常的情況下要採取非常的手段，為了我們的國家，許多時候你必須採取不受人民歡迎的決定，尤其是在下如此重大賭注的時候。」

李登輝事後並沒有聽宋美齡的意見，李登輝認為，「再優秀的人都不可以破壞制度，倘若整個軍方只籠罩在郝柏村一人的戰略思維下，未有更寬闊的治軍視野，這才是對國家安全的戕害。」[93] 早在1988年郝柏村建議由葉昌桐出任海軍總司令，並兼任中山科學院長的人事命令，讓李登輝對於軍中郝系將領大起警惕之心。他認為中科院每年都有無須正常報銷的經費，因此是私心自用。李登輝在12月5日，郝柏村調職的同一天，任命陳燊齡擔任參謀總長一職，蔣仲苓出任總統府參軍長。

93　鄒景雯，前引書，頁70-71。

1989年12月21日，李煥致函李登輝，提出了包括邱創煥、施啟揚、宋楚瑜、錢復、陳履安等5位接任閣揆的建議人選。[94]　早在11月25日，李煥、王惕吾、秦孝儀、楚崧秋、易勁秋及郝柏村等人在張大千的摩耶精舍餐敘，席間，王惕吾極力主張郝柏村出任副總統，王惕吾說目前李登輝只能在李煥與郝柏村之間擇一人為副手。[95]

　　李登輝成功的接收軍令系統之後，李煥也表達無意續任閣揆之意，而接下來最重要的就是在1990年2月11日，國民黨要在臨時中全會推舉中華民國第8任正、副總統提名人。儘管許多軍方及黨內大老傾向郝柏村擔任副總統，但李登輝打從一開始，就不要找國民黨內部權力漩渦中的人物，他決定拔擢現任總統府祕書長，曾經在內閣擔任教育部長及法務部長的李元簇。由於李元簇離開部長職務後，只擔任遠離權力核心的總統府國策顧問（1984年5月～1988年10月），因此李元簇沒有流派紛爭，也不依附官邸、中央黨部及軍方勢力，對李登輝而言，是最好的副手人選。[96]

94　林蔭庭，前引書，頁318。

95　郝柏村，前引書，頁1543-1544。

96　李登輝口述歷史小組，《見證臺灣──蔣經國總統與我》，頁111。李登輝認為李元簇這個人很嚴格，在政大當校長的時候，尤其女學生都特別討厭他。但他也是一個很認真的人，在預備提名為副總統人選時，李煥和很多人都不甘願，也發生爭執。

第五章　集體領導的問題

第一節　菁英分裂

　　1990年，對國民黨的政治菁英而言，是蔣經國逝世後最重要的關鍵年代，因為2月11日，國民黨將要召開臨時中全會，推舉中華民國第8任正、副總統的提名人。李登輝準備提名李元簇作為他的副總統人選，並請蔣彥士接替總統府祕書長職務，雖然心中已有腹案，但副手人選卻屢屢不對外宣布，使各方有意角逐副位人馬，對李登輝還是有所期待。在另一方面，林洋港及蔣緯國早在前一年，已經準備聯手活動競選正、副總統。郝柏村與李煥在1989年1月5日談及此事時，認為黨的團結最重要，而林洋港在黨政先天的形勢上已居於劣勢。[1]

　　李登輝對蔣緯國的動作早有所知，他在1989年十三大召開前，就已表示不贊成在十三大之後黨設副主席，因為他聽說蔣緯國要爭取當黨副主席。[2]　而蔣緯國在黨內最堅強的支持者滕傑，是黃埔軍校第4期畢業，曾是「藍衣社」（又名復興社）的書記，來臺灣後，擔任國民黨國民大會黨部書記長。他告訴曾是軍校學生的郝柏村，他將在十三大推動蔣緯國任黨副主席，並推動大陸各省旅臺同鄉會的統合，並準備向李總統表達自己的意見。[3]

　　1990年2月11日，李登輝尚未宣布副手人選前，被各界視為呼聲最高的有兩人，一位是李煥，另一位是蔣緯國。而李煥也自認以他所擁有的資歷和實力，更上一層樓獲得副總統的提名是理所當然的事。至於蔣緯國方面，1989年10月15日，曾經在十三大提案支持蔣緯國擔任副主席的滕傑，

1　郝柏村，《八年參謀總長日記》（下），頁1415。
2　郝柏村，前引書，頁1287。
3　郝柏村，前引書，頁1319。

在國民大會中山堂發起成立「中華民國各界支援賢能人士競選委員會」，有上百位資深國代、立委及少數增額國代到場。12月下旬，已有一百五十餘位資深國代祕密展開連署，準備推舉蔣緯國為副總統候選人。1990年1月，滕傑又約集數百名國代、老兵及青年軍代表，成立「中國全民民主統一會」，支持蔣緯國。1月24日，有二十幾個小黨發表共同聲明，推舉蔣緯國競選第8任總統。[4]

李煥了解蔣緯國的動向後，也私下協調蔣緯國可否將支持力量轉讓給他。[5] 2月初，李煥應邀參加一項聚會，在座的有郝柏村、林洋港、蔣緯國、陳履安等人，會中討論主題歸納為三：第一、贊成黨內民主，主張總統、副總統的提名採用祕密投票方式來決定；第二、對黨內的領導作風不滿；第三、雖然李登輝當選的可能性較大，但仍推舉林洋港和陳履安為正、副總統候選人，參加競選，以凸顯黨內民主作風。[6] 換言之，李煥、林洋港等人希望黨內是集體領導，而不是李登輝挑選副手的強勢主導，他們認為，過去蔣經國決定副元首，也會先詢問黨內大老們的意見，所以有不被尊重的感覺。[7]

1990年2月3日，李元簇提名風聲出現時，郝柏村及王昇先後約蔣緯國及林洋港等人見面。2月8日，郝、王到林洋港的潮州街林宅見面，最後林洋港同意了，但堅持找蔣緯國為搭檔。林洋港審度形勢，了解蔣緯國是被滕傑為首的資深國代徵召的處境，於是決定同樣持「候選而不競選」的態度。[8] 林洋港事後回憶，認為當時的外省籍大老主要是要向李登輝表達不滿與不信賴，並以為可以集結起來制衡，以顯示他們仍有在政壇上舉足

4　汪士淳，《千山獨行——蔣緯國的人生之旅》（臺北：天下文化，1996年），頁285。
5　汪士淳，前引書，頁286。
6　林蔭庭，《追隨半世紀——李煥與經國先生》，頁311-312。
7　汪士淳，前引書，頁290。
8　汪士淳，前引書，頁291。

輕重的實力。然而林洋港因為出身基層，相對比較了解本省籍政治人物的看法，所以林洋港自認當時只是想在臨時中全會上，同意支持用投票表決正、副總統提名方式而已。[9]

2月9日晚間，反李登輝的人士在律師陳長文家聚會，有行政院長李煥、李慶華父子，國防部長郝柏村、郝龍斌父子，司法院長林洋港、蔣緯國、陳履安及關中，與會者隨後商定，以黨內民主化為訴求，在2月10日臨中全會的前一天，全力尋求中央委員支持採取票選正、副總統提名人。但蔣緯國並未參加後續行動，他在當天10日飛往美國。[10]

2月11日，臨中全會開幕之前，李煥回憶當時李登輝在中山樓會場的休息室會晤李煥，語氣尚稱和善的向李煥說：「今天大會聽說有些問題，你要替我負責喲！」李煥則回覆：「我所聽到的是，大會將有不同意見，不過選舉的結果是不會有意外的。」接著，李登輝正式告知李煥，他將提名李元簇為副總統候選人。[11]

根據李登輝說法，2月10日，國民黨副祕書長鄭心雄「出賣」了李煥，因為李煥告知鄭心雄明天的提名要改變。當天下午5點半，李登輝的祕書蘇志誠要準備下班時，得知李煥進入總統府，隨即到國防部長郝柏村辦公室。於是李登輝接獲這兩個線報之後，立刻要求中央黨部祕書長宋楚瑜去掌握更多訊息。當晚，李登輝將鄭為元和參謀總長陳燊齡找來，要求軍隊的效忠及支持。[12]

李登輝最高明的一著棋，就是由蘇志誠獻策，將林洋港等人計畫要以

9　官麗嘉，《誠信──林洋港回憶錄》（臺北：天下文化，1995年），頁233-234。
10　官麗嘉，前引書，頁292。
11　林蔭庭，前引書，頁312。
12　鄒景雯，《李登輝執政告白實錄》，頁75。

黨內民主為由另立候選人的消息，透漏給新聞界。2月11日，消息見報，許多反李陣營的支持者開始退縮。當天的臨中全會，反李勢力仍然集結力圖反撲，李煥、林洋港分別上臺暢言主張票選正、副總統提名人。[13] 由於主張鼓掌起立與票選方式的兩派相持不下，直到中午過後，林洋港提出臨時動議，主張暫時休會，並請祕書處準備選票，下午再投票，看與會人士到底贊成哪一種方式。但當時擔任大會主席的邱創煥，拒絕受理此議。[14]

而郝柏村在關鍵時刻，則坐在臺下絲毫不動聲色，李登輝回憶，當時兩邊都在密切觀察他的動向，但他始終不作公開表態。[15] 最後，大會經過兩次表決，票選派以70票不敵起立派的99票，仍維持以起立的方式決定總統候選人，反李派多日的集結運作終於功敗垂成。然而這也是蔣經國總統過世後，國民黨內部的政治菁英第一次公開分裂。事後，李登輝曾經告訴日本友人中嶋嶺雄，臺灣的政治與大陸的權力鬥爭毫無二致，這次臨中全會的勝利，主要是他在2月11日發動「拂曉召集」，才制止一場企圖改變正、副總統候選人的計畫。[16]

臨中全會結束後，林洋港和陳履安決定尋求國大代表簽名連署，出馬競選正、副總統，但是李登輝陣營則請出黃埔軍校1期，陳誠老部下袁守謙出面勸阻，[17] 當陳履安宣布退選後，林洋港只好選擇蔣緯國為競選搭檔。兩人隨後於3月4日參加了滕傑等國代在三軍軍官俱樂部所舉行

---

13 鄒景雯，前引書，頁75。

14 官麗嘉，前引書，頁233。

15 鄒景雯，前引書，頁75。

16 鄒景雯，前引書，頁75。

17 有關袁守謙背景可參考李功勤，《中華民國發展史》（臺北：幼獅文化，2002年），頁241、 275。袁守謙在黨內及軍中輩分極高，早年在俞鴻鈞及陳誠內閣擔任交通部長，而且從1952年的一中全會到1975年的五中全會，長達二十餘年擔任國民黨的中常委，更是1950年中央改造委員。他不但勸退陳履安，也繼續勸阻林洋港和蔣緯國參選。李登輝成功將他收編，正可有效化解滕傑在軍方及資深國代間的影響力。

的造勢餐會，正式宣布競選正、副總統。[18]

　　由於反李勢力將再度集結到國民大會進行最後決戰，而李登輝在面臨極大壓力之下，從2月12日一直到3月3日，他依序分別約見了郝柏村、蔣緯國、陳履安、林洋港及李煥等人，表達他的善意。李登輝希望彼此能繼續合作，甚至可分享權力，共同穩定由他當總統所主導的新局面，但這些反李勢力並未表達他們的意向。[19]

第二節　聯外制內

　　1990年的3月，林洋港和蔣緯國搭擋競選正、副總統已經正式形成，雖然李登輝成功動用袁守謙勸退陳履安，但他還是派宋楚瑜登門拜訪林洋港，請他退選；但為林所拒絕。3月2日，李總統透過時任交通部長的張建邦，邀約林洋港入府和李登輝會談，談話結果不如預期；但林洋港還是請張建邦轉告李登輝，關鍵是要先疏通反李勢力的國代。這就充分顯示，林洋港要的不是和李登輝的「零和遊戲」，主要還是期望李登輝能尊重各方勢力，也就是集體領導的形式。[20]

　　李登輝在會面之前，也曾動用林洋港的老長官——前副總統謝東閔，以及林洋港舊識——前臺灣省議會議長蔡鴻文向林勸退，並且更多的勸退壓力接踵而至。李登輝在3月2日，又邀請黃少谷、謝東閔、蔣彥士、袁守謙等人出面斡旋，希望林洋港宣布辭選。根據李登輝的回憶，他同時也透過核心人士對國大進行精密的估票，在六百多位國代中，已經完成四百多人的支持連署。國大黨部也以人脈進入對手陣營取得「林蔣配」的連署書，經過比對和刪除重複名單後估算結果，林洋港約40票，蔣緯國也只有

18　林蔭庭，前引書，頁313。
19　鄒景雯，前引書，頁76。
20　官麗嘉，《誠信》，頁236-238。

76票，不僅未及100人的提案門檻，要在3月21日投票日之前再持續累積可「翻盤」的票數，根本不可能。[21]

林洋港在多年後論及當年的票數時，他說聽到消息是當時國大連署人數超過三百多人，雖然也有人說是五十幾人，但如果連署人數真的那麼少，就根本不用緊張的請黨內八大老出面斡旋了。[22] 3月4日，滕傑等27位國代，通知林洋港前往三軍軍官俱樂部聚會。當天早上7點10分，昔日林洋港在革命實踐研究院受訓時的副主任任覺吾來電勸林不要前往參加。接著，袁守謙、謝東閔分別來電表達同樣意思。[23]

3月4日，林洋港如期抵達三軍軍官俱樂部，資深國代兼發起人滕傑和顏澤滋、王培基、張一夢、黃清江等代表先後上臺發言，表達支持林洋港當總統。3月8日，蔡鴻文再訪林洋港，告知他的參選已造成社會人心惶惶，工商企業界也都忐忑不安，「甚至有人說你是臺奸，不愛臺灣」，蔡鴻文也提出李登輝的「交換說」，李登輝已經開口保證，說他只當這一任，下一任全力幫助林洋港當選總統。[24]

在李登輝方面，他於3月3日下午於官邸約見所謂的「八大老」會晤，這8位分別是陳立夫、黃少谷、袁守謙、辜振甫、李國鼎、倪文亞、謝東閔及蔣彥士。根據李登輝的回憶，這八大老對於如何安定政局並無具體建議，全場批評之聲不斷，尤其陳立夫反而指責蔣經國的不是，引發一陣錯愕，於是李登輝在送客後當下決定，「不能照他們的想法做」；而李登輝

21　鄒景雯，前引書，頁77。
22　官麗嘉，前引書，頁250。
23　官麗嘉，前引書，頁239。
24　官麗嘉，前引書，頁240。在李登輝的回憶錄中則從未提過「交換說」，在《李登輝的執政告白實錄》中，3月8日蔡鴻文對林洋港說，南部鄉親對於林洋港與外省人合作打擊李登輝非常不諒解，也不了解臺北人為什麼要這麼鬧下去。而這段談話帶給林洋港很大衝擊，也深知國大情勢懸殊，隨後在3月9日下午在臺北賓館辭謝國代的推舉。見鄒景雯，前引書，頁79。

也觀察在3月4日的反李勢力會場上,林洋港只是李煥與郝柏村爭權鬥爭的棋子,他們不會將權力交到一個虛位的本省籍樣板手上。[25]

根據蔣緯國的回憶,他自己也是反李勢力一顆棋子,在2月19日,蔣緯國自美返臺後,郝柏村告訴蔣緯國,目前已經換成林洋港搭配陳履安,在陳履安公開聲明退出後,又換成蔣緯國。[26] 3月4日,林洋港離開三軍軍官俱樂部後,蔣緯國在致詞後正式宣布搭配林洋港角逐大位。他致詞時表示:「無論林洋港先生也好,或哪一位臺灣籍的同胞出來領導我們,絕對是我們的幸福。」接著,他回到總統大選主題:「我站在黨的立場,要聽黨的;站在人民的立場,則要接受任何憲法所賦予我的權利和使命」。[27]

李登輝面對「林蔣配」的參選,則不斷動員國民黨內部的各方勢力對反李陣營進行收編的工作。3月5日,8位黨內大老邀請了林洋港、蔣緯國、李煥、郝柏村及陳履安在臺北賓館餐敘。根據蔣緯國的回憶,蔣彥士出面斡旋,以他資歷及人緣作為調解人是反李勢力陣營可以接受的人選;對當權派而言,在國民大會正式展開正、副總統候選人連署之前,和平收場達成雙贏的局面,才不會影響日後執政的基礎。[28] 在3月5日的飯局中,蔣彥士帶頭對受邀的5人「曉之以理,動之以情」。而李煥、郝柏村、林洋港及蔣緯國也依序發言,他們主要是對李登輝的領導及決策存有疑慮,覺得提名副總統人選獨斷獨行,沒有尊重黨內其他同志,也不聽勸告;最

---

25 鄒景雯,前引書,頁77-78。根據前財政部長陸潤康的觀察,3月4日這天,擁李登輝的一派,以宋楚瑜為首,也分別邀請聚餐,雙方展開了邀請戰。結果在三軍軍官俱樂部,應邀參加支持林蔣配之國代竟達150人左右,三軍軍官俱樂部座無虛席。當天蔣緯國先進入會場,接著林洋港在上午12點15分抵達,兩人相差不到1分鐘。國代們始終以林洋港為主賓,對林洋港敬重有加。見陸潤康,《陸潤康回憶錄》(臺北:陸潤康出版,2007年),頁473-474。

26 汪士淳,《千山獨行——蔣緯國的人生之旅》,頁295-298。

27 汪士淳,前引書,頁299-300。

28 汪士淳,前引書,頁300。

後，他們憂心李登輝這兩年的領導，似乎有臺獨的傾向。李總統為消除國人疑慮，應該發表反臺獨的國是宣言。[29] 蔣緯國明確表達，不承認自己是所謂的「非主流」，並希望八大老應該先說服反李的國大代表。[30]

3月8日，立法院5位女性立委繼7日會見李煥後，又邀宴了蔣緯國。女立委們表達對主流和非主流的整合受挫，感到非常憂心。蔣緯國表示；「不能接受媒體將他們分為主流及非主流，並分別擺在敵對立場。他認為臺灣只有統派及獨派兩個主流。」然而在私底下，林蔣已有撤退的共識。[31]

先是，在1989年11月，李煥赴總統府開會，主要討論是否同意彭明敏回國問題，與會的有總統府資政俞國華、立法院長倪文亞、國安局長宋心濂、總統府祕書長李元簇、國民黨中央黨部祕書長宋楚瑜等人。會中有人表示：「彭明敏是讀書人，不是臺獨分子，雖然過去參加過『臺灣人公共事務協會』（FAPA），但現在他已與該組織劃清界線了。」也有人認為，「讓彭明敏回國，有助於緩和民進黨與政府之間的對立」。[32] 李煥直接表示反對，他認為彭明敏一向主張臺獨，而且是通緝犯，如果通緝的原因不能澄清，就應該坐牢，不能隨便放任他回來，否則就違背了法治的精神。席間也有人建議，彭明敏搭機到中正機場後，可由政府派檢察官赴機場與他談話，問完話後，隨即解除他的通緝。李煥拒絕所有為彭明敏「解套」的做法，他回憶，這場會議最終不歡而散。[33]

李煥可能不清楚李總統的人脈，李登輝在臺灣大學最好的兩個朋友，一個是前臺北市長周百鍊的女婿楊鴻游，另一位就是彭明敏。在1964年，彭

29　汪士淳，前引書，頁301。

30　汪士淳，前引書，頁301。

31　汪士淳，前引書，頁303。

32　林蔭庭，前引書，頁309。

33　林蔭庭，前引書，頁309-310。

明敏因「臺灣人民自救宣言」被捕的前一天，3個人才在楊鴻游的家中吃飯。談起彭明敏，李登輝認為若不是政治環境如此，導致被迫逃亡海外，彭明敏的成就恐不在話下。[34] 彭明敏雖然此刻人在美國，看到老友在臺灣面臨反李勢力的步步進逼，於是在1990年2月，在紐約召開記者招待會，呼籲大家支持李登輝，他為李登輝公開辯護，「現在臺灣，除了李登輝，沒有選擇的餘地。李登輝的本錢是人民對他的肯定，不選他當總統，也沒有別人。」[35] 李登輝立刻向彭明敏傳達訊息，表達「這個總統是任期內接下去做的，不是真正的總統，因此不能放手去做，一旦將來選出來時，即使是冒著生命危險也沒關係，一定要大力改革。」[36]

李登輝在海外獲得彭明敏支持的同時，3月9日林洋港發表了退選聲明。事隔多年，林洋港談起這樁往事，承認在發表退選聲明前，已經和李煥、郝柏村、蔣緯國獲得共識，同意一切以大局著想。[37] 同日下午，駐日代表蔣孝武在林洋港宣布婉拒徵召後半小時，在中國廣播公司舉行記者會，發表一篇〈致中國國民黨諸領導同志的一封信〉，嚴詞批判叔叔蔣緯國，10日，蔣緯國也宣布退選，政爭落幕。[38]

林洋港和蔣緯國先後宣布退選之後，當時主辦國軍英雄館餐會的負責人，時任國民大會祕書處處長的汪俊容在多年後談及這場造勢餐會的成敗得失時，他認為是「命運之神的作弄，非人力可以回天。」汪俊容認為當年只要蔣緯國和林洋港進場先後順序顛倒過來，讓林洋港先進場，整個總統選舉的歷史也許就會改寫。由於此項失誤，使後進場的林洋港心理頗受

---

34 鄒景雯，前引書，頁86-87。
35 鄒景雯，前引書，頁80-81。
36 鄒景雯，前引書，頁81。
37 官麗嘉，前引書，頁253。
38 汪士淳，前引書，頁304-305。

影響，認為國大代表們內心還是重蔣輕林，八大老也就從此切入，直達林洋港的心肺，成功說服林洋港退讓。[39] 而當年在國民大會中，與老國代交情深厚的蔣家宗長蔣祖耀，與老國代的主要人物滕傑等人，正日夜穿梭在國民大會中，積極爭取對「林蔣配」的支持。林洋港在檯面下，也積極拉攏與他有交情的臺籍增額國代，鞏固基本票源。陸潤康認為，當年只要林洋港更堅決一點，局勢仍大有可為。[40]

李登輝所請出的八大老中，主要可分成兩股力量，一派是以黃少谷為首的經國先生效忠派，一派是以蔡鴻文為首的本土派，其中真正發揮勸退林洋港的就是曾任臺灣省議會議長的蔡鴻文。陸潤康認為蔡鴻文曉以林洋港不應作外省人「走狗」和甘冒「臺奸」之罪名，已經成功挑動並發揮了臺灣人、外省人的族群情結。另一方面，李登輝巧於運用選舉戰略，遲遲不公布副手人選，只列出副手的條件，給予熱中副手的各派政治人物，人人有希望，個個沒把握，原來支持「林陳配」者，由於陳履安退出，許多人轉向李登輝，所圖不一。陸潤康認為這場政爭，由於林洋港是一位謙謙君子，本於儒家的誠信之道，尊蔣讓李：但4年之後，他的期望完全落空。[41] 徐立德論及這段政爭時，也認為林洋港人格深受儒家思想所影響，謙和但不夠進取。[42]

相對於此，李登輝面臨「林蔣配」的挑戰時，則從《聖經》的啟示，獲得堅強的信念。3月9日，八大老勸退林蔣配時，他以〈羅馬書〉第14章第11～13節為啟示，堅信有上帝的照顧，這些亂象自然會消除。在回應學運改革訴求，當選總統並召開「國是會議」，李登輝以〈使徒行傳〉第

39　陸潤康，《陸潤康回憶錄》，頁475-476。

40　陸潤康，前引書，頁476

41　陸潤康，前引書，頁478

42　徐立德於2013年8月19日，接受筆者訪談。

20章第24節以及〈約翰福音〉第15章第16～17節自勵。在獲得上帝的啟示下，使他決心推動改革，為這個國家民主化點燃燈火。針對國大延長任期、自行集會等修改臨時條款之結果審查，表達明確反對的態度。李登輝以保羅為鑑，決定信心不移，完成上帝所賦予神聖的使命。[43]

1990年3月的「野百合學運」是1980年代以後，參與學生最多、維持抗爭時間最長、引起社會關注最高的一場學生運動，並且對臺灣社會的自由民主發展與憲政改革產生了關鍵性的影響力。事件爆發的原因為國民大會於1990年3月13日通過「臨時條款修正案」，將1986年所選出的增額代表任期延長為9年，此項決議引起全國各界強烈批判與不滿，並展開抗議行動。16日，9名臺灣大學的學生到中正紀念堂前靜坐抗議，拉出寫著「我們怎能再容忍700個皇帝的壓榨」的白布條，為「三月學運」揭開了序幕。[44]

當時的大專院校學生串聯組織「民主學生聯盟」，提出了〈不要讓我們成為民主殿堂的缺席者〉聲明，訴求四大要點：[45]

一、暫時凍結中華民國憲法，解散國民大會，廢除臨時條款。

二、迅速建立臺灣第二共和，還政於民，重建憲政。

三、李登輝立即提出政經改革時間表。

四、盼望全島學生、教師、市民，不分男女、不分黨派、不分省籍，共同參與中正紀念堂前的學生靜坐運動。

靜坐學生人數從一開始3月16日傍晚的一、二十人持續成長直至3月19

43　李登輝，《為主作見證：李登輝的信仰告白》（臺北：遠流出版，2013年），頁39-40、52-54。

44　林美娜編，《憤怒的野百合：三一六中正堂學生靜坐記實》（臺北：前衛出版，1990年）。

45　何金山、官鴻志、張麗伽、郭承啟合著，《臺北學運：1990.3.16-3.22》（時報文化，1990年）。

日傍晚超過三千人。靜坐學生提出直接與李登輝總統進行對話的要求，並提出四項改革議題：[46]

一、解散國民大會，重建一元化的國民大會制度。

二、廢除臨時條款，重建新的憲法秩序。

三、召開國是會議，全民共謀體制危機的解決。

四、提出改革時間表，呼應民意的潮流。

18日，民進黨又在中正紀念堂舉行「除老賊，救國難」活動，透過政黨的動員力量使現場的民眾多達兩、三萬人。三月學運的領導部門盡力使學運本身與民進黨的群眾大會保持距離，首先向廣場宣布保持隔離的決議，並表示以「自主、隔離、和平、秩序」為四大原則。在民進黨的聚眾活動進行之前，學生便已做好如此的準備，而此四項原則也成為日後三月學運的最高綱領，直到結束都沒有違反。[47] 21日，決策委員會與5人教授顧問團、[48] 3人研究生諮詢小組討論整場學運的撤退問題，[49]「和平撤退」成為與會者的共識，最後決定以見李登輝為抗爭底線，「政治談判」的概念至此進入運動的思考階段。

「野百合學運」所代表的一個重要意義，即是啟迪了在當時所處解嚴數年的臺灣社會底下，藉由學生出面登高一呼，而對臺灣社會情況以及政府政策作為有進一步的關心和了解，並且提出批評和建議，普遍性的興起

46 林美娜編，前引書。

47 鄧丕雲，前引書。

48 即賀德芬、瞿海源、張國龍、鄭春棋、夏鑄九。

49 3人研究生諮詢小組是指曾旭正、吳介民、李建昌3人。

要求政府改革之呼聲，[50] 使學運的浪潮擴及全國，成為臺灣邁向1990年代一個具有指標性意義的重大事件，臺灣的民主自由發展有了開創性的進步與革新，也使野百合學運在臺灣學生運動史上扮演了一個相當重要且無可取代的角色。[51]

3月21日，李登輝於晚間在總統府與學生代表正式會面，並傾聽學生們的訴求。3月22日凌晨1點30分，43名絕食團學生經過表決，作出了關鍵性的決定，他們以38票通過停止絕食決議，要求全體學生結束靜坐活動，回到校園。此時，李登輝的聲望達於頂點，而彭明敏和民進黨的支持，直接幫助李登輝得以貫徹他的政治理念，更重要的是民進黨持續發起的「除老賊，救國難」靜坐活動，在相當大的程度上化解以滕傑等人為首的反李國大代表的氣勢及凝聚力。

沒有野百合學運的加持，非主流勢力將不可能迅速瓦解。當時在中正紀念堂參加學運，時任民進黨增額國大代表的洪奇昌認為，李登輝在政爭中之所以最後勝利，第一個原因就是野百合學運，其中民進黨扮演關鍵的角色，既是主流民意，同時也擔任李登輝的側翼勢力，幫他抵擋並且化解國民大會反李國代的壓力，爭取輿論的支持；另方面，李登輝是蔣經國的副總統，所以他具備爭取總統大位的正當性。洪奇昌認為李登輝是臺灣人第一位總統，所以他自然成為臺灣人集體意識的投射。而跟外省籍政治人物合作的林洋港，在這些綜合因素對照下，自然在政爭中落敗了。[52]

---

50 隨著「野百合學運」的氣勢，隔年10月，由李鎮源、林山田等學者發起的「一○○行動聯盟」成立，接續著「反閱兵、廢刑法一百條」運動，促成長達44年的「萬年國會」進入歷史。

51 「野百合學運」中有許多重要成員成為日後政治圈與學術圈菁英，政治圈有馬永成、林佳龍、羅文嘉、郭正亮、李昆澤、鄭麗文、段宜康、顏萬進、鄭文燦、林德訓、郭文彬、曾昭明、周亦成、劉建忻、李建昌、李文忠、王雪峰、周威佑、黃偉哲等人，大都屬於民進黨；學術圈有范雲、李易昆、何東洪、林國明等人。

52 洪奇昌接受筆者訪談，2013年9月27日。

3月22日隨即舉行的國民大會正、副總統選舉，李登輝以85.24％得票率，當選第8任總統；李元簇以80.05％的得票率當選副總統，與第6屆和第7屆蔣經國的平均得票率比較，少了近11％的票數，而副總統當選人李元簇的得票率，較第7屆副總統李登輝的得票率，少了近2％；但有效投票數為602票，較李登輝的641票少了39票。[53] 換言之，國民大會反李陣營雖然在他們力拱的候選人陷入「囚犯困境」而相繼落跑之後，[54] 仍然藉最後一次投票，展現了他們的抗議與實力。

第三節　郝柏村組閣

蔣經國在1988年1月猝逝後，國民黨內部的政治菁英由於挑戰李登輝的領導權，先後在1988年7月的國民黨十三大、1990年2月的臨時中全會，以及3月召開的國民大會敗下陣來，而李登輝當選中華民國第8任總統之後，也逐步開始鞏固黨政一元化的領導。在國民黨內部，他藉助蔣彥士之力，成功的邀請所謂「八大老」出面勸退林洋港及蔣緯國。蔣彥士的布局確實高明，這八位大老的資歷及輩分涵蓋黨、政、軍各方面，甚至超過反李陣

---

53 1978年中華民國總統選舉。http://zh.wikipedia.org/wiki/E5%B9%B4%E4%B8%AD%E8%8F%AF%E6%B0%91%E5%9C%8B%E7%B8%BD%E7%B5%B1%E9%81%B8%E8%88%89。檢索日期：2012年10月16日。1984年中華民國總統選舉。http://zh.wikipedia.org/wiki/E5%B9%B4%E4%B8%AD%E8%8F%AF%E6%B0%91%E5%9C%8B%E7%B8%BD%E7%B5%B1%E9%81%B8%E8%88%89。檢索日期：2012年10月16日。1990年中華民國總統選舉。http://zh.wikipedia.org/wiki/E5%B9%B4%E4%B8%AD%E8%8F%AF%E6%B0%91%E5%9C%8B%E7%B8%BD%E7%B5%B1%E9%81%B8%E8%88%89。檢索日期：2012年10月16日。

54 陶意志（Karl W.Deutsch）著，李其泰譯，《國際關係的解析》（臺北：幼獅文化，1971年），頁179-182。所謂「囚犯困境」（Prisoner's Dilemma）理論，是指兩個囚犯在典獄官的誘惑下，選擇出賣同夥，或是選擇彼此信任，絕不認罪。在「囚犯困境」中，一方因信任另一方而被出賣所受的懲罰，顯然比雙方都互相出賣所受的懲罰更重。根據安拿拖·拉樸包特（Anatol Rapoport）所做的實驗顯示，競賽雙方在早期似乎採取較多的合作，惟難以協調其合作的行動。由於對手的背叛，使採取合作行動的競賽者吃大虧，他將事件視為惡意與背信，於是他也背叛以資報復，而一連串的報復，使他們終於學會達成比原先預期更高程度的協調。

營的實力派人物林洋港、李煥及郝柏村等人，而且除了林洋港之外，反李陣營幾乎沒有夠分量的本省籍政治人物相挺，林洋港又被資深國代綁在一起，也就缺少本省籍政治人物及民眾的「信賴」。

李登輝除了掌握國民黨內部的優勢之外，他還援引社會力量強化領導的合法性以及正當性，有學生運動和國是會議幫助他順利解決當年蔣經國來不及完成的民主化措施；而他又是第一位本省籍的中華民國總統身分，使他可以援引民進黨勢力，以加強本土化為訴求，來對付國民黨內部反李勢力的發展空間。1990年的三月學運，主要訴求就是廢除國民大會與總統直選，李登輝把握住這個機會，提議召開國是會議，希望將在野菁英予以收編。

1990年5月20日，李登輝就任中華民國第8任總統之後，宣布「一年內完成動員戡亂時期，兩年之內完成國會全面改造。」他在就職演說中強調國內最重要的兩件事，是革新憲政體制與建立民主政治。當天，李登輝宣布特赦黃信介、呂秀蓮、姚嘉文、林義雄、施明德、許信良、陳菊、林弘宣等20位政治異議分子。[55] 這份特赦令恢復了他們的政治權力，李登輝也邀請他們一起參加國是會議。[56]

在李登輝當選兩週內，邀請了民進黨主席黃信介到總統府茶敘。黃信介代表民進黨提出四項訴求：一、制定憲政改革時間表；二、平反政治案件；三、徹底落實政黨政治；四、有效維護治安。李登輝也向黃信介表示，將在兩年內完成憲改目標。黃信介事後指出：「李登輝總統非常賢明，相信他一定做好總統這個角色。」而郝柏村認為民進黨的「李登輝情

55　陶涵，《蔣經國傳》，頁460-461。早在1987年5月，蔣經國下令，高雄（美麗島）事件在1980年軍法大審猶在牢中的被告，除了施明德之外，全部釋放。

56　鄒景雯，前引書，頁331。

結」，從此被傳揚開來。[57]

在就職後，李登輝指派總統府祕書長蔣彥士主持國是會議籌備事宜，並由行政院副院長施啟揚、總統府副祕書長邱進益、國安會副祕書長董世芳與中央黨部副祕書長馬英九共同協助推動。6月28日，國是會議在圓山飯店召開，150位受邀者中，有136位出席。李登輝也在開幕致詞上提出兩個目標，分別是「健全憲政體制」與「謀求國家統一」。經歷一週的討論及發言，做出總統直接民選、資深中央民代盡速退職、省長民選、廢除臨時條款等重大決議。國是會議成功的召開，為接續的國會改革注入來自民間的力量，以社會及在野力量將他推上民主革新的領袖位置。李總統憑藉強大的黨國機器來尋求落實，一方面在黨內，由李元簇召集成立憲政改革小組推動修憲；另一方面則在總統府成立國統會，準備進行重大的兩岸關係調整的政策。[58]

李登輝在1990年5月當選第8任總統之後，反李陣營的要角林洋港、蔣緯國等都返回他們原本的政府職務；但李登輝已決定要撤換行政院長李煥。時任新聞局長的邵玉銘回憶，李煥院長在任未滿一年，與李登輝關係已見裂痕，邵玉銘觀察後認為，李煥對總統是言聽計從，但李總統對他則另有看法。[59] 據李登輝的說法，在1990年的3月，正當林洋港和蔣緯國已經接受「八大老」斡旋，準備在李登輝於7日的中常會發表一篇平息政爭的講話後，二人再宣布退選。不料在7日清晨，蔣彥士卻向李登輝轉達李煥要求在當日中常會，由李登輝公開表示讓出主席，林、蔣才不再「候而

57　王力行，《無愧——郝柏村的政治之旅》，頁207。

58　鄒景雯，前引書，頁331-332。而李登輝收編在野力量，也引發部分民進黨人士的「李登輝情結」。張俊宏表示，「民進黨就像李登輝的免洗餐具，但又忍不住要幫他，即使被他利用也甘願，因為李登輝像哲學家皇帝。」見《聯合報》，2000年5月16日，版8。

59　邵玉銘，《此生不渝——我的臺灣、美國、大陸歲月》，頁267。

不選」，李登輝拒絕，在隨後中常會也沒有回應李煥的要求。[60]　4月，李登輝首先將決定由郝柏村取代李煥的決定告訴夫人曾文惠，而當時中央黨部祕書長宋楚瑜反對，理由是郝柏村行事風格非常霸氣，將來若賦予行政大權，必定難以駕馭。[61]

　　4月29日，李登輝在總統府約見郝柏村，正式告知請其接任閣揆，據李登輝回憶，郝柏村剛開始進門時，還為國防部長是否不保而面色憂慮；之後，就喜形於色的走出總統辦公室。5月2日，郝柏村在中常會之前主動求見李總統，報告他決定接受任命。[62]　在李煥卸任前一個月，《聯合報》有篇漫畫諷刺李煥所代表的「內閣制」對李登輝的「總統制」，像個小媳婦般對百般刁難的婆婆唯唯諾諾，結果刊出後，引起許多人的共鳴。[63]立委趙少康有次質詢李煥時，李煥自嘲那幅漫畫把他「畫得滿像的」，並說，「這點民主修養（我）一定是有的。」這段談話引起立法院出席人士的哄堂大笑，還有人對院長幽默報以熱烈掌聲，邵玉銘雖然也忍不住笑了出來，但對李煥所受的委屈倍感心酸。[64]

　　1990年6月1日，郝柏村就任行政院長，在新內閣的成員之中，副院長、祕書長、教育部長、法務、蒙藏及僑務委員會委員長皆沿用李煥內閣

60　鄒景雯，前引書，頁78-79。

61　鄒景雯，前引書，頁93。宋楚瑜當時告訴李登輝，由於他曾經擔任蔣經國祕書，十分了解即便蔣經國在世，對郝柏村行事風格往往也包容再三。不過李登輝在蔣經國生前從未進過他在七海官邸的臥室，陶涵認為那是外省親信才能進去的地方，如李煥、郝柏村等人。蔣經國當時特別培養李郝兩人的關係，並指示郝柏村和李登輝一起討論劉宜良命案的處理，兩人從此建立了交情。參閱陶涵，《蔣經國傳》，頁444。

62　鄒景雯，前引書，頁93。

63　《聯合報》，1990年4月28日，版3。

64　邵玉銘，前引書，頁268。在4月下旬，103位國民黨籍立委連署支持李煥留任閣揆，李煥也在立法院表示，「我即使不做行政院長，對國家還是有國民的責任。」李煥也針對目前雙行政首長制表達「如果總統與行政院長嚴守分寸，運作就會比較順利，否則困難就會產生。」見林蔭庭，前引書，頁319。

成員，其他如內政、外交、國防、交通等部長和若干政務委員都是俞國華與李煥內閣的舊成員轉換跑道而已。在新入閣的成員，計有財政部長王建煊、經濟部長蕭萬長、繼任簡又新的交通部長馬鎮方，以及政務委員黃石城、李模、高銘輝等人，其中張博雅是無黨籍人士。[65]

　　關於郝柏村內閣人員簡歷，參見表5-1。

表5-1　郝柏村內閣（1990年6月～1993年2月）分析（23人）

姓名	出生年	入閣年齡	籍貫	黨籍	入閣前經歷	入閣職務	離閣出路	最高學歷	
								國內	國外
郝柏村	1919	71	江蘇	國民黨	國防部長	行政院長	國民黨副主席	陸軍官校	
施啟揚	1935	55	臺灣	國民黨	副院長	副院長	國家安全會議秘書長		德國海德堡大學博士
王昭明	1920	70	福建	國民黨	秘書長	秘書長兼政務委員	政務委員	東吳大學學士	
許水德	1931	59	臺灣	國民黨	臺北市長	內政部長	臺北駐日經濟文化代表處代表	國立政治大學碩士	
吳伯雄	1939	52	臺灣	國民黨	臺北市長	1991年內政部長	總統府秘書長	國立成功大學學士	
錢復	1935	55	浙江	國民黨	政務委員	外交部長	外交部長		美國耶魯大學博士
陳履安	1937	53	浙江	國民黨	經濟部長	國防部長	監察院長		美國紐約大學博士
王建煊	1938	52	安徽	國民黨	經濟部政務次長	財政部長	立法委員	國立政治大學碩士	
白培英	1929	63	河北	國民黨	財政部次長	1992年接任財政部長	中國國際商業銀行董事長	東吳大學學士	
毛高文	1936	54	浙江	國民黨	教育部長	教育部長	總統府國策顧問		美國卡內基美隆大學博士

65　王力行，前引書，頁141。國防部長人選是總統府與行政院角力的焦點，透過總統府秘書長蔣彥士的斡旋，陳履安在郝柏村堅持下出線；但不久後陳履安就開始向李登輝抱怨郝柏村召開軍事座談，而使自己職權備受干擾，見鄒景雯，前引書，頁94-95；而政務委員郭婉容則被郝柏村視為自己的經濟學老師之一，另一位則是高希均教授。

呂有文	1926	64	四川	國民黨	法務部長	法務部長	司法院副院長	北平朝陽法學院學士	
蕭萬長	1939	51	臺灣	國民黨	國民黨中央委員會組織工作會主任	經濟部長	經建會主委	國立政治大學碩士	
張建邦	1929	61	臺灣	國民黨	交通部長	交通部長	淡江大學校長		美國伊利諾大學博士
簡又新	1946	45	臺灣	國民黨	環保署長	1991年接任交通部長	總統府副祕書長		美國紐約大學博士
吳化鵬	1921	69	蒙古	國民黨	蒙藏委員會委員長	蒙藏委員會委員長	總統府國策顧問		美國奧里岡大學碩士
曾廣順	1924	66	廣東	國民黨	僑務委員會委員長	僑務委員會委員長	總統府國策顧問	廣東省法商學院學士	
郭婉容	1930	60	臺灣	國民黨	財政部長	政務委員	留任		日本國立神戶大學博士
張劍寒	1928	62	江蘇	國民黨	政務委員	政務委員	1990年任行政院大陸委員會委員	臺灣大學碩士	
黃石城	1935	55	臺灣	無	彰化縣縣長	政務委員	總統府國策顧問	東吳大學學士	
高銘輝	1931	59	臺灣	國民黨	國民黨中央黨部副祕書長	政務委員			美國南伊利諾大學博士
黃昆輝	1936	54	臺灣	國民黨	政務委員	政務委員	總統府國策顧問		美國北科羅拉多大學博士
郭南宏	1936	54	臺灣	無	交通部長	政務委員	國家科學委員會主任委員		美國西北大學博士
李　模	1922	68	上海	國民黨	經濟部政務次長	政務委員	律師		美國哈佛大學碩士

　　在郝柏村23位內閣中，有14位是李煥內閣留任，占郝柏村內閣的60.9％。新加入的閣員與政務委員的共有9位，分別是許水德、吳伯雄、王建煊、白培英、蕭萬長、簡又新、黃石城、高銘輝、李模。新任閣員占內閣整體的39.1％。

　　在這23位內閣中，平均年齡是58.8歲，其中臺籍人士有11位，浙江籍

3位，邊疆民族與其他省籍共9位，本土化比例占了47.8％。在學歷方面，擁有碩、博士學位者占69.6％，其中具有博士學位的10人全部都是國外博士，碩士學位的6人中，國外碩士2人，國內碩士4人。軍校畢業的則是1人。

祕書長由李煥內閣王昭明續任，王昭明在公職生涯中，曾擔任李國鼎任財政部長時的主任祕書、費驊部長時的關務署長、張繼正部長時的常務次長、趙耀東經濟部長時的政務次長，郝柏村請王昭明續任祕書長職務外，還兼任政務委員，打破行政院祕書長從不兼任政務委員慣例。非但如此，郝柏村還將王昭明排列在首席政務委員，可見郝院長對其操守與才華之器重。[66]

在首次入閣的部會首長之中，財政部長王建煊1938年8月7日出生於安徽合肥，1949年舉家跟隨國軍部隊來臺。1966年自政治大學財政研究所畢業後即投入政府部門工作，先後在行政院賦稅改革委員會、財政部賦稅署任職，1980年升任財政部關稅署長，1984年在徐立德的拔擢下擔任經濟部常務次長。1989年4月，在經濟部長陳履安的拔擢下，升任經濟部政務次長；但在1990年2月，以公權力不彰為由，於5月正式辭職，6月即被行政院長郝柏村延攬入閣，擔任財政部長。在財政部長任內，王建煊研議取消軍人、中小學教師免稅案，引起國防部、教育部抗議。爾後，因為小店戶開列統一發票，於臺灣省設北、中、南三區國稅局，引發中、西藥公會和省議員抗議。10月，在土地增值稅引發省議會「倒王」與學界「擁王」勢力較勁之下，正式辭職獲准。[67]

66　王昭明，《王昭明回憶錄》，頁226-227。王昭明也創下連續兩年行政院祕書長的紀錄。
67　請參考陳子默，《王建煊奮鬥史》（臺北：福爾摩沙出版社，1995年），頁231-234。1992年11月，受趙少康辭官參選與郝柏村內閣出現危機影響，決定投入第2屆立委選舉，12月與趙少康同獲當選立法委員。1993年8月，與趙少康、郁慕明、李慶華、周荃、陳癸淼、李勝峰等人退出國民黨，並於國民黨第14次全國代表大會之前宣布成立新黨。

經濟部長蕭萬長1939年出生於嘉義市，國立政治大學外交研究所碩士。1988年7月出任經濟建設委員會副主任委員，全心投入地方重大建設的規劃。1989年12月調任中國國民黨中央組織工作會主任，為第8任總統、副總統的輔選工作盡心盡力。1990年6月成為臺灣第一位本省籍的經濟部長。蕭萬長具有溝通長才，就任部長半年內，讓因環保抗爭而延宕5年的中油五輕以及停擺10年的彰濱工業區恢復動工。其施政成績包含五輕、推動核四電廠預算解凍、說服臺塑集團董事長王永慶放棄大陸海滄計畫，回臺興建六輕。其中，臺塑六輕的投資金額高達新臺幣上千億元，是當時臺灣民間最大規模的投資案，對帶動民間投資，提振景氣深具指標作用。蕭萬長在經濟部長任內也推出「加速製造業投資及升級方案」，以刺激長期性的經濟發展。此項方案中的租稅金融、工業用地合理化、新興工業投資計畫及傳統產業升級等重要措施，帶動了國內產業進行結構性調整，為國家經濟發展奠定了雄厚的基礎。[68]

　　簡又新，1946年4月16日出生於臺灣桃園縣，其外祖父林呈祿則是當年有名的抗日派民族運動家。出任公職前，曾擔任淡江大學工學院院長，同時期並主持科技性電視節目「尖端」。蔣經國總統時代，於臺北市當選立法委員，後於俞國華內閣時出任中華民國第一任環保署長。[69] 1991年接替張建邦擔任交通部長。

68　蕭萬長，《微笑的力量：蕭萬長公職之路五十年》，頁142-173。

69　俞國華，前引書，頁487。1980年代中期，是「臺灣經濟奇蹟」達到高峰的時代，人們在享受經濟成果的同時，「環境危機」卻悄然到來，不僅空氣、河川受到嚴重汙染，而且各鄉鎮為處理廢棄物問題，還發生了「垃圾大戰」，進而爆發一連串大規模的自力救濟事件，例如新竹反李長榮化工廠事件、鹿港反杜邦、反中油五輕、六輕等，震驚全國。為因應環境危機時代的來臨，1988年8月行政院成立環境保護署，指派當時的立法委員簡又新擔任首任署長，以4年的時間，扭轉了環境惡化的趨勢，開啟臺灣環境保護的新紀元。簡又新也是在立法委員任內，受俞國華的賞識而拔擢出任環保署長。

政務委員黃石城，臺灣彰化縣大村鄉人，生於1935年8月27日。大村國小畢業，永靖農工畢業，東吳大學法律系畢業，曾任彰化縣第9屆、第10屆縣長。[70] 政務委員高銘輝1931年12月5日出生於臺北縣，臺灣師範大學教育系畢業後，攻讀臺灣政治大學教育研究所碩士，美國俄勒岡大學教育碩士，南伊利諾大學哲學博士。曾任臺北市教育局局長、行政院祕書處第六組組長、教育部常務次長、青年輔導委員會主任委員等。1984年任國民黨中央青年工作會主任，1987年2月任國民黨中央黨部副祕書長兼革命實踐研究院副主任。[71]

政務委員李模，1922年2月17日出生於上海。西南聯大法律系畢業，美國哈佛大學法學碩士，中央政治學校高等科、革命實踐研究院第1期、國防研究院第10期結業。1946年高等考試司法官第1名，1968年高等特考司法官最優等第1名。[72] 先後任教於清華大學、中興、東吳、輔仁等大學，後轉入政界，任臺灣省教育廳主任祕書、司法行政部參事兼研究室主任、司法官訓練所主任、財政部主任祕書、教育部常務次長、政務次長等職。1984年轉任經濟部政務次長。[73] 1992年，主管法政的政務委員請辭，由於李模曾任教育部及經濟部次長而被延攬入閣。[74]

關於郝柏村內閣與蔣氏父子淵源關係，請參見表5-2。

---

70 黃石城口述，許文堂訪問，林東璟記錄，《權力無私：我的從政建言》（臺北：遠流出版社，2007年）。

71 《環球華報人物專訪——高銘輝：兩岸耕耘、厚以載德》，環球華網，2012年2月29日。網址：http://www.gcpnews.com/zh-tw/viewer.php?aid=78403&cid=1063&pid=3&sid=1。檢索日期：2012年10月16日。

72 李模，《奇緣此生：李模回憶錄》（臺北：商周出版，1993年），頁380-383。

73 李模，前引書，頁289-323。

74 王力行，《無愧——郝柏村的政治之旅》，頁360。李模最初十分猶豫，除了他接任要放棄專任律師職務外，他與夫人正計畫回大陸探親。郝院長對他說：「先去大陸，回來再接。」

表5-2 郝柏村內閣與蔣氏父子淵源關係

編號	職稱	姓名	1.血親或旁系親屬	2.同鄉	3.同學友朋（子女）	4.師生淵源	5.官邸近侍	6.黨中常委	7.技術專家	8.臺籍
1	行政院長	郝柏村				✓	✓	✓	✓	
2	副院長	施啟揚				✓		✓	✓	✓
3	祕書長	王昭明				✓			✓	
4	內政部長（前任）	許水德				✓		✓	✓	✓
5	內政部長（後任）	吳伯雄				✓		✓	✓	✓
6	外交部長	錢　復		✓		✓		✓	✓	
7	國防部長	陳履安		✓		✓		✓		
8	財政部長（前任）	王建煊							✓	
9	財政部長（後任）	白培英							✓	
10	教育部長	毛高文	✓	✓		✓		✓	✓	
11	法務部長	呂有文				✓			✓	
12	經濟部長	蕭萬長							✓	✓
13	交通部長（前任）	張建邦				✓			✓	✓
14	交通部長（後任）	簡又新							✓	✓
15	蒙藏委員會委員長	吳化鵬				✓			✓	
16	僑務委員會委員長	曾廣順				✓		✓	✓	
17	政務委員	郭婉容						✓	✓	✓
18	政務委員	張劍寒				✓			✓	
19	政務委員	黃石城							✓	✓
20	政務委員	高銘輝				✓			✓	✓
21	政務委員	黃昆輝				✓			✓	✓
22	政務委員	郭南宏							✓	✓
23	政務委員	李　模				✓			✓	
比例			4.3 %	13 %	0 %	73.9 %	4.3 %	39.1 %	95.7 %	47.8 %

※資料來源：本章節正文中所引述口述歷史、傳記、專書等資料整理而成。

以郝柏村內閣（1990年6月～1993年2月）成員分析，在總計23位內閣成員中，以技術專家身分入閣的有22位，占95.7％，於所有選項中排名第1。

23位內閣成員中有17位閣員曾在革命實踐研究院或國防研究院研習，分別是郝柏村、施啟揚、王昭明、許水德、吳伯雄、錢復、陳履安、毛高文、呂有文、張建邦、吳化鵬、曾廣順、張劍寒、高銘輝、黃昆輝、郭南宏、李模等人。這17位符合師生關係，占73.9％，於所有選項中排名第2。

23位內閣成員中有11位內閣是臺籍菁英，占全體閣員的47.8％，於選項中排名第3位。郝柏村、施啟揚、許水德、吳伯雄、錢復、陳履安、毛高文、曾廣順、郭婉容等9位閣員兼具黨中常委選項，占全體閣員的39.1％，於選項中排名第4位。

與蔣氏父子具有浙江同鄉淵源的有錢復、陳履安、毛高文等3人，占全體閣員中的13％，於選項中排名第4。血親關係中只有毛高文1人，占全體閣員中的4.3％，排名第5。郝柏村曾擔任過蔣氏父子近侍，占全體閣員中的4.3％，也是排名第5。與蔣氏父子具有同學友朋關係的0人，占全體閣員中的0％，排名第6。

關於郝柏村內閣與人事背景分析，參見圖5-1。

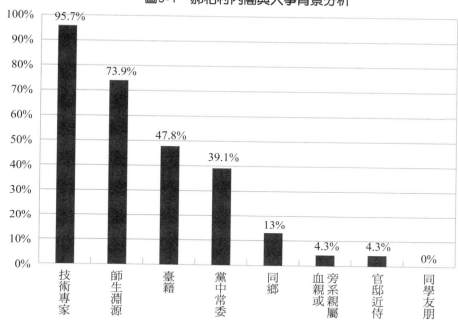

圖5-1　郝柏村內閣與人事背景分析

在所有內閣成員中，擁有5個選項的是毛高文1人，擁有4個選項的是郝柏村、施啟揚、許水德、吳伯雄、錢復等5人，擁有3個選項的是陳履安、張建邦、曾廣順、郭婉容、高銘輝、黃昆輝、郭南宏等7人，擁有2個選項的有王昭明、呂有文、蕭萬長、簡又新、吳化鵬、張劍寒、黃石城、李模等8人，擁有1個選項的有王建煊、白培英2人。

李登輝總統在短短的5年時間，內閣先後換了俞國華、李煥以及郝柏村3位行政院長。而其中的郝柏村院長，由於與軍方的深厚淵源，始終是李總統的心頭大患；但李登輝在接受媒體訪問時，認為他之所以能夠應付挑戰並鞏固權力，完全是拜蔣經國總統在過世前所推動的開放報禁、黨禁、取消戒嚴令所奠定的民主化基礎。因為蔣家人不能出來，必然是以憲法為基礎而接任大位。[75]

75　李登輝訪談，原文刊載於《陽光時務週刊》，總第39期，2013年1月17日，頁32-35。

第四節　密使與協議

　　中國大陸在鄧小平的改革開放政策之下，其所拔擢的總書記胡耀邦和國務院總理趙紫陽成為鄧小平的左右手。但胡耀邦的開放政策不見容於中共的元老，甚至得罪鄧小平。1987年中國大陸各地發生學潮，中共元老指責胡耀邦反資產階級自由化不力，胡被迫交出總書記職務。面對大陸情勢變化，蔣經國召見邵玉銘，討論中國的現勢，尤其邊聞一些群眾運動有親臺灣的傾向。邵玉銘拿上海的青年抗議者與1960年代文化大革命時期的學生相比。蔣經國卻有不同的見解，他說，文革期間，參加者絕大多數是少年，現在的示威者卻是大學生；這正反映出目前大陸知識界對政治參與的高度期盼。[76]　而在1986年，面對胡耀邦要求鄧小平交出實際的權力時，他非常憤怒。[77]　在9月的中共中央全會上，鄧小平可能警覺到蔣經國和李光耀鼓舞大陸改革的策略，他警告說：「臺灣和香港都有人放言高論要我們實行資產階級自由化，指責我們違反人權。」他提醒大家，尤其是年輕人當中，有一股「傾向自由主義的趨勢」。[78]

　　1987年趙紫陽接任總書記，他認為胡耀邦下臺是因為鄧小平反對他的所謂知識分子自由化問題。[79]　而這一年也是中共鎮壓自由化最嚴屬的一年；然而臺灣在蔣經國的領導下，已經展開民主化和本土化的轉型歷程。1988年，面對大陸的通貨膨脹問題，趙紫陽決定向臺灣取經，

76　陶涵，《蔣經國傳》，頁459。

77　陶涵，《蔣經國傳》，頁455。

78　陶涵，《蔣經國傳》，頁455。

79　趙紫陽，《國家的囚徒——趙紫陽的祕密錄音》（臺北：時報文化，2009年），頁314、325。趙紫陽認為胡耀邦主張實行比較寬鬆的社會政策，尤其對待知識界，一向比較體諒，比較寬容。在從政生涯中，他積極主張為打成右派的人平反，為地富摘帽，據中組部常務副部長趙洪祝的回憶：「他（胡耀邦）的領導和推動下，到1982年底，全國平反，糾正了約300萬名幹部的冤錯假案。」

他派了親信安志文等人到香港會見了臺灣中華經濟研究院長蔣碩傑等6位經濟學家，他們都是臺灣中央研究院的院士。[80] 而當年負責籌設中華經濟研究院的是時任中央銀行總裁俞國華，他特別延攬海外學人蔣碩傑出任院長，並授權由他自行聘請于宗先出任副院長。[81] 中華經濟研究院是政府撥款的財經機構外圍組織，研究國內外經濟情勢，並對中共的經濟作經常性、系統性的研究。在香港的座談中，蔣碩傑等人以「臺灣經驗」提出建議，他們認為不論在何種社會制度下，經濟發展都必須尊重市場的原則，並舉亞洲四小龍的經驗，妥善運用利率手段，可以有效的對付通貨膨脹和聚集建設資金。趙紫陽非常同意這些觀點，並自認深具啟發性。他在1989年3月25日看過蔣碩傑等人的意見之後，就把大意告訴鄧小平，並責成國家經濟體制改革委員會有關方面進行討論，但之後不久，就因爆發學潮而擱置了下來。[82]

早在1987年，鄧小平就在北京接見美國維吉尼亞大學教授，也是嚴家淦的女婿冷紹烇，鄧小平請冷紹烇傳話給當時國民黨祕書長李煥，表示願意派楊尚昆和李煥晤談，時間及地點都可由李煥決定。冷紹烇把話帶到，當李煥向蔣經國請示時，蔣經國經過兩天的思考後，告訴李煥：「時機還不對。」[83] 12月16日，新加坡總理李光耀夫婦來臺北訪問5天，他和蔣經國針對大陸局勢交換意見，兩人都認為，中國歷史已經走到一個歷史性的階段。李光耀告訴蔣經國，如果臺灣和大陸不解決政治歧見，最後勢必兵

80　趙紫陽，前引書，頁166。

81　俞國華，前引書，頁340-342。中華經濟研究院於1981年元旦正式成立，中華經濟研究院的董事都由行政院聘任，包括俞國華、李國鼎、張茲闓、閻振興、顧應昌、于宗先、郭婉容、梁國樹、吳三連、王永慶、徐有庠等人，由張茲闓任董事長，前總統嚴家淦擔任該院名譽董事長。

82　趙紫陽，前引書，頁166-168。

83　陶涵，《蔣經國傳》，頁463，注14。李煥於1998年3月9日接受陶涵訪談時所說。

戎相見，以武力解決。[84]

　　蔣經國逝世後，趙紫陽也曾派親信與李登輝接觸，除了上述與蔣碩傑等人在香港的座談外，趙紫陽也曾會見臺灣長榮集團董事長張榮發，詢問他為何臺灣地方那麼小，卻有幾百億的外匯儲備？張榮發回答，只要大陸繼續改革開放，發展對外貿易，不久後也會擁有大量外匯儲備。[85] 張榮發回到臺灣後，慎重的告訴李登輝，他有辦法安排兩邊領導人見面；但李登輝認為行程的安排與保密方面都有討論空間而暫緩。[86] 這段兩岸領導人的互動，卻在不久後趙紫陽因同情學運而下臺，李登輝也面臨黨內反李勢力的挑戰而作罷。

　　1988年，兩岸都面臨政治上嚴峻的挑戰，臺灣方面，李登輝在蔣經國總統猝死後，於倉促之間繼任總統；而大陸方面，則歷經「六四天安門事件」（又稱八九民運），陷入內政動盪及國際孤立。因此，雙方對於舒緩兩岸對峙局面，以爭取時機鞏固權力並應付反對勢力的挑戰，存在著共同的利益考量。1990年12月31日，李登輝密使蘇志誠（總統府祕書室主任）已赴香港密會中共國家主席楊尚昆的代表楊斯德（中共中央對臺工作小組辦公室主任），其後，臺灣方面陸續有鄭淑敏（中國電視公司董事長）、尹衍樑（潤泰集團董事長）加入。[87] 大陸方面則分別有賈亦斌（民革副主席，曾為蔣經國部下，後投共）、許鳴真（曾任東北哈軍工校長，國防科工委副主任，早年為中共陳庚大將祕書，楊尚昆知交）、汪道涵（海協會會長）等人參與會談。雙方從1990年到1992年6月16日，在香港共進行了8

84　陶涵，《蔣經國傳》，頁466，注18。同樣引述李煥於1998年3月9日的訪談。

85　趙紫陽，前引書，頁191。

86　鄒景雯，前引書，頁194。當時張榮發建議，他可安排兩邊領導人搭乘他旗下的豪華郵輪，在公海上見面。

87　《商業周刊》，第661期（臺北：商周出版，2007年），頁66。

次密談。[88]

　　而第9次密談，則由許鳴真以探親名義於8月應邀密訪臺灣，並會見了李登輝。至於雙方究竟達成哪些共識則無從得知，但從上述報導可知，雙方針對臺灣加入世貿組織、簽訂和平協議等項議題進行討論；不過臺灣方面不能同意「一國兩制」等問題，導致這9次協商並無具體結論。隨後，兩岸正式開啟「辜、汪會談」，並在「一個中國，各自表述」的默契下，兩岸關係逐漸進入平和時期。[89]

　　許鳴真在1994年再度來臺，一直在兩岸互動中扮演重要角色，然而從1990年以來，兩岸代表多次的接觸，雖然未能達成具體的共識，但為權力基礎都不穩固的兩岸領導人李登輝和江澤民，暫時提供了兩岸和平的契機，使他們無外在之憂，而有餘力去鞏固內部權力基礎。在1994年元月，大陸方面又來傳話表示，江澤民要指定一個新的代表希望與蘇志誠見面。於是李登輝指派鄭淑敏前往北京，見到了北京新的對臺窗口——中共中央辦公廳主任曾慶紅，曾慶紅向鄭淑敏表達以後雙方直接聯絡，不必再透過其他的管道了。1994年3月和11月，李登輝派蘇志誠前往珠海，在會談中，蘇志誠提議兩岸簽署和平協議的構想，但曾慶紅以涉及「國家與國家之間的行為」，予以拒絕。但雙方溝通管道極為暢通，在「江八點」和「李六

88　所有密談紀錄皆由關鍵中間人南懷瑾口述，《商業周刊》記者魏承恩撰文，請參閱《商業周刊》，第661期，（臺北：商周出版），頁60-82。

89　根據王銘義撰寫的《對話與對抗：臺灣與中國的政治較量》（臺北：時報出版）一書透露，除了90年代初期在香港進行的高層對話之外，另有兩岸國安核心幕僚所組成的密使小組，也曾奉命進行具有授權的祕密對話，而「李辦」的蘇志誠與「江辦」的曾慶紅，是兩岸密使聯繫的「核心樞紐」，臺灣方面負責實際執行的密使小組成員有曾永賢（總統府國統委員）、張榮豐（國統會研究員）、張榮恭（國民黨大陸事務部主任）等人，大陸方面則由中共解放軍總政聯絡部長葉選寧（葉劍英元帥之子）負責協調聯繫。直到1999年8月間，「兩國論」餘波盪漾，張榮恭再度奉命密訪香港中聯辦臺灣事務部部長的邢魁山，探詢北京動向。以上接觸經過請參閱1995年1月16日，《中國時報》，版A4。

條」發表之前，雙方都有良好認知以及善意回應。由於對岸先打招呼，因此在「江八點」發表後，原本陸委會官員面對媒體時還表示「不具新意」，但李登輝在年後新春團拜時特別指出「江八點值得重視」。其後，李登輝也藉國經會的場合提出「李六條」作為具體的立場表述，藉此與江澤民隔空對話，在談話發表前，臺灣方面也同樣要求對岸能有善意的理解及回應。[90] 1995年3月，臺灣密使蘇志誠在澳門會見曾慶紅，在這次的晤談中，蘇志誠也告知對方，李登輝將前往中東與美國訪問的訊息，這也是兩人最後一次見面。[91]

在1990年，李登輝展開兩岸密使會談以來，當年的「三不政策」中的「不接觸」就已經突破。郝柏村接任行政院長之後，由於1990年7月，大陸的「閩平漁」5540號船悶死25位偷渡客；8月中，又發生大陸「閩平漁」5202號在基隆外海撞船，導致21人死亡的慘劇。於是兩岸紅十字會基於人道立場希望洽談協助遣返事宜，時任紅十字會的律師陳長文向院長報告，考慮前往大陸洽談；但郝柏村則指示，應該前來金門商議。第二天，郝柏村向李登輝報告，獲得同意。[92]

1990年8月底，金防部司令李禎林接獲國防部密令，表示兩岸將在金門會談，一切行政支援都由金防部負責。當時的副總長陳堅高親自致電指示細節，強調兩岸會談非同小可，「務必力求隱密」。為了順利進行，由擔

90　鄒景雯，前引書，頁200-202。1992年蘇志誠與汪道涵在香港密會後，兩岸經過多次聯繫及密商後取得默契，終於促成1993年4月在新加坡召開第一次「辜汪會談」。而在這一次的蘇汪密會後，雙方都有共識將南懷瑾的中間人角色排除，希望今後兩岸直接溝通。

91　鄒景雯，前引書，頁202-203。當時中共當局透過蘇曾在澳門會談後，並不認為李登輝的美國之行真的能去成，根據錢其琛提報給江澤民的訊息，中共部門不認為美國行政部門會放行，因此中共的態度是「你有你們的立場，我有我們的立場，到時候還是要批評的。」

92　王力行，《無愧——郝柏村的政治之旅》，頁255。

任金西防務的127師師長高華柱提議，以閒置的金寧鄉仁愛山莊作為會議場所。9月11日，大陸國臺辦交流局長樂美真、紅十字會祕書長韓長林等5人搭漁船抵金門，與中華民國紅十字會祕書長陳長文舉行兩天協商，雙方就遣訪刑事犯、打擊犯罪達成共識後簽署「金門協議」，這不但是兩岸首次就特定問題的合作，也被形容是「九二共識」的濫觴。[93]

　　1991年1月，大陸紅十字總會副祕書長曲折在《瞭望週刊》發表文章，談及「金門協商」時特別引用美國國際合眾社的報導：「這是北京的代表們42年以來首次踏上臺灣當局的土地，以參加一次雙方紅十字官員舉行的會談。」[94] 在《人民日報》的海外版一篇文章中，更認為「金門協議」是兩岸在沒有正式時間「三通」的情況下，由雙方的紅十字會進行了直接接觸，實現了歷史性的突破。[95] 然而，李登輝在回憶錄中卻抱怨自己就任第8任總統之後，未能充分掌握兩岸政策的主導權，他對於郝系的陳長文律師以紅十字總會祕書長的身分，於9月祕密前往金門與對岸的紅十字會簽訂的「金門協議」之事非常在意。[96] 李登輝認為他在事先毫不知情，事後才由陳長文以紅十字會的內部程序，向「紅十字會榮譽會長」李登輝報告，總統府為之愕然。[97] 這個說法與郝柏村有很大的出入，因為郝柏村在簽訂「金門協議」之前，早就向李總統報告過此事。由此可見，雖然在體制上外交部隸屬行政院，但由於體制的模糊，

93　《聯合報》，2010年9月11日，版A23。

94　曲折，〈一九九零年海峽兩岸紅十字組織交往的歷史性轉折〉，《瞭望週刊（海外版）》，香港：瞭望週刊出版社，1991年1月28日，頁26。

95　《人民日報》（海外版），北京，1991年2月8日，版3。

96　鄒景雯，前引書，頁180-181。這就形成各說各話局面，很可能行政院指示國防部，並由當時副總長陳堅高親自致電金防部司令李禎林負責。這些動作引起一向要掌握軍事、外交、大陸政策的李登輝不快。

97　鄒景雯，前引書，頁181。

郝柏村自認絕對尊重李總統在外交、軍事、與大陸政策的絕對主導權，因此，郝柏村任內一些重大的外交上人事任命，例如以許水德接替蔣孝武為駐日代表，以及1991年6月，總統府派外交部程建人去安排中美洲高峰會議，順道安排李總統訪問日本及美國之事，郝柏村事先都「毫不知情」。[98] 自1990年開始，雖然兩岸內部都各有政治上難題待處理，但在兩岸關係上，總統府方面，由副祕書長邱進益規劃出三個架構性的層次，即隸屬於總統府的國統會、行政院的陸委會和半官半民的海基會。國統會由李登輝親任主任委員，副主任委員則由副總統李元簇、郝柏村與高玉樹擔任，10月7日，國統會正式召開，11月21日海基會成立，22日陸委會掛牌運作。以李登輝的思考，國統會設置的目的，最迫切的就是穩定兩岸關係的發展，並使國民黨內部各派系能夠取得共識，以爭取憲政改革時間。[99]

直到1995年，由於江澤民無法頂住中共內部強硬高漲的聲勢，在東海發動兩波軍事演習之前，臺灣內部雖然存在陸委會與海基會之間的業務衝突，但就總體關係而論，這是李登輝時代與大陸關係最好，也是最後的蜜月時期。[100]

---

98 王力行，前引書，頁242-243，當時駐日代表蔣孝武也曾向郝柏村表示，在駐日期間，李總統有些事不告訴他，逕自透過副代表鍾振宏安排，所以他也覺得沒有必要再留日本。

99 鄒景雯，前引書，頁181-182。

100 1994年，是李登輝與江澤民、李光耀分道揚鑣的關鍵年代，根據李光耀所著《我一生的挑戰：新加坡雙語之路》記載，李登輝在94年5月訪問新加坡時，曾要求當時總理吳作棟代向江澤民提議，由中、臺、星聯合成立一個國際船運公司，負責處理兩岸貿易。後來因為江澤民對於李登輝在1994年4月接受日本作家司馬遼太郎的訪談中，自比為摩西，要率領人民出埃及到應許之地的談話，向李光耀表達憤怒，對中、臺、星合設船運公司提案，因而破局。李光耀在94年9月21日訪臺，向李登輝談及合設船運公司之事，並鼓吹兩岸統一，希望說服李登輝接受此案。雙方談了4個小時，最後不歡而散，李光耀也不再居中幹旋兩岸。請參閱《聯合報》，100年11月30日，版A3。而根據《李登輝執政告白實錄》記載，李登輝認為當年是李光耀對兩岸問題處理上有片面的看法，而江澤民當時權力基礎薄弱，無法當家作主，才是兩岸關係難以進一步推展的重要因素。頁355-360。

整體而言，在李登輝與郝柏村主政初期，府院關係尚稱融洽之際，兩岸關係發展呈現穩定以及突破。自從政府於1987年11月宣布開放大陸探親後，兩岸民間的接觸日益頻繁，衍生的問題也日漸增多，因此需要建立協調與溝通的程序及管道。就政治上而言，代表昔日對峙的關係必須突破；就經濟上而言，民間的貿易與投資一直不斷的進行，兩岸的經貿關係需要更多的保障；就社會秩序而言，雙方政府必須有更多明確的規範。

　　在這樣的背景下，自1990～1991年，政府決定成立三個不同層次的機構，以規劃與處理大陸事務，分別是兩岸決策諮詢機構的「國家統一委員會」、負責大陸事務之協調與決策的「行政院大陸委員會」（簡稱「陸委會」），以及處理許多政府不便出面之兩岸問題與事務的「財團法人海峽兩岸基金會」（簡稱「海基會」）。其中以財團法人海峽兩岸基金會的「辜汪會談」以及確認引渡遣返合作模式的「金門協議」最具時代意義。

　　依據「國家統一綱領」進程階段之規劃，陸委會於1991年2月8日核准設立海基會，由辜振甫先生擔任董事長，3月9日正式掛牌運作，受理章程所訂的各項服務。4月9日陸委會與海基會簽訂委託契約，授權辦理政府委託事項。海基會成立後10個月，中共於同年12月16日成立海峽兩岸關係協會，由汪道涵先生擔任會長，雙方正式就會談進行各項籌備事宜。[101] 辜汪會談的目的在於建立雙方聯繫協商制度，解決民間交流所衍生的各項問題，並積極促進經濟、文教、科技等面向的交流。

　　金門協議與民間事務性談判不同，因為雙方皆派出具有官方背景的人士參與，協議的結果須由政府單位執行。對於協議文件，雙方具備共同默契，在簽署負責上使用「兩岸紅十字會組織代表」，年號則不用西元或民

101　財團法人海峽交流基金會著，《辜汪會談紀要》（臺北：財團法人海峽交流基金會，1993年），頁9。

國，僅用月份及日期。1990年9月19日雙方同步發布這份歷史性的協議，內容包含違反規定進入對方地區的居民、刑事嫌疑犯或刑事犯的遣返程序。這份具準官方性質的文件，被中共視為與臺灣接觸談判的開始。[102]

102　吳大平，《中共對臺談判原則及策略運用之研究：金門協議個案分析》（臺北：政治大學東亞研究所碩士論文，1994年），頁40-49。

第六章　大分裂

第一節　政爭再現

　　1990年5月20日，李登輝就任第8任總統，1991年國民大會第2次臨時會三讀通過中華民國憲法增修條文，並廢止動員戡亂時期臨時條款，完成第1階段修憲任務。11月20日，李登輝特任劉和謙為參謀總長。郝柏村則認為海軍總司令葉昌桐最適合；但李登輝認為葉昌桐是郝系人馬，因此選擇劉和謙接任參謀總長，郝柏村尊重總統的統帥權，在總統府送來的人事命令上立刻親筆簽署；但郝柏村在接見劉和謙時，還是對劉說，他個人認為葉昌桐比較合適。[1]

　　李登輝選擇劉和謙的原因，是劉在海軍現役中（時任戰略顧問）的輩分最高，且對現代戰略有持續的研究。李登輝認為葉昌桐是郝柏村的親信，深受其「大陸軍主義」的影響，使其建軍思想有嚴重的局限性。[2] 其實李登輝最在意的，就是郝柏村在組閣後，到國防部召開軍事座談，雖然郝柏村事前都有向李登輝報備，但李總統仍感不妥，並指出郝內閣的國防部長陳履安與參謀總長陳燊齡等人，也為此經常向他抱怨。1991年7月，民進黨立委葉菊蘭在立法院公開質詢郝柏村召開軍事會議之事，民進黨並醞釀提出不信任案，要求撤換郝柏村。8月9日，總統府發言人邱進益召開例行記者會，邱進益說：「每一個人都應該對國家效忠，這是一個新方

1　王力行，《無愧：郝柏村的政治生涯》，頁302-303。而郝柏村在參謀總長任內，就針對時任海軍總司令劉和謙，批評其偏激任性的本位主義，實不宜作高級將領。見郝柏村，《八年參謀總長日記（上）》，頁725。
2　鄒景雯，《李登輝執政告白實錄》，頁97。

向，我們做任何事情不要看個人，而要看國家。」[3] 這段談話公布後，立刻使府院關係白熱化。郝柏村晉見李總統時，郝說：「這是我向你報告過的。」李說：「我希望你作個政治家，不要老是在軍事上面……」最後，郝柏村說：「軍事座談是行政院長本身職權，為了避免誤會，以後不去主持了。」但「強勢院長不顧弱勢本省人總統的請求」之論調，已開始廣為散布。[4]

在任命參謀總長一事，已可看出李登輝堅持掌握三軍統帥權的意志力，而在年底，又因為李總統要晉升蔣仲苓為一級上將之事，引發郝柏村的反對。他認為當年黃杰國防部長在中常會發言，提出國軍一級上將的晉升必須有資格認定的具體建議，因此中常會作出決定，原則上除了當過參謀總長以外，不宜再升一級上將。郝柏村也舉出當年蔣介石總統有意升聯勤總司令陸軍中將黃仁霖為二級上將，但行政院長陳誠拒絕副署而作罷。[5] 此外，蔣經國是二級上將，他要當總統時，同樣婉拒晉升一級上將的建議。[6] 因此，郝柏村堅持不可破壞軍中傳統及制度。

但是以李總統的立場，由於蔣仲苓在參軍長任內的表現優異，因此在蔣仲苓屆齡除役時，希望藉升任一級上將加以留用，但這項人事考量卻被郝柏村揚言辭職所阻。李登輝認為或許郝柏村有其軍中倫理的考量；但也不排除其中有涉及到個人恩怨所造成。[7] 郝內閣的新聞局長邵玉銘在

3　鄒景雯，前引書，頁96。在邱進益發表談話之後，郝柏村立刻要求新聞局長邵玉銘出面反駁，但邵局長認為此舉在媒體渲染下等於是宣告府院不合，甚至是決裂，因此建議郝院長派王昭明和總統府祕書長蔣彥士溝通較好。郝柏村雖然接受建議，但邵玉銘已嗅出李郝兩人關係已經不再是「肝膽相照」了。見邵玉銘，《此生不渝：我的臺灣、美國、大陸歲月》，頁278。

4　王力行，前引書，頁301。

5　王力行，前引書，頁212。

6　王力行，前引書，頁303。

7　鄒景雯，前引書，頁97。

多年後表示，導致兩人最後再也無法「肝膽相照」的引信，就是郝院長主持國防簡報（軍事座談）及郝以辭職反對蔣仲苓晉升一級上將兩事。對李總統而言，身為三軍統帥，國防事務應為統帥之權限，郝已出任行政院長還過問國防事務及人事，他無法忍受，兩人終於分道揚鑣。[8] 而郝柏村自認在院長任內，並未濫用副署權，他雖然反對劉和謙是任參謀總長最佳人選，仍立即簽名副署；陳履安轉任監察院長，他也是經由報上批露才知道；對蔣仲苓升一級上將之事，在與府方僵持一年後，他決定副署，但也決定在副署後一個月內辭職。不過這項決定最後被蔣彥士祕書長化解，於是蔣仲苓事件終於變成李郝之間解不開的心結。[9]

在當時除了府院衝突之外，1992年總統直選的推動更擴大與加深了李總統與黨內主張委任選舉菁英之間的衝突，曾經擔任孫內閣副院長的邱創煥，在調往省主席任內於1991年1月成立「國家發展策進會」，結合民意代表、學術界、工商界的人脈，累積在政壇上的實力。當時李總統並未反對；但背後又請辜振甫出面勸阻，結果遭邱創煥拒絕。[10] 邱創煥卸下省政府主席後，擔任總統府資政，心中鬱卒至極，隨後他又拒絕李總統安排接任考試院院長的職務。[11] 這位在政壇被視為支持李登輝的主流派大將，曾經在1990年2月11日的臨時中全會上，贊成起立票決；並在稍後國民大會

8　邵玉銘，前引書，頁282。

9　王力行，前引書，頁212。據郝院長幕僚指出，與蔣仲苓同為黃埔16期的高階將領有宋心濂、陳守山、許歷農，他們也有意見。府院僵持一年多，李總統為此親自下條子給蔣彥士，希望蔣仲苓人事案早日解決，其間國防部長陳履安也對郝院長提出建議，郝柏村以「我不是這種人」婉謝「好意」。1992年5月25日，蔣仲苓在退役前四個月親自拜訪了郝院長，郝柏村表示他與李總統沒有個人權位之爭，蔣仲苓則立即表示他決定退役。事後，郝在日記中記著：「過去忠於經國先生，現在很多人都背離了。經國先生在天之靈要哭！」見王力行，前引書，頁304-306。

10　楊尚強，《你不知道的邱創煥》（臺北：商周文化，1997年），頁183

11　楊尚強，前引書，頁181-182。

選舉時，以其在省府豐沛人脈，要求所有廳處長，每人「認養」國大代表若干名，是全力為李登輝拉票固樁的大功臣，[12]如今卻在1992年3月14日於陽明山中山樓舉行的國民黨三中全會上，發表一場直言抨擊李總統所主張的公民直選言論。結果，不但使李總統震驚意外，也鼓舞了委選派的士氣。[13]

在李總統立場，國會全面改選、省長民選、總統民選，是一系列恢復人民權利的設計，而且是符合社會主流民意的期待。1990年6月21日，大法官會議第261號釋憲決議，所有中央民代應於1991年12月31日前全面退職。1992年，「憲政改革策劃小組」（簡稱憲改小組）的研究案原本是總統選舉的直選與委選兩案並陳，但是經由幾次黨內會議後，直選案卻逐漸不見，委選案已占上風。於是李登輝交代祕書蘇志誠直接和全省21個縣市黨部主委一一電話聯繫，實地了解地方民情的反映。結果多數主委表示，一般民眾對直選比較聽得懂，還是直選比較好；只有3個縣市主委認為，如果採用委選，一定要好好宣傳和說明，而且也不會對年底的立委選舉產生負面影響。由於自認已經充分掌握地方民意及輿情反映，使李登輝衡量在民意與黨意的巨大落差下，決定重啟戰場而不退讓。李登輝因此約見憲改小組召集人李元簇，請他把直選案重新拿出來併案討論。[14]

「憲改小組」是1990年7月4日國是會議閉幕一週後成立的，由副總統李元簇擔任召集人，下設法制和工作2個小組，分別由林洋港及邱創煥擔任召集人，正式開始國民黨第2階段的憲改工程。在憲政改革上，郝柏村與李元簇的看法並不完全一致，郝柏村認為李元簇背後有李登輝的影子以

12　楊尚強，前引書，頁163。
13　楊尚強，前引書，頁193。
14　鄒景雯，前引書，頁334-335。

及民進黨的壓力。他認為中央民代應該以臺灣選出的代表為主體；但也必須要有全國象徵性的代表，否則就變成臺獨或是獨臺了。[15]

1992年2月27日，當李元簇將修憲小組對總統選舉的共同決定——「委任直選」報告李總統時，李登輝不同意這個決定，而以個人「深入基層，了解民間要求公民直選」為由，不同意憲改小組只採用「委任直選」單一提案。在3月9日召開的中常會上，持不同意見的兩派人士旗鼓相當，人數相同。當時贊成總統直選的中常委有林洋港、錢復、趙自齊、鄭為元等人；反對的是謝東閔、李煥、邱創煥、郝柏村、許歷農等人，這些中常委分別被歸納為「票選派」和「委選派」。[16] 3月7日，李登輝邀請林洋港、邱創煥、郝柏村入府溝通，李登輝強調直選是落實民意，林洋港贊成，但邱創煥和郝柏村仍然反對。郝柏村認為，前一年底執政黨國代候選人都以「委選」為政見競選而獲得大勝，當然民意是贊同「委選」。「民意可以當作聖旨，但是不能假傳聖旨。」[17]

當時間愈接近三中全會，臺北高層政壇的政治氣氛愈凝重，李元簇副總統對突然由「委選」變成「直選」覺得非常唐突。3月11日上午，國民黨祕書長宋楚瑜也察覺事態嚴重，特別拜訪郝院長。郝柏村表達個人對修憲的五點重要看法：一、總統直選不代表是總統制；二、行政院長副署權不能削減；三、總統直選一次投票，以較多數票當選；四、總統任期改為4年，總統、副總統補選由國大代表行使；五、立法委員任期改為4年，與

15　王力行，《無愧：郝柏村的政治生涯》，頁211。

16　王力行，前引書，頁213-214。林洋港反對委任直選制度的設計，容易讓選民混淆，因為選民認同一位委任國代候選人所支持的總統候選人，但卻對這位國代候選人缺乏勝任職務的信心時，選民又該如何選擇？見楊尚強，前引書，頁200。在中常會中，駐日代表兼中常委許水德支持總統直選，認為政黨政治的競爭下，應取決於全民的決定。見許水德，《全力以赴：許水德喜壽之年回憶錄》（臺北：商周出版，2008年），頁220。

17　王力行，前引書，頁214-215。

總統任期一致。郝柏村認為李總統應該表達立場的客觀性，所以有必要再度重申自己無連任之意；但宋楚瑜婉轉拒絕。[18] 宋楚瑜稍後立即回府向李總統報告郝院長的五點建議，李總統同意後，當晚在臺北賓館晚宴政要，以期建立修憲的共識。府方邀請了李元簇、郝柏村、蔣彥士、宋楚瑜；但不知何原因，李副總統婉拒參加。[19] 而後來憲改增修條文就是照這個共識決定的，只有其中立委任期仍維持3年。

3月14日，在三中全會上，包括李煥、邱創煥在內有一百多位中央委員寧願餓著肚子，爭相排隊上臺闡述委選的優點並抨擊直選案，李登輝自認被罵得「臭頭」。[20] 李登輝回憶，在三中全會上，自己的處境是孤立無援。他在中山樓的辦公室一一約見李煥、邱創煥、郝柏村等人溝通；但祕書長宋楚瑜卻遲遲不見蹤影。後來蘇志誠發現宋楚瑜躲在會場的大柱子旁，神情緊張的問蘇志誠：「你看，不會有問題吧！」李登輝因此懷疑，推動直選時，宋楚瑜可能受到黨內反對派的壓力與恐嚇，以致態度搖擺。[21] 在三中全會第4次會議中，邱創煥為總統委選強力辯護，他強調民進黨主張公民直選，其結果是要廢除國民大會，選出臺灣的總統，切斷與中華民國的關係。他並且在會中大聲疾呼，絕不可放棄立場跟著民進黨跑，獲得全場熱烈掌聲。[22] 行政院副院長施啟揚和陸委會副主委馬英九也反對總統

18　王力行，前引書，頁215。
19　王力行，前引書，頁215-216。
20　鄒景雯，前引書，頁335。
21　鄒景雯，前引書，頁335-336。
22　楊尚強，前引書，頁196-199。邱創煥認為委任直選是維護國家穩定也符合民意，並可保證年底的立委選舉勝選，貫徹李主席的施政理念。同場發言的李煥也認為委任直選的國民大會代表，具備代表臺澎金馬、全國不分區及海外代表的全國性意義。李煥認為幾千萬華僑雖不能在海外投票，但如果連他們都不能參與國大，表示意見的機會都沒有，對僑胞不公平。李煥並以「民進黨主張臺獨要否定華僑，在立法院也不讓他們發言」而反問現場代表。「雙煥」發言，造成現場陷入一片「委任直選」的亢奮中。

直選，曾為委選案大力背書的馬英九還反問記者「今後你們還相信我的話嗎？」令大眾印象深刻。[23] 而施啟揚在3月9日的國民黨中常會上發言表示，公民直選是民意所趨，但「水能載舟，亦能覆舟」不可不慎。[24] 施啟揚對於當時大部分國民黨籍國代都贊成委選，而多數國大代表、馬英九和他本人都認為至少在定案以前，黨中央應該尊重兩案並陳，結果「宣導車」的司機卻急轉方向盤，使這些「無知」的追隨者掉進水溝裡，還被「有色人」嘲笑。因此，施啟揚公開說了一句名言：「何止挫折，我很生氣！」[25]

1992年3月14～16日，在陽明山中山樓的第13屆三中全會，由於委選與直選兩派激烈的攻防戰，「修憲小組」歸納各方意見後，請陸委會副主委馬英九親自繕寫共識後的初稿文字：「總統、副總統由中華民國自由地區全體選民選舉之，其選舉方式應依民意趨向，審慎研定，自中華民國85年第9任總統、副總統開始施行。」[26] 李登輝最終接受了妥協方案，決議「總統選舉方式由民國84年5月20日任滿以前，召集國民大會代表召開臨時會，以憲法增修條文明訂之。」在三中全會結束之後，李總統邀請民進黨主席黃信介茶敘，當黃信介調侃李登輝只有六百多票（指國民大會）的民意基礎時，更刺激了李登輝在延長戰線後的直選總統決心，而且又開始準備援引當年國是會議成功的範例，準備再次結合民進黨作為施政改革的關鍵推手。[27] 至於行政院長郝柏村的下臺，則是李登輝當前首要解決的問題了。

23　鄒景雯，前引書，頁335。
24　施啟揚，《源：三十年公職回憶》（臺北：幼獅文化，2004年），頁152-153。
25　施啟揚，前引書，頁160-162。
26　施啟揚，前引書，頁154-155。
27　鄒景雯，前引書，頁336-337。

第二節　內閣總辭

　　從解嚴到蔣經國逝世這段時期，在政治上，由於國民黨內部政爭不斷，群眾運動蜂起，在郝柏村擔任行政院長期間，是臺灣街頭運動最多的時期，連帶治安也顯著惡化；[28] 另方面，在李煥內閣時期日益猖獗的非法地下投資公司大量吸金案件也層出不窮。[29] 郝柏村接任行政院長之初，蔣宋美齡特別接見他，對郝柏村期許甚高，嘉勉他要勇於任事；在拜訪孫院長時，他要郝柏村注意地下投資公司，否則股票會崩盤；拜訪財經大老李國鼎時，李國鼎推薦王建煊是整頓財政金融的不二人選。[30]

　　郝柏村將整頓治安列為內閣的首要之務，他以「政府一體、全民參與」的治安原則，將整個行政部門動員起來，舉凡緝私、抓槍擊要犯、處理地下金融、整頓股市等問題，由情治單位、財政部、國防部聯合負責；針對青少年的就業輔導、防治犯罪，教育部成立「璞玉專案」，以免青少年誤入歧途。[31] 1990年7月10日，郝柏村下令全國掃除黑幫勢力，結合國家安全局、警備總部和警政署三個單位，將四大幫派——竹聯、四海、松聯和天道盟的首腦人物共24人逮捕，其中很多人曾是「一清專案」的管制分子。這次掃黑也牽扯出地方民意代表與黑道掛勾的事實，而金錢與暴力介入民主選舉，是郝柏村任內最痛心之處。在7月底，刑事警察局從泰國

28　王力行，《無愧：郝柏村的政治之旅》，頁78-84。1988年臺灣發生了「520農民抗爭」事件，邵玉銘認為是繼1947年「228事件」以來，臺北市所發生最嚴重的警民衝突流血事件，近400人收押，80人一審判刑，警民共約100多人受傷。被捕民眾中許多人並非農民，有些示威領導人來自民進黨。據美國紐約州眾議員索拉茲（Stephen Solarz）之統計，解除戒嚴以來，這是第1,477次民眾的聚會和示威，而「520事件」是所有示威活動中最激烈的一次，引起國際社會，尤其是海外華人極大的關切。見邵玉銘，《此生不渝：我的臺灣、美國、大陸歲月》，頁331-333。

29　林蔭庭，《追隨半世紀：李煥與經國先生》，頁302。

30　王力行，前引書，頁62。

31　王力行，前引書，頁67。

押回槍擊要犯楊雙伍；9月8日，逮捕綽號「黑牛」的黃鴻寓。針對解嚴後漁船走私問題嚴重，郝柏村成立「聯合緝私督導會報」，由財政部長王建煊擔任召集人，結果走私最猖獗的南寮漁港，近九成的走私船在面對強大的公權力嚇阻下，大部分都不敢再蠢動，走私紀錄已近於零。[32] 內政部長許水德配合郝院長指示，邀請所有宗教團體領袖一起開會，大家各寫一篇勸世人心的文章，以期藉道德的力量，喚起全民共同協助治安，最終，十大槍擊要犯在郝院長任內全部緝捕到案。[33]

與整頓治安的同時，針對股市和地下投資公司亂象也是郝柏村重要處理之務。當時股市已經下跌到6,000點，王建煊上臺後，堅持證券交易稅千分之六是「合理的」，儘管在一些利益相關的立委及輿論的壓力下，王建煊也毫不退讓，而財政部也開始針對丙種墊款進行整頓，雖然有不少體質不良的證券公司倒閉，股市也慢性崩盤；但也使許多人回到正常的工作崗位，逐漸減少投機炒作的風氣。[34] 在整頓牽涉全國約20萬人利益的地下投資公司，郝柏村指示調查局長吳東明在財政部的銀行法修訂後，等待適當的時機採取取締行動。1990年8月22日，當股票跌到3,300點的谷底，調查局在這一天針對問題最棘手的鴻源公司全國24個據點，同時行動，拘提包括負責人沈長聲在內的42位核心幹部，鴻源公司長達7年違法吸金的行為，終於在政府強力取締下結束。[35]

除了整頓治安、取締地下投資公司績效卓著之外，郝內閣還必須應付層出不窮的街頭運動。在郝內閣時代，街頭運動由政治走向經濟、社會

---

32 王力行，前引書，頁68-71。

33 許水德，前引書，頁208。許水德的上一任內政部長吳伯雄曾經表示，自己多次受到槍擊要犯恐嚇。

34 王力行，《無愧：郝柏村的政治之旅》，頁73-74。

35 王力行，前引書，頁75-76。

層面，從反核到圍廠，從反軍人干政到維護校園中立，各種名目層出不窮。郝柏村在面對暴力的處置原則是嚴格執法，絕不放鬆，也就是「維護法治」、「重振公權力」。郝柏村認為，這種鐵腕作風使反對者「恨之入骨」，一般民眾則有「早該如此」的感受。[36] 雖然臺灣的社會治安與金融秩序逐漸在郝內閣的鐵腕施政下，恢復了常態；但郝柏村的「反臺獨」、「維護中華民國」的形象，始終是反對黨攻擊的對象，在立法院，郝院長要面對主張臺獨的「新國家連線」8席立委犀利的質詢，曾有政治人物分析，「政治是郝院長最吃虧的地方。」反對人士以「省籍情結」結合「強勢霸權」的帽子，將他形容為「欺負臺籍總統」。[37] 而郝柏村在政治上的困境，也是李登輝當初提名他為閣揆時，早就料到的處境，李總統認為「立法院」就是郝柏村的「墳場」。[38] 行政院祕書長王昭明則認為外界經常以「軍人干政」、獨裁、武斷等批評郝院長是不公平的，事實上，郝院長在任內的所有決策過程，都是廣納各單位意見，十分民主。[39]

郝內閣再度引爆府院衝突的導火線，就是財政部長王建煊「土地增值稅」所引發的政治風波。俞國華在擔任財政部長任內，於1968年3月30日所成立的「賦稅改革委員會」（簡稱賦改會），王建煊擔任劉大中的祕書，錢純任賦改會執行祕書，郭婉容是研究小組召集人，林振國則是跟著老師郭婉容到賦改會。賦改會的基層人員中，還有從臺南稅捐處長轉任的白培英。以上5人，因緣際會先後擔任財政部長。[40] 1985年，已經出任經濟部常務次長的王建煊兼任行政院經濟革新委員會，擔任財稅小組召集人蔣碩

36　王力行，前引書，頁78-79。
37　王力行，前引書，頁265-270。
38　鄒景雯，《李登輝執政告白實錄》，頁93。
39　王昭明，《王昭明回憶錄》，頁227-228。
40　俞國華，《財經巨擘：俞國華的生涯行腳》，頁510-511。

傑的副召集人，而經革會成員都是臺灣產官學界的碩彥菁英，在當時也引發最激烈論戰的「兩稅合一方案」。[41] 王昭明認為王建煊是許多長官都欣賞的人才，在徐立德財政部長任內，與林振國等3人合力推動現在所實施的加值型營業稅。[42] 而當年在經革會引爆大論戰的「兩稅合一」，主要針對營利事業所得稅和個人綜合所得稅相互重疊，形成重複課稅的不合理制度。因此王建煊提出「兩稅合一」主張，以符合公平正義的原則。[43] 當時財政部長陸潤康基於無法找到替代性財源而強烈反對，經濟部長趙耀東則支持王建煊。結果，「兩稅合一」方案雖然勉強由行政院通過，轉送財政部參酌辦理，但是財政部最終並不採用。[44]

王建煊在郝內閣出任財政部長後，卻未實行「兩稅合一」方案，反而推出引發政治風暴的「土地增值稅」。由於郝院長針對土地價格過高，被少數人炒作而造成貧富不均的現象非常關切，占全國人口20％的富人卻掌握全國財富的53％，而登上美國《富比士》雜誌全世界富豪榜上的臺灣巨富，其財富多出自土地和房地產業的增值。[45] 行政院祕書長王昭明認為土地交易按實際價格課徵增值稅，本是天經地義之事；但卻觸碰了既得利益者的痛處，結果引起了激烈的反彈。尤其是各級民意代表，因為擁有較多的土地，也從土地升值中得到很大的財富，所以製造很多流言，例如：「外省籍的財政部長要來沒收本省人的土地」、「祖傳住屋出售如按市價課稅，屋主等於被掃地出門財產充公」等夾雜省籍衝突的攻擊。而在一次國民黨中常會上，由王建煊作財政專題報告時，會場中好幾

---

41 俞國華，前引書，頁524。

42 王昭明，前引書，頁144。

43 王昭明，前引書，頁199。

44 王昭明，前引書，頁200。

45 王力行，《無愧：郝柏村的政治之旅》，頁152。

位列席的中央級民代，卻偏離討論主題極力抨擊土地增值稅案的可怕，表達強烈的反對。[46]

除了土地增值稅外，王建煊積極抓逃漏稅也引發李總統的關切，而企業界的恐懼心理後來渲染成「王建煊有反商情結」。這種倒王情結到了「土地增值稅」時達到顛峰。[47] 1992年9月底，臺灣省議會、高雄市議會和臺北市議會發動「倒王風潮」，要求撤換王建煊。[48] 另一方面，則有包括中央研究院、臺大、中華經濟研究院等七百多位學者，聯名支持王建煊的改革。在攻擊王建煊的流言中，以臺灣鄉間農民間口耳相傳最為激烈。[49] 為此，李總統二度南訪，認為王建煊把事情鬧大了。報紙刊載李登輝在接見臺北縣國代時，公開表示「土地增值稅問題不宜泛道德化」。9月22日，王昭明向郝院長轉達前一天府院高層會議後，蔣彥士祕書長傳達「王建煊應當更換」的意思，在王昭明向蔣彥士分析不宜更換的觀點後，蔣彥士暫時同意「不應該換」。[50] 但在強大政治壓力下，10月7日，王建煊正式辭職下臺，他的老長官李國鼎在接受媒體採訪時說：「政治是現實的，他留下來做，會有他的困難。」[51] 而王建煊的稅改方案不但引發政

46　王昭明，前引書，頁231-232。當時在中常會上發言反對而具財力背景的中常委計有許勝發、辜振甫、劉松藩、高育仁等人，他們並不是針對王建煊的專題報告發表看法，而是針對土地增值稅，他們認為如按財政部以實際交易價格來課徵，不僅侵犯人民權益，也將危及年底立委選舉。見陳子默，《新黨聖人：王建煊奮鬥史》（臺北：福爾摩沙出版社，1995年），頁144。

47　王力行，前引書，頁164。

48　陳子默，前引書，頁145-146。政壇人士分析，臺灣能夠躋身省市以上民意代表，大部分不是「土財主」，就是經營土地有關的行業。而國民黨中央黨部官員透露，策動「倒王風潮」的真正目的，就是拉下郝柏村愛將，向郝院長立威，作為1993年內閣改組的準備。

49　王力行，《無愧：郝柏村的政治之旅》，頁169。

50　王力行，前引書，頁171。

51　王力行，前引書，頁172。

爭，也使得環保署長趙少康有意請辭，他認為郝院長正面臨被逼退的困境中，因此希望與王建煊一起投入立委選舉，組成立法院捍衛郝內閣的堅強陣營。[52]

繼王建煊請辭之後，郝柏村鑑於馬英九深具潛力與氣質，曾考慮要他作財政部長，馬英九考慮後，並沒有接受。1992年11月16日，另一位郝院長欣賞的青年才俊，環保署長趙少康辭職。[53] 趙少康在辭職後，更加緊游說王建煊一起投入年底第2屆立法委員選舉，以實際行動去改革國民黨，捍衛郝柏村內閣。[54] 王建煊與趙少康同時宣布在臺北市北區和臺北縣參選第2屆立法委員，國民黨隨即派祕書長宋楚瑜出面「威脅利誘」，強調一旦參選，必將開除黨籍。由於兩人堅持「自行參選不算違紀」，絕不輕言退出參選行列，國民黨中央妥協後以「專案」處理。最後，王建煊與趙少康分別以第1高票當選立法委員。[55]

王建煊辭職後，王昭明推薦中國商銀董事長白培英接任，由於考慮內閣將要改組，如果白培英不能續任，將可再回中國商銀，因此董事長職位就暫不補實。當時有兩位主要人選考量，一位是中國商銀董事長白培英，另一位是臺灣省財政廳長林振國，兩人都是王昭明在財政部同事，結果就年齡、輩分、資歷上考慮，王昭明推薦虔誠基督徒且潔身自愛，操守甚佳的白培英接任財政部長。[56]

在立法委員選舉提名的討論會中，郝柏村對於李主席指示「要錢給

52　陳子默，《王建煊奮鬥史》（臺北：福爾摩沙出版社，1995年），頁160-161。

53　王力行，前引書，頁114。

54　陳子默，前引書，頁160。

55　陳子默，前引書，頁162-163。

56　王昭明，前引書，頁233-234。而白培英在2013年10月30日接受作者訪談時表示，王建煊的土地增值稅是公平正義的政策，但卻得罪既得利益者而辭職；而他面對當時日益惡質化的國會時，在郝院長辭職後也選擇離開政壇，重回自己的銀行專業。

錢，要位子給位子」的說法深不以為然。李登輝曾經告訴郝柏村，錢與權要握在黨中央手中，「黨內是沒有民主的」。[57] 郝柏村對於黨內提名林榮三出任監察院副院長一事，覺得是「某人」內心贊成林榮三，又怕表面上被說成是提名金牛，不願負這個責任。郝柏村認為這是「愚弄我們，推諉責任」的作法。[58] 在此期間，國民黨內部又發生黨籍立委脫序事件，那就是參選第2屆立委的陳哲男提出「一中一臺」的言論，在立法院抨擊主張「一個中國」政策的人是為討好中共出賣臺灣的急統派；他在高雄的演講中攻擊郝柏村、李煥、沈昌煥和許歷農4位中常委是賣臺集團。[59] 由於陳哲男的「一中一臺」言論，嚴重違悖當時國民黨「一個中國」立場，引起黨內熱烈討論及撻伐。李登輝為了平息黨內可能引發的路線之爭，鞏固中央的領導，特別請祕書長宋楚瑜及副祕書長徐立德到官邸，漏夜研究「一個中國」的意涵，最後定調為「一個中國、兩個政治實體、分治海峽兩岸」的概念，強調中國統一，必須以「民主、自由、均富」為目標，堅決反對臺獨，反對一中一臺及反急統的立場。據此，國民黨開除了陳哲男。徐立德認為李總統當時反臺獨的立場，是非常堅定的。[60]

1992年12月19日，第2屆立法委員選舉揭曉，總額160個席次中，中國國民黨取得96席，民進黨取得50席。國民黨在立法院受到嚴重挫敗，席次下滑，新國會產生新的民意，李登輝判斷為對郝柏村爭取續任極為不利，李登輝因此希望郝柏村能建立內閣在國會改選後總辭的憲政慣例，這使得國民黨又陷入兩派人馬激烈攻防。[61] 郝柏村也估算他在年底選舉

57　王力行，《無愧：郝柏村的政治之旅》，頁222。
58　王力行，前引書，頁223。
59　王力行，前引書，頁225。
60　徐立德，《情義在我心：徐立德八十回顧》，頁274-275。
61　鄒景雯，前引書，頁98。

216　蔣經國與後蔣時代的內閣政治菁英

中，至少要獲得50名支持他理念的立委當選，他在立法院才有足夠的實力爭取續任。先是在黨部辦理提名的過程中，李登輝堅持排除陳癸淼、葛雨琴等人，而郝柏村堅持要保留，祕書長宋楚瑜則陷入兩難困境。郝柏村也發現，在不分區代表提名中，支持李總統的直選派國大代表和立委優先考慮；郝柏村則堅持採用功能性分配，最後郝柏村的意見只受到部分尊重。而早在1991年3月，一位位居要津大老告訴郝柏村：有一位黨中央要員準備策動新聞界反郝；1992年3月，外界傳言，府裡傳話要把比較支持郝柏村的《聯合報》，「從大報變成小報」。[62] 1992年10月29日，中共政治局常委李瑞環發表不惜以流血阻止臺獨的談話，第2天，臺灣媒體都如實刊載這個消息；但李登輝卻在11月11日，於會見若干臺獨元老時論及《聯合報》說：「我已經不看那個報紙了，你們還看嗎？」於是「退報運動」正式展開。[63]

1992年選舉將近，郝柏村已經預備辭職，他感慨如果蔣經國在世當總統，他一定可以為國家做很多事，沒有後顧之憂。當選舉結果揭曉，國民黨內支持李總統的「集思會」和一些主流派支持的候選人大敗；民進黨大勝。支持郝院長的「新國民黨連線」和臨時決定參選的王建煊、趙少康均以高票當選。1993年1月13日，在國民黨中央黨部、中正紀念堂等地，都有支持郝柏村連任的遊行，於是勸進之聲再起，希望他不要請辭。黨內大老孫運璿、謝東閔、俞國華、李國鼎等人都很關心總辭事件，於是決議推舉謝東閔和孫運璿去見李總統，表達支持郝柏村的意見。李登輝拒見大老，事後透過總統府祕書長蔣彥士說「沒有求見這回事」，政務委員李模則贊

62　王力行，《無愧：郝柏村的政治之旅》，頁320-321。

63　有關退報運動背景，見社論，〈從李瑞環到李亞飛：回視十八年前的「總統退報運動」〉，《聯合報》，臺北，2010年8月18日。

成郝柏村辭職「維持政治家風度，在歷史上留下好評」。[64] 行政院祕書長王昭明則主張，在立法院全面改選之後，內閣基於憲法明文規定，應該總辭；但王昭明也認為內閣總辭應該形成制度，而非針對「郝柏村辭職」。許多閣員都同意，在政黨政治之下，應該由黨部主導此事，為國家政治體系樹立典範，而不應該把問題丟給郝院長，變成郝院長自己要來決定是否辭職。然而郝柏村分別寫信給李總統與黨部，請求應否先向黨部提出辭職案，黨部卻始終拖延，不表達明確態度。[65]

1993年1月25日，郝柏村到李登輝官邸談辭職問題，根據李登輝說法，先前已經提出如果郝柏村辭職，將由其出任政策指導小組召集人，並在十四大出任副主席的交換條件，郝的立場已經鬆動，但又提出由林洋港出任閣揆、邱創煥出任祕書長、宋楚瑜必須下臺的要求。而25日，郝又推翻原先的說法，表示總辭與留任是兩回事，他願意留任。李登輝直率的告訴郝柏村他已確定將提名年輕一點的閣揆。李登輝也表示，黨祕書長將安排許水德接替宋楚瑜，郝柏村不表同意。至此，李登輝認為郝柏村詢問閣揆與祕書長的提名權，是不友善的行為。而郝柏村也重新堅持他的總辭應該經由中常會通過，李登輝認為閣揆的新人選才應經過中常會，哪有辭職案也要經過中常會討論？他在盛怒之下，拍桌拒絕。這個突如其來的舉動，不

---

64 王力行，前引書，頁324-325。在1993年1月19日，郝柏村假王惕吾別館，邀請李國鼎、李煥、沈昌煥、黃尊秋、梁肅戎、邱創煥、許歷農、王昭明、林洋港等黨國大老，就內閣總辭等問題交換意見。林洋港回憶當時李煥、沈昌煥都同意唯有郝辭職方可打開僵局，其他在座人士也都同意；但另方面，則主張要經過中常會的程序，藉此說明是為建立一個制度，並非因為郝院長個人做得不好。郝柏村對於大家勸他辭職並不生氣，但提出建議，由林洋港擔任司法院長，中央黨部祕書長則為邱創煥。另方面，謝東閔曾向林洋港證實他有向蔣彥士提出求見李總統的請求，府方則說總統沒有空，使兩位老先生頗為尷尬。見官麗嘉，《誠信：林洋港回憶錄》，頁289-290、296。

65 王昭明，前引書，頁242-243。

但郝柏村當場愕然，也驚動在2樓的夫人曾文惠，[66] 最後兩人不歡而散。

行政院副院長施啟揚認為，到了1993年，在雙行政首長制度下，兩位國家最高領導人，一位是國家最高元首（憲法第35條），一位是國家最高行政首長（憲法第53條），出現治國理念的不同。而1月30日，國民代表大會臨時會舉行閉幕，施啟揚以國大代表身分坐在代表席，而郝院長應邀參加，卻好像掉入一場精心設計的陷阱。國民黨國大代表陳重光率領部分黨籍國代，聯合民進黨籍國代一起包圍郝院長，高呼要其下臺口號，而郝院長則振臂高呼「中華民國萬歲！消滅臺獨！」口號回應，此番場景令施啟揚難以忘懷。施啟揚回到行政院，王昭明約他和行政院第一組組長廖正豪研商「是否請辭」。3人意見相同，認為「這是明顯的逼退，不如早日請辭」並由廖正豪作成紀錄。[67]

1993年2月3日，郝柏村出席中常會，在會中提出內閣總辭是「遵守憲政體制，不再續任行政院長；雖然有拂支持者盛意，亦非出於個人因素，敬請各位先進，全國同胞，共鑒共諒。」[68] 2月9日，李登輝約見郝柏村，告知將提名連戰組閣，而且尚未通知連戰有關組閣一事，郝柏村認為「這像是哄小孩一樣」。2月10日，中常會通過連戰組閣；26日，中常會通過內閣名單。[69] 在連戰的內閣人事名單中，王昭明與連戰早在1969年就是國防研究院同學，爾後於公於私都有往來。在連戰堅持下，王昭明留任新內閣

66　鄒景雯，前引書，頁99。

67　施啟揚，《源：三十年公職回憶》，頁134-135，時任國民黨副祕書長的徐立德於2013年10月25日與作者晤談時表示，當時中央黨部並未介入；而且陳重光的力量沒有那麼大，背後應該有更高層人士指揮策動。林洋港則認為當時也在場的李登輝、宋楚瑜、黨籍國代均無反應，事後也未表示，這使有關人士心知肚明，郝實在非求去不可了。見官麗嘉，前引書，頁292-293。

68　王力行，《無愧：郝柏村的政治之旅》，頁328。

69　王力行，前引書，頁329-330。

政務委員，[70] 在八部二會閣員中，只有內政部部長吳伯雄與外交部長錢復留任，變動幅度很大。

郝柏村雖然離開行政院長職務，但對當時臺灣治安日益惡化而焦慮的民眾而言，對他最懷念的就是鐵腕整頓治安。1990年9月，美國「蓋洛普市場調查公司」首次在臺灣進行民意調查，結果顯示：民眾對於行政院長郝柏村的施政滿意度高達86.5％，高於李登輝總統施政滿意度之79.8％。另根據臺灣「民意調查基金會」在同年12月的民調顯示，郝院長的滿意度也高於李總統。[71] 《紐約時報》女記者吳潔芳（Ms.Sheryl WuDunn）在同年10月29日，以「打擊犯罪，使曾為人所憎恨的將軍成為英雄」為標題，推崇郝柏村是一位打擊犯罪的英雄，極有效率的行政首長。從上任之初的未完全得人心的將軍，到現在已得到絕大多數人民的肯定。[72] 王昭明則認為郝柏村自上任已來，始終背負沉重的歷史包袱。許多政治帽子都往他頭上戴，質疑他「軍人干政」、「壓制民主」；王昭明認為郝柏村作風民主，盡力扭轉外界對他的誤解，但收效不閎。王昭明佩服郝柏村的政治家風度，但也同時憂心國會結構惡質化的傾向。[73]

在郝柏村內閣總辭前後，李登輝引用《聖經‧詩篇》：「因為惡人的嘴和詭詐人的口，已經張開攻擊我，他們用撒謊的舌頭對我說話。他們圍繞我，說怨恨的話，又無故攻打我。他們與我為敵以報我愛，但我專心祈禱。他們向我以惡報善，以恨報愛。」李登輝在回顧當時表示，一個領導人有兩項非常重要的特質：一個是謙卑，一個是冷靜。他感謝上帝，在

---

70 王昭明，前引書，頁245-246。

71 邵玉銘，前引書，頁271-272。

72 邵玉銘，前引書，頁272。由於郝院長民調聲望上升，引起總統府關切，總統府某機要因此致電邵玉銘，要求不要只宣導郝院長政令，也要宣導李總統的政令。而吳潔芳女士曾獲得美國普立茲新聞報導獎，是邵玉銘所推崇的卓越媒體人士。

73 王昭明，前引書，頁229-230、244。

處理這件事情的時候，賜給冷靜的思考，以及為敵人禱告時的啟示。李登輝認為上帝賜給他充足的魄力，完成軍隊國家化，並且自比為美國總統林肯，連性命都不顧惜，勇敢推動廢除奴隸政策。[74]

第三節　後蔣經國時代的結束

　　1992年6月林洋港訪美，回國後因為在美國發表挺郝柏村言論，在總統府會客室被李登輝責問：「你在美國時，為什麼要替郝院長背書？」林洋港則顧不得禮貌，回說：「人家攻擊你，我都替你澄清；人家攻擊郝院長，我當然也替他講話。」林洋港事後回想，坦承那天李總統的談話，對他的心情造成相當大的衝擊，此件事埋下林洋港日後參選總統的種子。[75]1993年1月7日，自立報系當時的社長吳豐山往訪林洋港，透露李總統有自行組黨的意念。1月18日，《聯合報》刊出《天下雜誌》所做的調查，林洋港和郝柏村都是最受支持的閣揆人選，但林洋港在經歷這幾年的政爭，以及和李登輝相處的經驗中，他已經打定主意要參選總統，其他的事都已經打動不了他了。[76]　　1993年2月8日，在總統府分兩批舉行的中常委座談會上，包括郝柏村、李煥兩人明確主張應先讓林洋港擔任行政院長，理由是連戰還年輕，將來還是有機會。[77]　　2月9日，李登輝在總統府約見林洋港，告知將提名連戰接任行政院長，而他顧慮林洋港年紀較大，體力、健康較難負荷繁重的政務；因此計畫聘林擔任政策指導小組成員和黨的副主席，俾使林從容準備3年後的發展。當天晚上，連戰到林洋港的寓所去拜訪，希望支持他出任閣揆。[78]

74　李登輝，《為主作見證：李登輝的信仰告白》，頁76-77。

75　官麗嘉，《誠信：林洋港回憶錄》，頁279-280。

76　官麗嘉，前引書，頁287-288。

77　李建榮，《連戰風雲》（臺北：時報文化，1998年），頁38。

78　官麗嘉，前引書，頁297。

2月10日，中國國民黨中央常會通過李主席提議，提名57歲的連戰為行政院長，以貫徹李總統的意志，避免雙行政首長制度的府院領導人不和而引發的政治動盪。在獲得提名之初，民進黨主席許信良和在美國的彭明敏都表態支持連戰。[79] 第2屆立委總額共160位，立法院中的朝野席次比例，國民黨有102席，民進黨黨團加上陳定南有51席，無黨籍6席，社民黨1席。民進黨決定，如果親郝柏村的「新國民黨連線」與黃復興黨部支持的立委反對連戰組閣，民進黨將站在「壓制保守反動勢力反撲，以及結束舊時代」的前提下，支持第一位本省籍的行政院長，許信良對記者如是分析。而連戰則請託私誼甚篤的關中，在家中邀請連戰和新連線立委趙少康等人會晤，連戰同意只要立法院完成公職人員財產申報等相關法律，他一定會率先登記財產接受公評。最後獲得新連線立委全數支持。23日，連戰在立法院143張有效票中，獲得109張同意票，33張不同意票，另外1張廢票，得票率76.22％，成為行憲以來第14位行政院長。23日下午，李總統也立即發布命令，特任連戰為行政院長，郝柏村也在此人事令上副署。[80]

關於連戰內閣人員簡歷表，請參見表6-1。

表6-1　連戰內閣人員簡歷（1993年2月～1996年2月）分析（22人）

姓名	出生年	入閣年齡	籍貫	黨籍	入閣前經歷	入閣職務	離閣出路	最高學歷	
								國內	國外
連戰	1936	57	臺灣	國民黨	臺灣省政府主席	行政院長	留任		美國芝加哥大學博士
徐立德	1931	62	河南	國民黨	國民黨中央委員會副祕書長暨政策會執行祕書	行政院副院長	留任		美國哈佛大學碩士

79　李建榮，前引書，頁42。
80　李建榮，前引書，頁49-52。

李厚高	1926	67	湖北	國民黨	臺灣省政府祕書長	祕書長；1994年接任政務委員、蒙藏委員會委員長		臺灣省立法商學院學士
吳伯雄	1939	54	臺灣	國民黨	內政部長	內政部長	總統府祕書長	國立成功大學學士
黃昆輝	1936	58	臺灣	國民黨	政務委員	1994年接任內政部長	留任	美國北科羅拉多大學博士
錢復	1935	58	浙江	國民黨	政務委員	外交部長	留任	美國耶魯大學博士
孫震	1934	59	山東	國民黨	國立臺灣大學校長	國防部長	政務委員	美國奧克拉荷馬大學博士
蔣仲苓	1922	72	浙江	國民黨	總統府國策顧問；總統府參軍長	1994年接任國防部長	留任	三軍大學戰爭學院將官班
林振國	1937	56	福建	國民黨	臺灣省政府委員兼財政廳廳長	財政部長	留任	臺灣大學學士
郭為藩	1937	56	臺灣	國民黨	行政院文化建設委員會主任委員	教育部長	留任	法國巴黎大學博士
馬英九	1950	43	湖南	國民黨	行政院大陸委員會發言人	法務部長	留任	哈佛大學博士
江丙坤	1932	61	臺灣	國民黨	行政院農業委員會委員	經濟部長	留任	日本東京大學博士
劉兆玄	1943	50	湖南	國民黨	清華大學校長	交通部長	留任	加拿大多倫多大學博士
張駿逸	1950	43	湖南	國民黨	蒙藏委員會委員	蒙藏委員會委員長	政治大學民族學系教師	美國印第安那大學博士
章孝嚴	1942	51	浙江	國民黨	外交部政務次長	僑務委員會委員長	留任	美國喬治城大學碩士
郭婉容	1930	63	臺灣	國民黨	政務委員	政務委員		日本國立神戶大學博士
王昭明	1920	73	福建	國民黨	行政院祕書長	政務委員		東吳大學學士
黃石城	1935	58	臺灣	無	政務委員	政務委員		東吳大學學士
夏漢民	1931	62	福建	國民黨	行政院國家科學委員會主任委員	政務委員	總統府國策顧問	美國奧克拉荷馬大學博士
蕭萬長	1939	54	臺灣	國民黨	經濟部長	政務委員	立法委員	國立政治大學碩士
丘宏達	1936	57	上海	無	國家統一委員會研究員	政務委員	外交部無任所大使	哈佛大學博士
張京育	1937	56	湖南	國民黨	政治大學校長	政務委員	大陸委員會主任委員	哥倫比亞大學博士

在這22位內閣成員中，平均年齡是57.7歲，其中臺籍人士有8位，湖南籍4位，福建籍與浙江籍都各3位，其他省籍4位，本土化比例為36.4%。在學歷方面，擁有碩、博士學位者占72.7%，其中具有博士學位的高達13人，皆為國外博士；擁有碩士學位的3人，國外碩士2位，國內碩士1位。軍校畢業的則有1人。

連戰內閣中，10位閣員是昔日曾入閣的政治菁英，其他13人則是首次進入內閣，擔任核心要角，分別是李厚高、趙守博、孫震、蔣仲苓、林振國、江丙坤、馬英九、劉兆玄、張駿逸、章孝嚴、夏漢民、丘宏達、張京育等。

李厚高出生於1926年，湖北省松滋縣人，畢業於臺灣省立行政專科學校（今國立臺北大學）財政科，臺灣省立法商學院學士，美國美利堅大學研究院結業，高等考試經濟行政及格。曾任稅監處處長、臺灣省政府專員、財政廳祕書、省稅務處副處長、處長、省稅務局局長、省財政廳副廳長、廳長、省政府祕書長、行政院祕書長、蒙藏委員會兼政院政務委員，基層經驗與理論學養俱備。曾數度赴外國考察財稅制度，對縣市財政之改善、省有財產及金融機構之管理多有獻議。[81]

趙守博，1941年出生於彰化縣鹿港鎮的貧困農家，原本考上臺灣大學動物學系，因為遭遇八七水災，無法負擔學費，只好選擇公費的中央警官學校就讀。畢業後，趙守博回中央警官學校任教，與許信良同期考上中山獎學金，後赴美國伊利諾大學讀書，取得比較法碩士與法學博士學位。在蔣經國主政時期，他與許水德都是國民黨栽培的本土籍青年才俊。

81　蒙藏委員會歷任委員長李厚高簡介：http://www.mtac.gov.tw/pages/20/index3-8.htm。檢索日期：2012年9月21日。李厚高也是連戰在省主席任內的省府祕書長，在立法院對連戰進行資格審查時，被連戰指定陪同答覆有關財稅的親信之一。在1994年12月內閣改組後，轉任內部有人可「直通高層」，而在張駿逸任內不太平靜的蒙藏委員會委員長。見李建榮，前引書，頁49、75。

1976年，趙守博任臺灣省政府新聞處長，成為當時最年輕的省級廳處長。之後因為職務的關係，長期關注臺灣社會福利與勞工問題等政策，為社會弱勢群體爭取福利，因此常與中央的意見相左。在行政院勞工委員會任職期間，與趙少康、王建煊並稱行政院「二趙一王」，以敢言著稱。[82]

孫震，1934年出生，山東省人。1972年曾參與經濟建設委員會，與郭婉容共同以學者身分出任副主委，之後曾任國立臺灣大學校長、財團法人工業技術研究院董事長、行政院經濟設計委員會副主任委員。孫震在臺灣大學校長任內，致力建設臺大為研究型大學，積極拓展國際學術交流。臺灣解嚴後，社會與校園的民主運動澎湃發展，他用包容的態度處理學生運動，引導校園與社會朝向更民主的方向發展，並開創臺大「校長遴選」制，確立校園民主典範。李登輝將他從學校借調至中央，擔任國防部長，以人文部長的身分推動軍事體系改革，有「溫和的改革者」之稱。[83]

蔣仲苓，1922年出生，浙江義烏人。1979年12月在金門防衛司令官兼金門戰地政務委員會主任委員任內，積極培養戰力，並致力地方建設。1981年12月，奉命調任陸軍總司令並晉任陸軍二級上將，精實幹部教育，落實部隊訓練，加強作戰整備，更新武器裝備，裁撤輕裝師，成立機械化師，與美合作生產M48H戰車，整建老舊營舍，改善官兵生活設施，全力讓陸軍朝向現代化邁進。1988年6月，蔣仲苓調國防部任副參謀總長兼執行官，並兼中山科學研究院院長。1989年12月，再調總統府任參軍長襄贊中

---

82 趙守博個人簡歷詳見http://big5.taiwan.cn/twrwk/twdq/rw/zhj/201209/t20120907_3056500.htm。檢索日期：2012年9月21日。

83 詳見國立臺灣大學出版中心編，《寧靜致遠的舵手：孫震校長口述歷史》（臺北：國立臺灣大學出版中心，2013年）。連戰的國防部長人事任命權，基於總統是三軍統帥，因此都由總統決定。李登輝與幾位高階將領會商後，基於孫震是軍人子弟，他以經濟觀點推動國防革新應該是適當人選。見李建榮，前引書，頁61-61。

樞，1994年12月出任國防部部長，終於在郝柏村下臺後復出。[84]

林振國，1937年出生，福建林森人，臺灣大學經濟學士。在老師郭婉容的邀請下，離開臺灣大學的教職，進入政府單位工作，進行稅務改革研究，從此展開40年的官職生涯。他在擔任臺北市政府財政局長期間，面臨十信風暴、中華商場拆遷問題、停辦愛國獎券等艱鉅的難題，仍然勇往直前。[85]在擔任財政部長期間，因為個性木訥謹言，不獲媒體喜愛。又因為全民健保引發財政赤字的爭論，復徵證交稅的失敗，遭逢省長宋楚瑜公開點名下臺，之後又遇到撼動全國的四信、國票金融危機等問題。面對龐大的政府債務與強勢的國會，林振國難有大展才能的機會。[86]

江丙坤，1932年出生於臺灣南投農村，以半工半讀畢業於中興大學法商學院地政系，畢業後通過高考進入公職，再考取第一屆中山學術獎學金赴日進修，取得日本東京大學研究院農業經濟博士。江丙坤曾參與國營事業民營化、世界貿易組織入會案、六輕與核四投資案、南向政策、亞太營運中心、政府再造、全球運籌中心等多件重大財經決策，並兩次出席亞太經濟合作會議（APEC）領袖高峰會。他長期主管金融、財政事務，在亞洲發生金融危機時，他以擴大內需來應對金融風暴，使臺灣經濟未受到大的衝擊。[87]

84　詳見國軍歷史文物館網站：http：//museum.mnd.gov.tw/Publish.aspx?cnid=1482&p=12195。檢索日期：2012年9月21日。

85　《好消息月刊》，2012年4月，第208期，頁13-15。好消息電臺專訪，2012年4月12日（四）晚間9時。網址：http://www.goodtv.tv/uploads/2012/03/77514578720e1dc0.pdf

86　林文玲，〈孤舟難度政治險灘──財政部長林振國〉，《遠見雜誌》，1995年9月號，第111期。

87　徐和謙，〈江丙坤：為臺灣經濟找出路〉，《財經雜誌》，2009年3月16日，第6期。趙耀東在經濟部長任內極為器重江丙坤，派他到外貿協會擔任董事長而開始嶄露頭角。王昭明說在當時的財經技術官僚中仍以外省籍人士為主，以貿協來說，如邵學錕、魯肇忠、武冠雄都是大陸籍菁英，但趙耀東則大力起用蕭萬長（接國貿局長）和江丙坤兩位本省籍菁英。見王昭明，前引書，頁159、178-179。

馬英九，1950年出生，湖南湘潭人，出生於香港。臺灣大學法律系畢業後，考取中山獎學金，赴美國攻讀法律，取得紐約大學法律碩士學位與哈佛大學法學博士學位。在父親馬鶴凌及錢復的推薦下，馬英九返國擔任蔣經國總統的英文祕書，開啟了他的政治生涯。1993年，連戰出任行政院院長，邀請馬英九出任法務部部長。當時馬英九自認與司法界沒有任何淵源，而連戰表示這就是起用馬英九的原因。後來，馬英九宣稱將嚴辦地方黑金勢力而受到矚目，引發國民黨內部諸多揣測，之後連戰的內閣改組，馬英九轉任為政務委員。[88]

　　劉兆玄，1943年出生，湖南衡陽人，國立臺灣大學化學系畢業，加拿大多倫多大學化學博士。曾任國立清華大學化學系教授、理學院院長，行政院國科會副主任委員。1987年出任清華大學校長，1993年2月被邀請擔任交通部部長。由於在他之前的兩任交通部長都有重大問題，分別是簡又新的十八標弊案，以及張建邦的華隆案，使得交通部的形象受到嚴重打擊，因此學者出身的劉兆玄被連戰委以重任。他有嚴謹的學者性格，任內多起工程都與財團發生對立。劉兆玄與同為湖南人的法務部長馬英九始終維持著良好情誼，因此，當後連戰內閣進行改組時，劉兆玄與馬英九同時離開了部長職務，劉兆玄轉任學術性較強的國科會任主委，馬英九則轉任政務委員。[89]

88　在郝柏村內閣，馬英九由研考會主委轉任陸委會副主委，郝柏村同意副主委比照國防部副部長為特任官，同時也讓馬英九以特任副主委身分繼續出席行政院會，首開一個部會由正副首長同時出席行政院會先例。見李建榮，前引書，頁60。1997年5月，時任政務委員馬英九因白曉燕命案請辭，使內閣帶來很大的壓力，徐立德認為在1998年馬英九競選臺北市長時，連戰不計前嫌，全力勸進、輔選，展現雍容大度。見徐立德，前引書，頁294。

89　江兒，《連內閣點將錄》（臺北，九儀出版社，1993年），頁131-144。自蔣經國組閣以來，交通部長慣例由本省籍人士出仕，如林金生、高玉樹、連戰、郭南宏、簡又新。郝內閣的馬鎮方是近二十年第一位外省籍部長，劉兆玄是第二位外省籍部長，而年輕時他就是大名鼎鼎的武俠小說名家「上官鼎」。

張駿逸，1950年出生，湖南長沙人。國立政治大學民族社會學系學士，國立政治大學邊政研究所碩士，美國印第安那大學烏拉阿爾泰所博士。曾任蒙藏委員會聘用專門委員、蒙藏委員會委員。學者出身的他以民族藝術、民族學研究、大陸少數民族現況、海外藏族現況為學術專長。[90]

章孝嚴，1942年出生，浙江奉化人，出生於廣西桂林，為蔣經國的非婚生庶子。東吳大學外文系畢業，美國喬治城大學碩士，比利時布魯塞爾大學研究。曾獲得外交領事人員乙等特考及格，外交領事人員甲等特考最優等及格。2005年經過一系列複雜的法律程序，將身分證父親欄改為蔣經國，同時更正自己姓氏，改正為蔣孝嚴。[91]

夏漢民，1932年出生，福建閩侯人。成功大學機械工程研究所碩士，1965年獲美國奧克拉荷馬大學機械工程博士。1967～1971年主持美國史丹福大學胡佛研究院榮譽訪問講座。1983年再獲韓國全南大學榮譽工程學博士學位。他專精於科技政策與科技外交事務，以及前瞻性技術之應用與產官學研整合工作，長期從事尖端科技工作，對輻射、熱傳導、粘性流體力學等科學頗有研究，曾發表多篇有關太空船熱設計的專論。曾任成功大學工程科學系主任、臺灣省高雄工業專科學校校長、教育部技術及職業教育司司長、教育部常務次長。1980年擔任成功大學校長，1988年任行政院國家科學委員會主任委員，1993年擔任政務委員，兼任行政院科技顧問組、資訊發展推動小組、南港經貿園區策劃推行小組等單位召集人，也曾是國民黨12、13屆中央委員。[92]

---

90 蒙藏委員會歷任委員長簡介：http://www.mtac.gov.tw/cpages.php?lang=1&page=221&htm=index3-7.htm。檢索日期：2012年9月21日。

91 詳見蔣孝嚴，《蔣家門外的孩子——蔣孝嚴逆流而上》（臺北：天下文化，2006年）。

92 夏漢民，《像根出於乾地——夏漢民回憶錄》（臺北：道聲出版社，2011年），頁59-71。

丘宏達，1936年出生，福建海澄人。父親丘漢平是知名法學博士，曾任立法委員，其兄丘宏義是美國國家航空暨太空總署天文物理學家。丘宏達是國立臺灣大學法律系學士，美國長島大學政治學碩士、哈佛大學法學碩士、哈佛大學法學博士（S.J.D.）。曾任哈佛大學法學院研究員、臺大與政大教授、美國馬里蘭大學法律學院教授，後為東亞法律研究計畫主任、終身榮譽教授，亦曾任該院《現代亞洲研究專刊》主編。他曾於1971年獲選為十大傑出青年，長期對國政發表建言，深受蔣經國與孫運璿的重視，多次應邀返臺參與國家建設會議，是在臺灣公開撰文主張解嚴的學者之一。他也是保釣運動的早期參與者，於1971年開始撰寫文章，向臺灣學界介紹保釣運動，對於促進臺灣民主化有很大貢獻。[93]

　　張京育，1937年出生，湖南湘潭人。國立政治大學碩士畢業後，考取中山獎學金，赴美國哥倫比亞大學攻讀博士。他在出國前，曾取得高等考試普通行政人員與外交領事人員特種考試資格，進入外交部工作，從基層開始做起。在美讀書期間，曾加入中華民國留美學生在美國華府成立的反共愛國聯盟。畢業後，先在國立政治大學政治系任教，由於當時的校長李元簇為呼應蔣經國的期待，多培植外交人才，故邀請張京育擔任全國獨一無二的外交系主任。1984年，張京育擔任行政院新聞局局長，以平易近人與沉潛穩健的性格，豐富的學養，扮演政府發言人的角色。1988年7月起，他連續當選為中國國民黨第13、14屆中央委員。1989年任政治大學校長，積極籌劃成立國際事務學院。1994年3月擔任連戰內閣的政務委員。無論教學或從政，張京育始終沒有離開過外交的領域。[94]

　詳見丘宏達著，陳純一編，《書生論政：丘宏達教授法政文集》（臺北：三民書局，2011年）。

94　中華湖湘文化發展協會理事長張京育博士簡介，詳見網址：http://tw.myblog.yahoo.com/chscda/article?mid=87&next=66&l=f。

關於連戰內閣與蔣氏父子淵源關係，請參見表6-2。

表6-2　連戰內閣與蔣氏父子淵源關係

編號	職稱	姓名	1.血親或旁系親屬	2.同鄉	3.同學友朋（子女）	4.師生淵源	5.官邸近侍	6.黨中常委	7.技術專家	8.臺籍
1	行政院長	連　戰				✓			✓	✓
2	副院長	徐立德				✓		✓	✓	
3	祕書長；政務委員；蒙藏委員會委員長（後任）	李厚高							✓	
4	內政部長（前任）	吳伯雄				✓		✓	✓	✓
5	內政部長（後任）	黃昆輝				✓		✓	✓	
6	外交部長	錢　復		✓		✓		✓	✓	
7	國防部長（前任）	孫　震				✓		✓		
8	國防部長（後任）	蔣仲苓		✓		✓			✓	
9	財政部長	林振國							✓	
10	教育部長	郭為藩				✓			✓	✓
11	法務部長	馬英九							✓	
12	經濟部長	江丙坤							✓	
13	交通部長	劉兆玄							✓	
14	蒙藏委員會委員長（前任）	張駿逸							✓	
15	僑務委員會委員長	章孝嚴	✓	✓				✓	✓	
16	政務委員	郭婉容						✓	✓	
17	政務委員	王昭明				✓			✓	
18	政務委員	黃石城							✓	✓
19	政務委員	夏漢民				✓			✓	

20	政務委員	蕭萬長						✓	✓	✓
21	政務委員	丘宏達							✓	
22	政務委員	張京育				✓			✓	
比例			4.5％	13.6％	0％	50.0％	0％	36.4％	95.5％	22.7％

　　以連戰內閣（1993年2月～1996年2月）成員分析，在總計22位內閣成員中，只有文人出身的國防部長孫震不是技術專家，其餘21人則全部是技術專家身分，占95.5％，於所有選項中排名第1。

　　22位內閣成員中有11位閣員符合師生關係，占內閣成員的50％，在選項中排名第2位。在師生關係中，錢復曾在國防研究院第10期結業，而早在1969年，連戰與徐立德、王昭明就已經是革命實踐研究院開設的國防研究院第11期的同學；在蔣經國主政時期，由李煥擔任班主任的革命實踐研究院國家建設研究班出身的閣員有徐立德、吳伯雄、黃昆輝、孫震、郭為藩、夏漢民、張京育等7人。這10人中，臺籍人士就有4人。

　　徐立德、吳伯雄、黃昆輝、錢復、孫震、章孝嚴、郭婉容、蕭萬長等8人兼具黨中常委身分，占全體閣員的36.4％，於選項中排名第3位。內閣成員中，臺籍人士有5位，占22.7％，為所有選項中排名第4。

　　與蔣氏父子具有浙江同鄉淵源的有錢復、蔣仲苓、章孝嚴等3人，占全體閣員中的13.6％，於選項中排名第5。血親關係中只有章孝嚴1人，占全體閣員中的4.5％，排名第6。至於曾擔任過蔣氏父子近侍，以及與蔣氏父子具有同學友朋關係的，都是0人，同占全體閣員中的0％，兩者都排名第7。

　　關於連戰內閣與人事背景分析，請參見圖6-1。

圖6-1 連戰內閣與人事背景分析

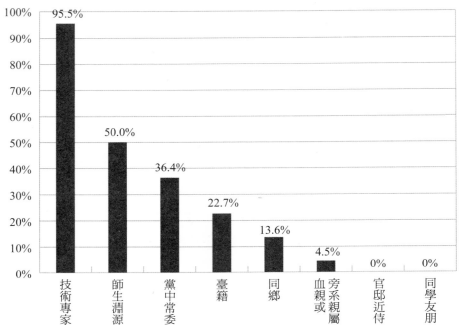

　　在所有內閣成員中，擁有4個選項的是吳伯雄、錢復與章孝嚴等3人。擁有3個選項的是連戰、徐立德、黃昆輝、蔣仲苓、郭為藩、蕭萬長等6人。擁有兩個選項的共有6人，分別是郭婉容、孫震、王昭明、黃石城、夏漢民、張京育等。至於李厚高、林振國、馬英九、江丙坤、劉兆玄、張駿逸、丘宏達等7人則僅有1項淵源。而在連戰內閣中出身官邸以及和蔣氏父子有同學友朋的2項關係淵源為零，充分顯示後蔣時代的結束，國民黨權力核心也將加快世代交替的速度了。

　　1993年2月連戰組閣後，國民黨內部並不平靜，早在1990年5月，趙少康、郁慕明、陳癸淼等人在國民黨內另組「新國民黨連線」；1993年8月10日，趙少康、郁慕明、王建煊、陳癸淼、李慶華、李勝峰、周荃等7人召開記者會，宣布成立新黨。剛於3月10日接替宋楚瑜擔任中央黨部祕書長

的許水德，到了第3次餐敘懇談時，李慶華私下告訴他：「祕書長你不要再費心了，我們已經決定離開國民黨」。[95] 徐立德觀察許多國民黨黨員紛紛出走，加入新黨，百年的中國國民黨正式走向分裂。[96]

1993年年初，立法委員朱高正發表〈天下之廣，非一人所能獨占〉，針對李總統不夠誠信，及他獨裁與縱容臺獨、想搞臺灣獨立等撰文批判。朱文自1993年1月18日至28日，以在國內外各報刊登廣告的方式發表。經濟學家王作榮認為李總統建立了民主制度，不是獨裁，政權本土化是不可避免的趨勢，也是兩代蔣總統的遺志。王文先被拒登於《中國時報》及《中央日報》，最後刊載於《自立晚報》。[97] 王作榮也分析新黨組黨的前途並不樂觀，由於缺乏政治領袖能堪大任，也缺乏政綱，足資號召，實際上不過是烏合之眾的造反部隊而已。[98]

8月16日，中國國民黨第14次全國代表大會（以下簡稱「十四大」）開幕。17日，大會由邱創煥擔任主席，在討論是否設置副主席時，出席代表1,648位，表決結果有1,007人贊成，尚差91人，才能達到三分之二人數通過，由於爭議頗大，會場代表之間已經因立場不同爆發言語及肢體衝突。這時，祕書長許水德把郝柏村辭職時，李主席在中常會發表的談話拿出來宣讀，以證明當時並沒有很肯定說要設置副主席，或曾允諾聘郝為副主席。許多代表對許水德的「有備而來」，議論紛紛不以為然。[99] 先是，郝柏村在辭職前後，李登輝透過重要第三者允諾卸職後先出任黨內尚未設置的中央政策指導小組召集人、十四大後增設的副主席以及國安會的副主任委員，

---

95 許水德，《全力以赴：許水德喜壽之年回憶錄》，頁213-214。

96 徐立德，《情意在我心：徐立德八十回顧》，頁285。

97 王作榮，《壯志未酬》，頁475-477。

98 王作榮，前引書，頁515。

99 官麗嘉，《誠信：林洋港回憶錄》，頁319。

郝柏村認為層峰過去對邱創煥、李煥、王玉雲、高育仁等人答應職務而未兌現來看，是不能寄予希望的。後來事實證明，政策指導小組召集人不了了之，十四大之副主席一事，波折多端。而1,007位贊成增設副主席的黨代表，逼使李登輝在情勢所迫下，考慮增設副主席。[100] 林洋港認為這1,007位黨代表也有可能在第2天選舉黨主席時投下反對票，結果經過一個中午的協商，到了下午，政策急轉彎，黨代表以鼓掌的方式，表決通過黨副主席的設置。林洋港在現場目睹所有過程，覺得對李登輝的信賴及期望，徹底破滅。[101]

在十四大閉幕後，林洋港不僅下定決心參選總統，也私下告知親朋好友，尤其在十四大，他曾為郝柏村能否順利出任副主席「備受煎熬」，並且目睹其他從政朋友都有類似經驗，即勸退時先得到李總統對新職許諾，事後則不認帳，理由是「情勢已經改變」。由於長期累積對李登輝不夠誠信的傷心和失望，林洋港於9月1日辭卸司法院長職務，正式展開籌備競選下屆民選總統事宜。[102] 時任中央黨部祕書長的許水德，面對違紀參選的林洋港時，表示違紀參選將開除黨籍，林洋港爽快的對他說：「那是當然的，你是黨的祕書長，應當要如此做。」對於二十多年老友陳履安，許水德在坦然說出困難之處後，陳履安在兩天後主動選擇離開國民黨。[103] 1994年7月29日，國民大會完成三讀，通過「總統選舉方式將改由中華民國自由地區全體人民直接選舉之」。國民黨副主席郝柏村與林洋港於1995年11月13日正式宣布，搭檔競選總統，挑戰李登輝和連戰，林、郝兩人並在同年底的立委選舉中，為新黨候選人站臺。12月12日，國民黨考核紀律委

100　王立行，《無愧：郝柏村的政治之旅》，頁355-356。
101　官麗嘉，前引書，頁321。
102　官麗嘉，前引書，頁322-323、327。
103　許水德，前引書，頁221-222。

員會以違紀為新黨立委候選人站臺輔選為由，將林、郝兩人撤除黨籍，國民黨繼1993年新黨成立後再一次分裂。李登輝與連戰在1996年的總統選舉中，以54％的得票率，當選第1屆民選正、副總統。[104]

　　徐立德認為，李登輝靠著意志力與政治手段，在經過一連串的事件與政治鬥爭中，一步步除去障礙，權力日漸鞏固。徐立德在黨部服務期間，充分感受到李登輝在政治運作上的改變，對外省人日益增加的戒心與不信任感，省籍情節逐漸形成。之後，他透過與地方政治勢力結合，並經由金錢挹注與分享權力位置，鞏固權力基礎。最後，為了政治權力的爭鬥而放棄理想，以黨產的運用，縱容了地方與民意代表若干不當作為，造成國民黨黑金形象。[105] 施啟揚是李登輝在1996年5月20日，在總統府宣誓就職的監誓人，他不認為李登輝在1996年總統直選前，有所謂「臺獨」意念；但民選後之各種跡象使他「半信半疑」，政黨輪替後自然是「深信不疑」。[106] 施啟揚認為李登輝自國是會議以來，經常引進體制外力量來推動大規模的改革是極端危險的。而一再借用外力的代價，忽略內部的聲音，就是2000年3月18日終於付出的「天價」（變天的代價）。[107]

第四節　菁英特質總論

　　從1972年蔣經國出任行政院長，到1993年郝柏村內閣總辭，在長達21年的蔣經國和後蔣時代，含院長在內總計有84位政治菁英在內閣擔任部會首長以及政務委員，而職位甄選過程中，哪些是必須具備的條件，是本文研究的重點。因此我們就以歷任內閣與蔣氏父子的關係淵源進行分析，其中

104　徐立德，前引書，頁285-286。
105　徐立德，前引書，頁286-287。
106　施啟揚，《源：三十年公職回憶》，頁140。
107　施啟揚，前引書，頁113-114。

包含：一、血親；二、同鄉；三、同學友朋；四、師生；五、官邸近侍；六、黨中常委；七、技術專家；八、臺籍等8個選項來做最後的總論，下列各選項統計也分析至連戰內閣，以方便分析比較。

一、血親

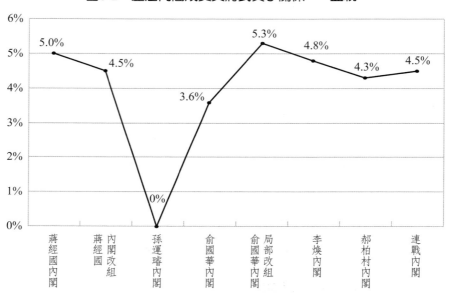

圖6-2　歷屆內閣成員與蔣氏父子關係——血親

由圖6-2顯示，在歷任內閣之中，與浙江奉化蔣介石家族有血親關係的只有蔣經國與毛高文2人，而連戰組閣後，蔣經國庶出的兒子章孝嚴擔任僑務委員會委員長。蔣經國能順利成為蔣介石的權力接班人，除了血親嫡子之外，陳誠副總統的過世也是最關鍵的原因。在其後的內閣中，蔣介石的嫡系血親除蔣經國之外，就只有旁系的毛高文一人，毛高文在輩分上是蔣經國的表侄，在家族關係上也是陳誠的姨侄，他是以清華大學校長身分，於1987年擔任教育部長。由此可看出血親關係在蔣經國與後蔣時代，

都不是入閣的必要條件。反而是在連戰組閣後任命章孝嚴出任僑委會委員長，象徵李登輝在經過激烈的政治鬥爭後，有意藉章孝嚴的特殊身分來安撫國民黨在分裂後的支持者，以及鞏固海外僑胞的向心力。由此可知，與蔣氏父子的血親關係不是入閣的必要條件；但在黨面臨分裂時刻，又是蔣經國的一種身分投射。

二、同鄉

圖6-3　歷屆內閣成員與蔣氏父子關係——同鄉

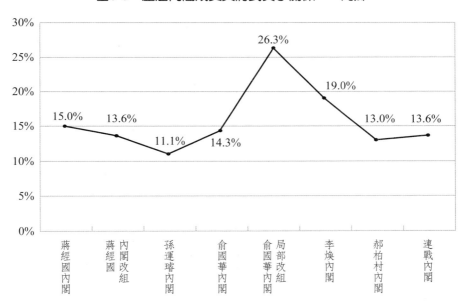

從圖6-3顯示，在歷任內閣中，與蔣氏父子有浙江省同鄉淵源的有蔣經國、俞國華、周宏濤、錢純、錢復、毛高文、陳履安、蔣彥士、蔣仲苓、章孝嚴等10人。其中俞國華、周宏濤、毛高文3人又都是蔣氏父子的奉化小同鄉，在蔣介石於大陸期間，貼身機要祕書除了臺灣時期的陳叔同以

外，其他人都是籍隸浙江省奉化縣。[108] 蔣經國主政之後，出身浙江的閣員在每屆都不超過15％，只有在俞國華內閣局部改組時的26.3％較為突出，這也象徵國民黨在作政治甄補（political recruitment）時，「成就取向」超越「關係取向」的趨勢。

三、同學友朋

圖6-4　歷屆內閣成員與蔣氏父子關係——同學友朋

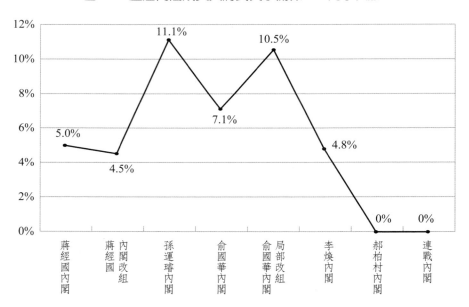

從圖6-4的分析顯示，在歷任內閣中，只有俞國華、周宏濤、張繼正3人的父祖輩與蔣介石為同學友朋。俞國華的父親俞作屏與蔣介石少年定

108　俞國華，《財經巨擘：俞國華生涯行腳》，頁85-86

交，兩人是奉化縣鳳麓書院同學，又先後留學日本，返國後擔任蔣介石祕書，後來在出任廣東省淡水縣長任內，因公殉職，因此，俞國華在弱冠之年，蔣介石就要他跟隨身邊，成為最親近的機要祕書。[109] 周宏濤的祖父周駿彥哥哥是蔣介石當年在鳳麓書院求學時期的校長，由於這段師生淵源，周駿彥長期擔任軍事委員會的軍需工作，周氏祖孫與侍從室關係密切，老一輩人士無所不曉，而周宏濤進入侍從室之後，則從俞國華的助手做起。[110] 張繼正的父親張群，於1908年赴日本，就讀振武學堂，與蔣介石同學，曾經長期擔任總統府祕書長（1954～1972年）。以上3人，父祖輩與蔣介石有深厚情誼而與蔣經國是平輩論交，但自郝柏村內閣開始隨著歲月推移，具同學友朋的選項已經完全沒有了。

而曾經在贛南時期追隨蔣經國多年，來臺灣後曾任國防部軍聞社長的漆高儒分析，蔣經國對於自己留俄的同學，一個也未重用，但保留了同學的友誼，使他們每人都有一份足以維持生活的工作。[111] 而曾經與蔣經國在留學蘇聯共患難的摯友，時任立法委員的王新衡來臺後與蔣經國往來密切，最後卻因為王新衡踏進商場，出任企業負責人，蔣經國立刻言明雙方關係不同於從前，並且疏遠彼此的友誼。[112] 因此，同學友朋不是蔣經國主政時期進入內閣的必要條件。

109 俞國華，前引書，頁45-46

110 俞國華，前引書，頁164-166

111 漆高儒，《蔣經國評傳——我是臺灣人》（臺北：正中書局，1998年1月），頁241。

112 俞國華，前引書，頁265。

四、師生淵源

圖6-5 歷屆內閣成員與蔣氏父子關係——師生淵源

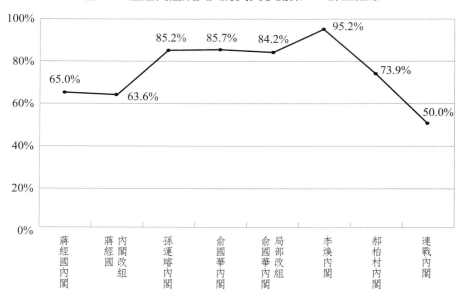

在師生淵源上，從圖6-5的分析顯示，自蔣經國組閣到郝柏村內閣為止，師生淵源以軍校生和臺灣蔣氏父子時代，於陽明山設立的國防研究院以及革命實踐研究院所開設的各期班別計算，就蔣經國至郝柏村內閣全體人數84人予以計算，具備師生淵源的比例占69％，[113] 其中最重要的是1959年所開創的國防研究院，這是兼具美國國防大學與工業大學

---

113 以大陸時期軍校生為例，1971年駐聯合國軍事代表團團長王叔銘電告蔣介石總統電文稱蔣為「校長」，文末自稱「生」，而外交部長周書楷在報告中則稱蔣為「總統」，自稱「職」，由稱呼上可看出早期軍校生與蔣介石之間濃厚的師生感情，請參見王正華編，《中華民國與聯合國史料彙編》，（臺北：國史館，2001年），頁567、569-570。而在大陸時期於1943年成立的中央幹部學校成立，由蔣介石親任校長，教育長一職由蔣經國擔任，而李煥與王昇、易勁秋、楚崧秋、潘振球等都是研究部第1期學生，這群人往後數十年在私下則稱蔣經國為「教育長」，很多人成為蔣經國的工作幹部，只是在本文中，中央幹部學校不列入統計。見林蔭庭，《追隨半世紀——李煥與經國先生》，頁27-31。

雙重的功能，以造就現代總體戰爭的領導人才培養，造就第3期的國民革命精神動力。[114] 　從1959～1970年，由蔣介石總統自己擔任院長，從黨、政、軍、企業各方面重要負責人，經過嚴格甄選受訓，並由政府各部門官員去作報告演講。李國鼎非常認同蔣介石總統的理念，那就是將國防研究院作為各部門決策人士凝聚共識，培養革命情感並且配合國家政策推行的整合平臺，尤其行政院各部會之間重要協調，政府與民間、軍方的溝通都可透過這個機會，收到良好的效果。李國鼎對於國防研究院可以凝聚各界決策人士對國家的責任感與效忠等功能備加肯定；但對於蔣經國在接任行政院副院長後把它取消深感不以為然。[115]

除了國防研究院及革命實踐研究院所開設的各種班別之外，蔣經國於1975年2～12月，命兼任革命實踐研究院主任的李煥開辦「國家建設研究班」（簡稱國建班），目的在培養優秀的中生代人才。國建班每期只遴選28名黨、政、學界菁英上陽明山受訓。前後3期研究班，共有84人結業，參加學員依專長，分為行政、外交、文教、財經、法律、農業、工業、新聞8組。經過國建班受訓的這批國民黨中生代菁英，日後一共有15位入閣，以接近六成的入閣率，成為往後政壇的接班梯隊。

在蔣經國與後蔣經國時代中，共有26位內閣成員曾在國防研究院接受訓練，並受到高層重用，擔負起日後國家發展的重責大任。其中最為人知的就是國防研究院第5期結業的李國鼎。他在當時擔任行政院國際經濟合作發展委員會委員兼祕書長，以第1名90分的優異成績，深得蔣介石欣賞。當時國防研究院對他的評語是：「有組織領導能力，並具毅力與膽

114　見國防研究院，《國防研究十週年概況》，頁1-33。

115　李國鼎，《我的臺灣經驗》，頁474-478。李國鼎是國防研究院第5期研究員，畢業論文〈戰後輕重工業扶植五年計畫〉經張其昀主任講評後，在經濟組獲得優等。見《國防研究十週年概況》，頁369。

識，勇於負責，爭取主動，風度儀容均佳，肩負經濟建設工作及國是經濟合作事宜，允勝其任。如在氣度與修養上更下功夫，定成大器。」[116] 此外，連戰、徐立德、王昭明則是國防研究院第11期的同學，其中連戰的畢業論文〈近66年國會制度的回顧與前瞻〉在同儕中脫穎而出，成為國防研究院第11期研究員畢業論文文化組中的第1名。[117]

由於革命實踐研究院是以培養黨政軍各部門的領袖人才為教育的目的，因此由蔣介石自兼院長，並在1975年4月28日，中央委員會第2次臨時全體會議，決議永久保留「院長」名義。[118] 在蔣經國擔任主席期間，革命實踐研究院主任自1976年～1978年6月，由中央組織工作會主任李煥兼任，除延續蔣介石時期的「黨政建設研究班」2期及「學生領導幹部講習會」7期外，共辦理「國家建設研究班」3期、「黨務工作研究班」14期、「國家行政研究班」2期及各類研討會9期。1978年7月，蔣經國親兼主任，劃分教育訓練層次為研究班、講習班、訓練班及研討會四大類，以便循序漸進，按部就班的培養人才，[119] 而這個培養人才的制度，是基於蔣經國所說：「黨與政府與國家的成敗，決定於能否發現人才，培養人才與運用人才。觀乎中國歷史，凡國勢強大興盛的時候，也就是人才薈萃濟濟多士的時候。」[120] 蔣經國也勉勵黨的主管同志對於組織的幹部要做到公而

116　「國防研究院第5期經濟組研究員畢業成績名次表」（民國52年12月），《蔣經國總統文物檔案》，（國史館），典藏登錄號005000001124A，典藏號：00501020700009004。

117　「訓練-國防研究院教育成果與檢討報告書（四）」（民國59年），《蔣經國總統文物檔案》，（國史館），典藏登錄號005000001120A，典藏號：00501020700004009。

118　李雲漢，《中國國民黨職名錄》，頁328-329。

119　另有關革命實踐研究院受訓及班別資料，請參看黃淑芳，〈經國先生與臺灣的人才甄補——以革命實踐研究院為個案之分析〉，載葛永光，《蔣經國先生與臺灣民主發展》，131-170。

120　中央組織工作會印行，〈勝利成功路〉，1975年5月對中央黨部及省市同志講話「策定黨務工作的新觀念和新方向」，《蔣主席對本黨同志重要提示彙集》，1978年11月，頁206。

無私的吸收人才、培養人才、運用人才。[121] 因此，自1978年7月～1988年1月止，共辦理「革命實踐研究班」26期、「革命實踐訓練班」3期，以及其他各類研討會81期，總計訓練14,927人次。[122] 從蔣經國組閣到郝柏村內閣，共計有48位內閣閣員曾經在革命實踐研究院和國防建設研究班結業。

在後蔣經國時代，俞國華、李煥以及郝柏村內閣中，自革命實踐研究院國家建設研究班出身的閣員總計有張劍寒（第1期行政類）、許水德（第2期行政類）、吳伯雄（第2期行政類）、黃昆輝（第1期文教類）、高銘輝（第2期文教類）、施啟揚（第1期法律類）、蕭天讚（第1期法律類）、王友釗（第2期農業類）、陳履安（第2期工業類）、徐立德（第1期行政類）、郭為藩（第1期文教類）等11人。這11人之中，臺籍人士就有7人。此7人中，蕭天讚、施啟揚、黃昆輝、許水德等4人更是擔任兩屆或兩屆以上的閣員。[123] 關於各屆內閣閣員曾經在國防研究院、革命實踐研究院受訓的名單，請參見表6-3。[124]

表6-3　歷任內閣成員參與國防研究院、革命實踐院、國建班名單

姓名	內閣時期	國防研究院	革命實踐院其他班級	革命實踐院國防建設研究班
徐慶鐘	蔣經國內閣 蔣經國內閣（改組） 孫運璿內閣		✓	
林金生	蔣經國內閣 蔣經國內閣（改組） 孫運璿內閣	✓	✓	

121　同前注，頁141。

122　黃淑芳，前引文，頁140。

123　國家建設研究班以訓練黨政高層幹部為主，共分3期。課程著重在革命理論與實踐、當前國際情勢與因應措施、國共情勢分析、國家政策以及領導方法。習賢德《中國國民黨與社會菁英：革命實踐研究院五十年史》（臺北：磐石書局，2004年），頁47-55。

124　國家建設研究班以訓練黨政高層幹部為主，共分3期。課程著重在革命理論與實踐、當前國際情勢與因應措施、國共情勢分析、國家政策以及領導方法。習賢德《中國國民黨與社會菁英：革命實踐研究院五十年史》（臺北：磐石書局，2004年），頁47-55。

姓名	內閣時期	國防研究院	革命實踐院其他班級	革命實踐院國防建設研究班
陳大慶	蔣經國內閣		✓	
高魁元	蔣經國內閣 蔣經國內閣（改組） 孫運璿內閣		✓	
李國鼎	蔣經國內閣 蔣經國內閣（改組） 孫運璿內閣 俞國華內閣	✓		
蔣彥士	蔣經國內閣 蔣經國內閣（改組） 孫運璿內閣	✓	✓	
王任遠	蔣經國內閣	✓		
孫運璿	蔣經國內閣 蔣經國內閣（改組） 孫運璿內閣	✓	✓	
崔垂言	蔣經國內閣 蔣經國內閣（改組） 孫運璿內閣	✓	✓	
毛松年	蔣經國內閣 蔣經國內閣（改組） 孫運璿內閣	✓	✓	
連震東	蔣經國內閣 蔣經國內閣（改組）	✓		
俞國華	蔣經國內閣 蔣經國內閣（改組） 孫運璿內閣 俞國華內閣 俞國華內閣（改組）	✓		
郭　澄	蔣經國內閣 蔣經國內閣（改組）	✓		
費　驊	蔣經國內閣（改組） 孫運璿內閣	✓	✓	
張豐緒	蔣經國內閣（改組） 孫運璿內閣 俞國華內閣 俞國華內閣（改組） 李煥內閣		✓	
汪道淵	蔣經國內閣（改組） 俞國華內閣	✓		
邱創煥	孫運璿內閣	✓		
林洋港	孫運璿內閣 俞國華內閣		✓	
朱撫松	孫運璿內閣 俞國華內閣		✓	

姓名	內閣時期	國防研究院	革命實踐院 其他班級	革命實踐院國 防建設研究班
宋長志	孫運璿內閣 俞國華內閣	✓	✓	
張繼正	孫運璿內閣	✓		
徐立德	孫運璿內閣 俞國華內閣	✓		✓
朱匯森	孫運璿內閣		✓	
張光世	孫運璿內閣		✓	
趙耀東	孫運璿內閣		✓	
連　戰	孫運璿內閣 俞國華內閣 俞國華內閣（改組） 李煥內閣	✓		
薛人仰	孫運璿內閣	✓	✓	
周宏濤	孫運璿內閣	✓		
吳伯雄	俞國華內閣 郝柏村內閣			✓
宋長志	俞國華內閣		✓	
鄭為元	俞國華內閣 俞國華內閣（改組） 李煥內閣		✓	
陸潤康	俞國華內閣		✓	
毛高文	俞國華內閣 俞國華內閣（改組） 李煥內閣 郝柏村內閣		✓	
郭南宏	俞國華內閣 俞國華內閣（改組） 李煥內閣 郝柏村內閣		✓	
董樹繁	俞國華內閣		✓	
馬紀壯	俞國華內閣		✓	
蕭天讚	俞國華內閣		✓	✓
李　煥	俞國華內閣 李煥內閣	✓	✓	
施啟揚	俞國華內閣			✓
吳化鵬	俞國華內閣 俞國華內閣（改組） 李煥內閣 郝柏村內閣		✓	

姓名	內閣時期	國防研究院	革命實踐院 其他班級	革命實踐院國 防建設研究班
曾廣順	俞國華內閣 俞國華內閣（改組） 李煥內閣 郝柏村內閣		✓	
周宏濤	俞國華內閣 俞國華內閣（改組） 李煥內閣	✓		
趙耀東	俞國華內閣		✓	
郭為藩	俞國華內閣			✓
施啟揚	俞國華內閣（改組） 李煥內閣 郝柏村內閣			✓
許水德	俞國華內閣（改組） 李煥內閣 郝柏村內閣			✓
蕭天讚	俞國華內閣（改組） 李煥內閣			✓
陳履安	俞國華內閣（改組） 李煥內閣 郝柏村內閣			✓
王友釗	俞國華內閣（改組） 李煥內閣			✓
錢　復	俞國華內閣（改組） 李煥內閣 郝柏村內閣	✓		
黃昆輝	俞國華內閣（改組） 李煥內閣 郝柏村內閣			✓
郝柏村	李煥內閣 郝柏村內閣		✓	
呂有文	李煥內閣 郝柏村內閣		✓	
張建邦	李煥內閣 郝柏村內閣	✓		
張劍寒	李煥內閣 郝柏村內閣			✓
王昭明	郝柏村內閣	✓		
高銘輝	郝柏村內閣	✓		✓
李　模	郝柏村內閣	✓	✓	

從表6-3的分析得知,歷屆內閣成員出身國防研究院、革命實踐研究院、國家建設研究班的共有59人,含軍校畢業生在內,以蔣經國至郝柏村內閣全體人數84人予以計算,師生淵源的比例占69%;孫運璿、俞國華、李煥、郝柏村、連戰等5位行政院長也都曾在上列各期班別受訓,其中,俞國華、李煥、孫運璿、連戰4人,早年皆受訓於國防研究院,這是兩蔣時代部會首長最重要的入閣條件,尤其歷屆行政院長都具備此項資歷;但李登輝、李元簇、馬英九等政治領導人,卻不具備此項重要關係淵源。

五、官邸近侍

圖6-6 歷屆內閣成員與蔣氏父子關係——官邸近侍

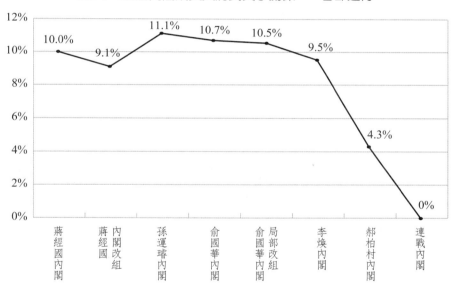

從圖6-6的分析中,官邸近侍從蔣經國到郝柏村組閣比例都在12%以下;其中沈昌煥、俞國華、周宏濤、馬紀壯等4人出身蔣介石在大陸時期的侍從室,沈昌煥是交際祕書,俞、周2人是機要祕書,馬紀壯出

身軍事委員會侍從室第三處，[125] 沈昌煥長期擔任外交部長，被外界視為「漢賊不兩立」政策的捍衛者，在卸職後又擔任蔣經國的國家安全會議祕書長和總統府祕書長至蔣經國逝世，馬紀壯則擔任過總統府祕書長以及政務委員，周宏濤長期擔任行政院主計長、政務委員。郝柏村則是蔣介石總統在臺灣時期的侍衛長，其後在蔣經國總統和李登輝總統時代，擔任長達8年（1981～1989年）的參謀總長，是蔣經國最信任的軍事將領。在歷屆內閣成員中，出身官邸而入閣的比例雖不高，但大多在核心權位，備受重用；尤其5人之中，俞國華與郝柏村先後出任閣揆，比例高達歷屆閣揆的42.9％；而郝柏村更是蔣經國逝世後，士林官邸在政治上最後的寄託，這一切都顯示官邸派與蔣氏父子的緊密關係。[126]

1993年連戰組閣後，內閣成員中已經沒有人出身官邸近侍，這項變化顯示，蔣氏家族在政治上的影響力已經式微，而李登輝時代則正式啟動。

---

125 俞國華，前引書，頁83、85、144。

126 以沈昌煥為例，在李登輝擔任主席的中常會上，由於不滿政府對蘇俄政策的決策程序，他曾將蔣介石寫的《蘇俄在中國》摔在中常委的面前，質問大家是不是蔣的政策都不要了？連李登輝主席都噤若寒蟬，而他所執著的「漢賊不兩立」核心價值，石之瑜認為是「王業不偏安」，以光復大陸為其畢生服膺之職志，見石之瑜，〈緬懷大時代的性格〉，載《寧靜致遠、美麗人生——沈昌煥先生紀念文集》，頁559-567。

六、中常委

圖6-7　歷屆內閣成員與蔣氏父子關係——中常委

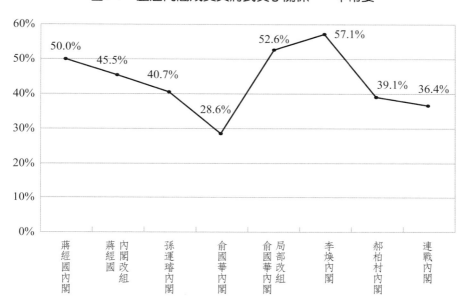

中國國民黨中央委員會所選出的中央常務委員，是黨內最高的決策核心，[127] 中常會所達成的決議，交由行政院院會依部會職權去執行。從圖6-7的分析可統計，歷屆內閣部會首長身兼黨中常位的比例有43.8％，幾占近五成。在蔣經國主政時期，他最重視出席中常會，並且聽取中常委對重大事務的意見。[128] 中國國民黨中央委員會也開始逐步培植臺籍中常委以及黨部主管，其中謝東閔、連震東、徐慶鐘、林

127　中國國民黨重要人事案，包括內閣部會首長的任命，都必須先經過中常會的通過。而當年國民黨組織規定頗嚴，不但各工作會主任委員不能出任中常委，就連中央黨部祕書都不能兼具中常委身分。見俞國華，前引書，頁341。有關中央委員會及中央常務委員職權可參看李雲漢，《中國國民黨職名錄》，頁273-274。

128　李煥回憶在蔣經國健康日差之際，仍然堅持出席他最重視的中常會，並且與黨的核心菁英一起分享意見交流。見葛永光，《蔣經國先生與臺灣民主發展：紀念蔣經國先生逝世二十週年學術研討論文集》，頁221-222。

金生、陳奇祿、邱創煥、連戰都先後擔任過中央黨部副祕書長，許多內閣部會首長在入閣前都曾擔任中常委或歷經黨職的長期歷練，中華民國第一位臺籍副總統謝東閔自1963年第9屆中常委到1993年8月第14屆為止，前後任期長達30年，[129] 而徐慶鐘是第一位臺籍行政院副院長，他自1972年3月擔任第10屆中常委以來，到1981年第12屆中央委員會為止，前後任期近10年。而臺灣本土企業加入選中常委，先後有林挺生、辜振甫等人。其中林挺生從第10屆連任到第12屆，前後長達15年。[130]

在第11屆中央委員會的四中全會（1979年12月14日），臺籍中常委在全體中常委27席中，共有謝東閔、李登輝、林洋港、邱創煥、林金生、林挺生、徐慶鐘、蔡鴻文、洪壽南等9位臺籍中常委，席次首次占全體中常委的三分之一。而其中邱創煥早在1967年第9屆中央委員會即擔任第五組副主任，與李煥、郭澄、王任遠都是前後任同事；1972年5月，邱創煥在第10屆更高升為社工會（原第五組）主任。在第11屆中央委員會，也有更多臺籍中生代擔任黨部要職，除了連戰由青工會主任，於1978年升任中央黨部副祕書長之外，高育仁擔任祕書處主任，蕭天讚與許水德也先後擔任社工會主任，而林清江在1976～1978年出任海工會主任，趙守博和施啟揚也分別擔任文工會以及青工會副主任。

在第12屆中央委員會期間，蔣經國於1988年1月13日病逝，由李登輝於1月27日代理黨主席。在第12屆臺籍中常委名單中，連戰、高育仁、張建邦、許水德等中生代分別在二中全會當選，到了1986年3月31日的三中全

---

129 請參看李雲漢，《中國國民黨職名錄》，頁311-403。謝東閔早在1943年擔任在福建漳州成立的中央直屬臺灣黨部（臺灣省黨部前身）執行委員兼宣傳科長，主任委員由翁俊明擔任。見謝東閔，《歸返：我家和我的故事》（臺北：聯經出版公司，1988年8月），頁162-163。

130 有關所有中常委及黨部工作主管名單，都請參看李雲漢《中國國民黨職名錄》。

會，共有謝東閔、李登輝、林洋港、黃尊秋、洪壽南、邱創煥、吳伯雄、連戰、施啟揚、辜振甫、林挺生、高育仁、許永德、張建邦等共14人當選中常委，在總數31席中常委，臺籍已占約三分之一的比例。在第12屆中央委員會，副祕書長陳履安、馬英九、祕書處主任吳伯雄、海工會主任曾廣順、青工會主任黃昆輝、蕭天讚與趙守博先後擔任社工會主任，而財務委員會副主任委員先後由王昭明以及陸潤康擔任，其中多人，即將在往後內閣中擔任部會首長。

　　1988年李登輝在第十三全當選黨主席，國民黨中常委的臺籍人士有謝東閔、林洋港、邱創煥、黃尊秋、吳伯雄、連戰、施啟揚、辜振甫、高育仁、許水德、張建邦、郭婉容、蘇南成、陳田錨、許勝發、謝深山等共16人，占全體31位中常委的二分之一，是首度擁有過半席次；而許水德於1993年3月10日，接替宋楚瑜出任中央黨部祕書長，是中國國民黨第一位臺灣籍的祕書長。而第13屆中央委員會，組工會主任蕭萬長、海工會主任章孝嚴、青工會黃昆輝以及財委會主任委員徐立德等4人，將會在第14屆中央委員會當選中常委，並且在連戰內閣擔任重要職務。[131] 而歷屆內閣的部會首長兼中常委的排名，請參見圖6-8。

131　李雲漢，前引書，頁435。

圖6-8　7屆內閣部會首長兼中常委身分百分比

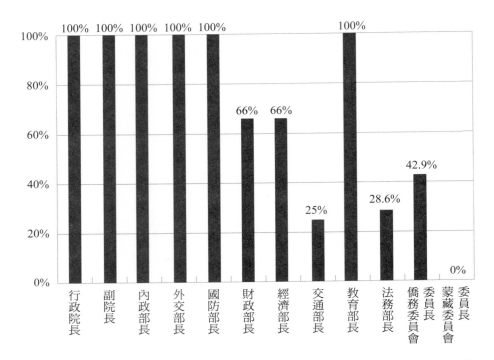

　　從圖6-8分析，行政院正、副院長、內政、外交、國防以及教育部長
在歷屆內閣中，都兼任國民黨中常委，是內閣中最核心的部會，占7屆
內閣的100％。財政部長與經濟部長次之，占66％。僑務委員會委員長占
42.9％，排名第3。法務部長占28.6％，交通部長占25％，分別為第4名和的
第5名。而內閣的八部二會之中，只有蒙藏委員會委員長從來不曾擔任中
常委進入黨的決策核心，被歸納為最邊緣的部會。

七、技術專家

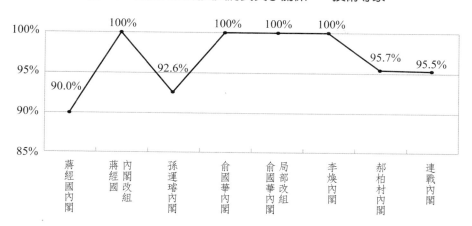

圖6-9　歷屆內閣成員與蔣氏父子關係——技術專家

李國鼎認為臺灣技術官僚的搖籃，是在大陸設立的資源委員會，負責推動工礦業發展，擔任過經濟部長的人，多半與資源委員會有關係，像是翁文灝在1938～1946年，即擔任經濟部長。來臺灣後，發展電力的孫運璿在1969～1978年擔任經濟部長，其後有趙耀東。李國鼎也分析蔣介石總統舉辦的革命實踐研究和更高層級的國防研究院，培養及訓練了更多的技術官僚。[132]　由於他們長期在專業領域服務，而以技術專家身分被甄選入內閣。從圖6-9之中分析，從蔣經國到郝柏村內閣，技術專家所占比例是8個淵源選項中最高，幾達96.9％，在歷任內閣中，蒙藏委員會委員長崔垂言，[133] 以及僑務委員會委員長毛松年兩人的任命，[134]　是籍貫的考量而非

132　李國鼎，前引書，頁474-478。

133　崔垂言是吉林長春人，曾任國防研究院第1期研究員，畢業論文是〈大陸革命方略〉，後出任蒙藏委員會委員長，是基於省籍因素。見國防研究院，《國防研究院十週年概況》，頁342。

134　毛松年是廣東番禺人，長期從事財政相關的公職生涯。參見李國鼎，《李國鼎：我的臺灣經驗》，頁582。毛松年是國防研究院第2期研究員，畢業論文是〈共匪人民公社在經濟上之研究〉。參見國防研究院，前引書，頁347。

在相關事務中有長期的歷練。接替崔垂言的薛人仰，祖籍福建，[135] 以及初次入閣擔任交通部長的連戰、文人出任國防部長的陳履安，由於軍事專業的欠乏，也不被納入技術專家選項；但如果經歷一次任期，而在內閣改組或新內閣留任，由於職務歷練，自然就會納入選項。

在歷任內閣成員中，各部會首長幾乎都歷經長期的職務歷練，尤其在財經首長方面，以李國鼎為例，由於嚴家淦的賞識，多次提拔他入閣擔任財經要職，[136] 李國鼎擔任經濟部長和財政部長時，王昭明與陸潤康都擔任過他的主任祕書，[137] 徐立德則是其經濟部長任內的人事處長。[138] 徐立德認為蔣經國時代最倚重的財經骨幹，就是以孫運璿、費驊、周宏濤、李國鼎、俞國華所組成的五人小組。[139] 李國鼎認為蔣經國最信任的就是五人小組為首的俞國華，[140] 五人小組為因應經濟突發狀況，像石油危機引起物價波動最厲害的時候，幾乎每星期都召開一次會議，蔣經國裁示後即通令共識貫徹，根本無需發文，效率充分發揮。[141]

俞國華由於深受蔣經國信任，因此被授權向層峰推薦金融方面的優秀人才，其中最得俞國華信任的首推錢純，因此被外界稱為「俞門大弟

135　薛人仰是福建福州人，曾擔任教育部邊疆委員會秘書，他與崔垂言都是國防研究院第1期研究員，畢業論文是〈我國議會制度之研究〉，見國防研究院，前引書，頁342。

136　康綠島，《李國鼎口述歷史》，頁61-62。李國鼎認為陳誠最信任嚴家淦，嚴家淦也是最好的政府官員，一直無私的輔佐陳誠和蔣氏父子。見李國鼎，《我的臺灣經驗》，頁510-515。

137　李國鼎，前引書，頁519-520。

138　徐立德，《情義在我心：徐立德八十回顧》。

139　徐立德，前引書，頁104。

140　周宏濤被外界稱為「蔣家帳房」，而他長期擔任行政院主計長是因為預算控制非常精準。見李國鼎，前引書，頁217、236。

141　徐立德認為後來孫運璿在任閣揆之後，和蔣經國更是合作無間。訪問全文請參看《聯合報》，2013年12月11日，A4版。

子」。[142]　農復會主委沈宗翰也是「中央銀行農業金融策劃委員會」俞的副手，[143]　其哲嗣沈君山日後在俞國華內閣擔任政務委員。俞國華出任經建會主委期間，延攬郭婉容、孫震以及公共工程專家王章清3人一起擔任副主委。[144]　而俞國華也自認，當蔣經國健康漸走下坡之時，只能專注於黨政軍務，至於整個財政、經濟、金融、建設領域，他都交由俞國華全權處理。[145]　俞國華在財政部長任內，於1968年3月30日所成立的賦改會成員中，當時尚屬年輕資淺的錢純、郭婉容、王建煊、林振國、白培英等5人，除林振國在連戰內閣出任財政部長外，其餘4位都早在蔣經國以及後蔣時代，分別擔任財政部長。由於這群財經官員的努力，使得這段時間臺灣的經濟突飛猛進，經濟成長率從1972～1993年，平均達7.9％，而人均所得也從1970年代的369美元到80年代2,150美元，再躍升為1993年的10,244美元，[146]　是歷屆內閣中，表現最亮麗的財經團隊。

　　而中華民國政府為了培養技術菁英，經合會在美援停止之前最重要的工作之一，就是推動人力發展計畫。1953～1958年，美援的教育計畫首重職業教育的推展。[147]　除了技職教育，美援也支持高等教育計畫、僑生計畫等，美援自1958年起開始重視科學教育，由於蔣介石總統重視科學，1967年成立國家安全會議，由黃少谷擔任祕書長，國安會之下設有國家建設計畫委員會，周至柔擔任主任委員，李國鼎和閻振興擔任副主任委員，

142　錢純舅舅是曾任經濟部長的張茲闓，而岳父則是曾任教育部長、考試院副院長的程天放。見俞國華，前引書，頁253-256、311、485。

143　俞國華，前引書，頁257。

144　俞國華，前引書，頁317-318。

145　俞國華，前引書，頁363。

146　行政院主計處網址：http：//www.dgbas.gov.tw/mp.asp?mp=1 首頁>政府統計>主計總處統計專區>國民所得及經濟成長>資料庫 http://ebas1.ebas.gov.tw/pxweb/Dialog/NI.asp。檢索日期：2013年11月24日。

147　李國鼎，前引書，頁478-479。

3月在總統府成立科學發展指導委員會,隸屬國家安全會議,從國外聘請吳大猷回來擔任主任委員,並兼任行政院下設的國科會主任委員。[148] 由於美援技術協助委員會送出國深造的人很多,培植許多優秀的人才,在當時送出去的又以本省籍人數較多,外省人所占的比例較少,像高玉樹就是早期送出去留學的例子之一。從1951~1958年選送出國的人員有1,411人,回來的有1,206人,未歸者以留美居多。[149] 關於歷屆內閣碩、博士比例,請參見圖6-10。

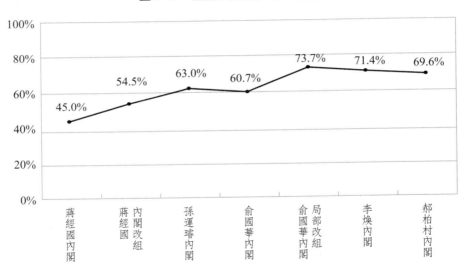

圖6-10 歷屆內閣碩、博士比例

由於政府重視知識菁英的培養,是日後成為技術菁英不可或缺的基

---

148 美援對於當時教育計畫的援助,自1953~1957年共計500萬美元及臺幣2億7千萬元,主要項目有工職教育、農職教育、成功大學、僑生教育,1958年起開始重視科學教育,並擬聘請顧問及包括科學研究在內。見李國鼎,前引書,頁480-482、487。

149 李國鼎,前引書,頁482-484。曾經在後蔣時代擔任閣員的台聯黨主席黃昆輝也認為當年的公費留考制度,是他能從貧苦家庭孩子最後脫穎而出的最大原因。2013年6月25日於臺灣團結聯盟中央黨部辦公室接受作者拜訪時的晤談。

礎，因此從圖6-10中統計，自蔣經國內閣到郝柏村內閣為止7任內閣中具有碩、博士學歷的比例有高達62.6％，其中海外留學歸國的比例有53.1％，而且隨著經濟的變遷與知識教育的普及，不論在研究所學歷以及海歸的比例，都有逐漸升高的趨勢，而專業教育的養成以及海外最新技術與思想觀念的訓練啟發，形成歷任內閣團隊最大的特色。

另方面，由於技術官僚的專業教育以及職務歷練，都需要長時間的培養，以財政部長甄選條件來說，白培英認為必須具備基層稅務、中央財務和金融業務的長期歷練，還必須有積極任事的性格。[150] 曾在孫運璿和俞國華內閣擔任財政部長以及經濟部長的徐立德表示，蔣經國最信任財經首長，而他自己就從基層公務員做起，經由孫運璿推薦到行政院擔任第五組組長，在歷經財政部政務次長、臺灣省財政廳長的歷練後，最後再到中央接任財政部長，期間都有蔣經國總統嚴密的追蹤考核。而政務官也因為長期職務上的歷練，在領導力與行政能力上，都能全力的發揮，使既定政策的推動具有一致性與連貫性。[151] 由於在入閣前的長期養成教育，因此7屆內閣的財政部長平均年齡是59.1歲。以國防部長為例，除文人部長之外，7屆內閣的國防部長都出身陸軍和海軍，他們在軍職專業上都歷經基層連隊到各軍種總司令，除了鄭為元之外，都是陸軍或海軍的一級上將，並曾立有戰功者才能成為國防部長的入閣考量，所以在這7屆內閣中，出身軍人國防部長平均入閣年齡是70.5歲；因此從圖6-11中分析，由於考量專業能力與實際經驗，7任內閣平均年齡為61.4歲，其中以郝柏村內閣閣員差距最大，有4位閣員年紀在68歲～71歲之間。由於專業人才的培養，需要穩定的政治環境，而60歲左右的年齡正反映部會首長在職務歷練上的成熟度。

150　前財政部長白培英於2013年10月30日，於自宅接受作者電話訪談時的分析。

151　徐立德於2013年12月5日，於孫運璿基金會接受作者訪問的談話。

相較於中共政治局委員、軍委委員、政治局常委、現任領導人以1997年中共十五大和2001年十六協定，建立了「70歲劃線離退」來看，[152] 臺灣早在1966年，蔣介石提名嚴家淦為副總統候選人時，就已經決定70歲以上者就不再作考慮了。[153] 關於歷屆內閣平均年齡，請參見圖6-11。

圖6-11　歷屆內閣平均年齡

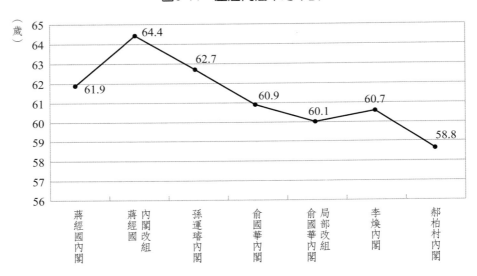

---

152 寇健文，《中共菁英政治的演變：制度化與權力的轉移1978-2004》（臺北：五南出版，2005年1月初版），頁252。

153 這是1983年3月10日，總統府祕書長馬紀壯與郝柏村談話。見郝柏村，《八年參謀總長日記》（上），頁286。不過中共國務院除了總理之外，很少有部會首長具備政治局常委的身分，這點和國民黨有很大的不同。

八、臺籍

圖6-12　歷屆內閣成員與蔣氏父子關係──臺籍

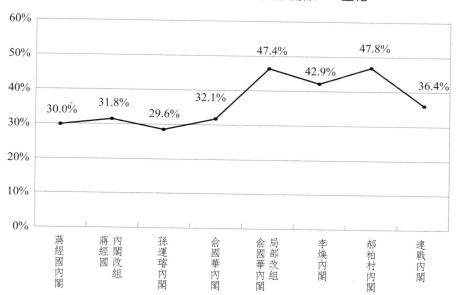

自中華民國政府遷臺以來，在歷屆內閣中，先後有陳誠內閣（1950～1954年）的政務委員楊毓滋、蔣勻田、王師曾等3人分屬民社黨以及青年黨；余鴻鈞內閣（1954～1958年）的國防部長俞大維和經濟部長尹仲容是無黨籍人士；陳誠第二次組閣（1958～1963年），副院長王雲王、國防部長俞大維是無黨籍，到了嚴家淦組閣（1963～1972年），內閣成員除了俞大維之外，其餘都是國民黨籍閣員。蔣經國組閣時，內閣中只有交通部長高玉樹是無黨籍人士；其後到郝柏村內閣，部會首長中除了政務委員黃石城之外，幾乎都是國民黨籍菁英，而且受過國防研究院以及革命實踐研究院各班別訓練的部會首長高達歷屆內閣的七成，他們是中國國民黨重點培植的行政菁英，而無黨籍或其他政黨菁英，幾乎沒有機會進入內閣。

在歷屆內閣中，無黨籍人數低於1％，故不列入統計。從圖6-12分析中

得出，臺籍閣員平均占蔣經國到郝柏村內閣的37.4％。由於蔣經國重視政治上的省籍平衡，因此在他擔任行政院長任內，副院長任命本省籍的徐慶鐘擔任。1978年蔣經國出任總統之後，副總統先後拔擢本省籍的謝東閔與李登輝擔任。內閣方面，從孫運璿到郝柏村，院長與副院長都是外省和本省籍人士相互搭配。而在部會首長籍貫考量上，7屆內閣中的內政部長和交通部長全由本省籍菁英出任，尤其內政部是具有高度政治意涵的首席部會，因此陳誠內閣早自1960年以本省籍連震東出仕以來，歷經嚴家淦內閣而形成慣例，一律由本省籍菁英出任。

在外省族群及特殊地域功能上，其中較為特殊的是歷任蒙藏委員會委員長，至於僑務委員長，在長達7屆內閣中，由籍貫都是廣東的毛松年與曾廣順兩人長期擔任。海外華僑最重要的是在美國與港澳地區，當地僑胞大多籍隸廣東，因此以同鄉之情拉近僑民感情，是有相當大的作用，[154] 由於僑委會工作日漸重要，曾廣順也在第13屆中央委員會當選中常委。[155] 在7屆內閣中的國防部長和教育部長都由外省籍人士出任，其中蔣經國的族親毛高文歷經俞國華、李煥，以及郝柏村內閣，成為任期最長的教育部長。在俞國華內閣中，施啟揚成為第一位本省籍法務部部長，當俞國華內閣局部改組之後，連戰和郭婉容則分別成為第一位本省籍的外交及財政部長，而郭婉容也成為中華民國第一位女性部長。郝柏村組閣後，蕭萬長成為第一位本省籍經濟部長。所以在7屆內閣統計中，財政、經濟、外交3個部會首長還是以外省籍菁英占有絕對優勢，這也反映外省族群在臺灣社會

---

154 在曾廣順任內已注意新移民與老僑之間的融合，奉准成立海外僑務人員制度，選拔有海外經驗的駐外幹部，創設華僑文教服務中心，舉辦全球僑務會議，並在臺北與救國團合作，建築「海外青年活動中心」，有關僑務推廣請參看曾廣順，《僑政歲月》（臺北：華僑通訊社，1993年8月）。

155 李雲漢，《中國國民黨職名錄》，頁402-403。

特殊的職業取向，以及政治上的優勢。而在連戰組閣之後，總統與行政院長第一次都由本省籍人士擔任，但李登輝還是依循省籍平衡原則，副手都由外省籍人士出任，形成國民黨正政治文化的一項重要特色。不過從連戰內閣的人事安排上，也可看出國民黨正逐漸打破職務與地域功能的考量，而更擴大菁英參政的空間。

從以上8個選項統計，內閣成員的甄選過程中，技術專家是所有入閣的第一要件，其次是具有師生淵源和具備中常委的身分。而官邸近侍的比例雖然不高，但都放在權力的核心位置而且備受層峰信任。如果再以血親、同鄉、同學友朋、師生、官邸近侍等5個最能凸顯核心內圈的選項分析，前10位入選閣員可參考表6-4。

表6-4　7屆內閣核心內圈選項分析名單

編號	姓　　名	1.血親或旁系親屬	2.同鄉	3.同學友朋（子女）	4.師生淵源	5.官邸近侍
1	俞國華		✓	✓	✓	✓
2	周宏濤		✓	✓	✓	✓
3	毛高文	✓	✓		✓	
4	蔣彥士		✓		✓	
5	張繼正			✓	✓	
6	宋長志				✓	✓
7	馬紀壯				✓	✓
8	陳履安		✓		✓	
9	錢　復		✓		✓	
10	郝柏村				✓	✓

根據以上統計，俞國華與周宏濤具有最多選項，尤其俞國華在大陸時期曾親自隨侍蔣介石歷經1936年的「兩廣事變」，以及同年的「西安事變」，[156] 爾後在孫運璿突然病倒之際，臨危受命，出面組閣，被視為蔣經國手中少數可用的王牌；而周宏濤一向被外界視為「蔣家的大帳房」，在行政院主計長任內，負責中央政府總預算及附屬單位預算，其能力操守備受蔣氏父子的信任，李國鼎也肯定周宏濤對於預算控制良好而肯定。[157] 至於其他幾位，如郝柏村、張繼正、馬紀壯、錢復都深受兩蔣父子的信任，長期擔任文武要職。而在蔣經國驟逝後，李登輝在8個選項之中，只有中常委、技術專家以及臺籍菁英3個選項，他不是蔣經國核心親信；甚至從來沒有在革命實踐研究院的受訓紀錄，成為以後接班所引發一連串政爭的主要原因。

156　俞國華，前引書，頁95-106。

157　李國鼎，前引書，頁236-237。

結　論

　　1972年，蔣經國在中華民國退出聯合國，國際局勢嚴重受挫之下出任行政院長，他任命臺籍農業專家徐慶鐘擔任副院長，也接受嚴家淦副總統大力推薦的李國鼎續任財政部長，同時延攬黨外人士高玉樹出任交通部長。他在就任之初，推行公務人員十大行政革新要求，端正社會風氣。同時，法辦行政院人事行政局長，也是自己的族親王正誼，充分展現肅貪的決心。蔣經國重視內閣行政效率，祕書長費驊則發揮整合督導功能。在面臨石油危機時，他接受財金三巨頭——李國鼎、孫運璿、俞國華的建議，採取物價一次漲足等方案穩定危局，同時推出十大建設，不但加強了臺灣的基礎設施，也創造了就業率。為了推行本土化政策，臺籍菁英入閣以及當選中常委的比例顯著增加，其中政務委員李登輝成為明日之星。

　　1978年，蔣經國當選中華民國第6任總統，他挑選資深的臺籍國民黨員謝東閔為副總統，並且拔擢深受蔣氏父子信任的孫運璿出面組閣。孫運璿任內雖然面臨與美國斷交和美麗島事件等重大衝擊，但孫院長的府、院、黨，以及媒體關係良好，在任內推動新竹科學園區成立，引進高科技人才回國發展半導體產業，帶領行政團隊推動十大建設、產業升級，為臺灣奠定根基。另外在部會首長中則擁有超人氣的林洋港、趙耀東、徐立德等人，而45歲的連戰也首次入閣擔任交通部長，可說是政通人和的明星內閣。1984年，蔣經國在提名李登輝參選中華民國第7任總統的前夕，孫運璿中風病倒，但他的傑出表現，被譽為「永遠的行政院長」。

　　孫運璿辭職之後，蔣經國提名出身官邸，具備世交和同鄉等多層淵源的俞國華出任閣揆，這項人事安排顯示蔣經國對俞國華財經專業的肯定，

以及對核心菁英的信任。在俞國華院長任內，蔣經國首先將負責「劉少康辦公室」的總政戰作戰部主任王昇調職，弭平了黨內疑慮及紛擾，與美國關係並不因劉宜良事件而受損，國內的十信事件雖然折損了財政和經濟部長，但蔣經國總統也開革了捲入十信弊案的中央黨部祕書長蔣彥士。在蔣經國逝世前，解除戒嚴、報禁，以及人道探親等重大政策都已宣布實施；當蔣經國於1988年1月13日驟逝後，黨內卻陷入領導權的爭奪，使俞國華在不堪政治紛擾下辭職。俞國華內閣雖然在政治鬥爭中總辭，但他對臺灣金融的穩定、稅制的改革和外匯存底的增加都功不可沒。他在任內拔擢的財政部長郭婉容，不但是中華民國第一位女性部長，任內率團赴北京參加亞銀年會，也開創兩岸交流的契機。

自中華民國政府遷臺以來，府院關係一向和諧，從蔣介石總統時代的4位閣揆：陳誠、俞鴻鈞、嚴家淦，以及蔣經國，在面對國家大事上，府、院之間總能精誠團結，合作無間。蔣經國擔任總統之後，他先後任命財經專家孫運璿和俞國華出面組閣，孫、俞2人都深受蔣介石與蔣經國器重與信任，以財經內閣的堅強實力締造臺灣經濟奇蹟。在接班問題上，嚴家淦當年就提醒蔣經國要提早培養繼任人選，張群也曾經力勸蔣經國讓嚴家淦續任總統，以免使政權轉移成了有名無實的「世襲」。但蔣經國使命感甚強，沒有採納。蔣經國在晚年身體健康日差，已經沒有多餘精力和時間去解決黨政領導人的接班問題，這是蔣經國在主政時期所留下的最大遺憾。而往後府院關係的嚴重對立，象徵國民黨的執政基礎日益腐蝕。

俞國華辭職後，繼任的李煥直接由中央黨部祕書長出任閣揆，首創祕書長在任期內出掌行政院的先例。此時，國民黨內部已經陷入主流派與非主流派的激烈衝突，李煥在1年後被李登輝逼退，由郝柏村出面組閣。然而郝柏村的軍事背景與反臺獨的鮮明立場，使主流派順勢引導民進黨勢力

合作，在黨內路線和領導權爭奪上大獲全勝，其結果是非主流派領導人郝柏村、林洋港、陳履安、王建煊、趙少康等相繼出走，結束了「後蔣經國時代」，也造成國民黨嚴重的分裂，並在往後成為政黨輪替重要的原因。郝柏村內閣雖然在政治鬥爭中結束，但內閣在整頓地下投資公司和維護社會治安上，都獲得高民意的肯定，而財政部長王建煊因推行土地增值稅遭財團背景的民意代表和主流勢力逼退，也顯示政商結合影響官僚理性的新趨勢。

從蔣經國主政時期到後蔣經國時代，雖然臺灣面臨國際情勢的不利和內部反對勢力的挑戰；尤其在後蔣經國時代，國民黨內部衝突與分裂不斷，但內閣菁英不論在重大經濟危機、兩岸關係、社會治安都發揮功效，穩定社會人心。內閣功能的發揮，關鍵在於菁英甄補所產生的政治功效。因此經由本書的研究，技術專家、師生淵源，以及閣員兼中常委員是內閣人才甄補的必備條件；而這3項必備條件也是內閣發揮施政效率和團隊精神、黨國忠誠的最佳結果。而在閣員的省籍安排上，也可看出在全面實施本土化之前，蔣經國對省籍融合與世代交替的精心安排。這種兼顧省籍均衡的政治考量，也形成今日國民黨在政治甄補上重要的文化特色。在官邸近侍、血親、同鄉、同學友朋的關係淵源上，雖然在歷屆內閣的量化比例中都呈現弱項趨勢；但實際上這4個選項卻是構成核心內圈的基礎，5位閣揆中如果包括蔣經國在內，就有俞國華和郝柏村等3人具備這些多層淵源。如果再以出身國防研究院和革命實踐研究院的閣揆計算，蔣經國不包括在內，從孫運璿到郝柏村在內，占有百分百的比例。這項淵源形成他們對蔣氏父子的深刻情感，以及對黨國的忠誠，也成為歷屆內閣領導者的鮮明特色。在研究的過程中，最值得注意的是曾在蔣經國時代即擔任閣員的連戰，他早在1969年就是國防研究院第11期的畢業生，他對國民黨濃厚的

情感在往後的政治生涯中表露無遺。

　　最後，本書在8個選項的分析中，雖然已經建立了蔣經國與後蔣時代內閣菁英的甄補模式；但蔣經國對內閣廉能政治的要求，經由我們的分析驗證，在他主政時期，沒有任何閣員曾經因涉及弊案而被起訴判刑的紀錄。到後蔣經國時代，李煥內閣的法務部長蕭天讚雖然因為捲入關說案而請辭下臺，但最後卻經由法務部和地檢署的調查而還其清白。由此證明，蔣經國的廉能政治為那個時代的政治菁英樹立了良好典範，也是今日國民黨領導人所繼續追求的目標。但在面臨解嚴後的社會與政治快速變遷下，逐漸惡質的國會文化已經對當時的行政體系帶來很大的衝擊和傷害。而威權與民主兩種不同政治型態，對施政品質和行政效率的研究，將會是我們在本書完成後的另一個研究重點。

參考書目

一、檔案史料與口訪資料

「民國76年蔣經國大事日記略稿（二）」（民國76年7月8日（三）），《蔣經國總統文物檔案》，典藏號005000000259A，臺北：國史館。

「民國76年蔣經國大事日記略稿（二）」（民國76年7月26日（日）），《蔣經國總統文物檔案》，典藏號005000000259A，臺北：國史館。

「民國76年蔣經國大事日記略稿（二）」（民國76年7月29日（三）），《蔣經國總統文物檔案》，典藏號005000000259A，臺北：國史館。

「訓練——國防研究院教育成果與檢討報告書（四）」（民國59年），《蔣經國總統文物檔案》，典藏登錄號005000001120A，典藏號：00501020700004009，臺北，國史館。

「國防研究院第5期經濟組研究員畢業成績名次表」（民國52年12月），《蔣經國總統文物檔案》，典藏登錄號005000001124A，典藏號：00501020700009004，臺北：國史館。

白培英口述，李功勤電訪，臺北：自宅，2013年10月30日。

俞國華文教基金會，「臺灣金融與經濟發展關係研討會」，彭淮南講詞，2007年6月16日。

洪奇昌口述，李功勤訪談，臺北：世界電視臺，2013年9月27日。

美國眾議院外交事務委員會亞太小組委員會人權及國際組織小組，1981年6月30日至10月6日召開《臺灣在美特務及陳（文成）教授之死》聽證會紀錄，

徐立德口述，李功勤訪談，臺北：孫運璿基金會，2013年8月19日。

徐立德口述，李功勤訪談，臺北：孫運璿基金會，2013年12月5日。

黃昆輝口述，李功勤訪談，臺北：台灣團結聯盟主席辦公室，2013年6月25日。

二、專書

E. A. Winckler、S. Greenhalgh編著，張苾蕪譯，《臺灣政治經濟學諸論辯析》，臺北：人間出版社，1994年。

中央通訊社編，《中華民國名人錄》，臺北：中央通訊社，2001年。

中華民國當代名人錄編輯委員會，《中華民國名人錄》，臺北：臺灣中華書局，
　　1978年。

中華徵信所，《臺灣地區政商名人錄》，臺北：中華徵信所企業股份有限公司，
　　1996年。

王力行，《無愧：郝柏村的政治之旅》，臺北：天下文化公司出版公司，1994年。

王力行、汪士淳，《寧靜中的風雨：蔣孝勇的真實聲音》，臺北：天下文化出版
　　公司，1997年。

王正華，《中華民國與聯合國史料彙編》，臺北：國史館，2001年。

王正華編，《中華民國與聯合國史料彙編－中國代表權》，臺北：國史館，2001
　　年。

王任遠，《王任遠司法六年回憶錄》，臺北：傳記文學出版社，1995年。

王作榮，《壯志未酬》，臺北：天下遠見公司，1999年。

王昭明，《王昭明回憶錄》，臺北：時報文化出版社，1995年。

王景弘，《採訪歷史：從華府檔案看臺灣》，臺北：遠流出版社，2000年。

王銘義，《對話與對抗：臺灣與中國的政治較量》，臺北：天下遠見出版社，
　　2005年。

丘宏達著，陳純一編，《書生論政：丘宏達教授法政文集》，臺北：三民書局，
　　2011年。

石之瑜，《寧靜致遠‧美麗人生──沈昌煥先生紀念文集》，臺北：沈大川出
　　版，2001年。

江兒，《連內閣點將錄》。臺北，九儀出版社，1993年。

行政院農業委員會，《彥士文存》，臺北：行政院農業委員會，1994年。

何金山、官鴻志、張麗伽、郭承啟合著，《臺北學運：1990.3.16 - 3.22》，臺北：
　　時報文化出版社，1990年。

李功勤，《中華民國發展史》，臺北：幼獅文化公司，2002年。

李功勤，《百年大業──中華民國發展史》，臺北：幼獅文化公司，2010年。

李光耀，《我一生的挑戰：新加坡雙語之路》，新加坡：新加坡海峽時報出版
　　社，2011年。

李建榮，《連戰風雲》，臺北：時報文化公司，1998年。

李國鼎口述，劉素芳著，《李國鼎：我的臺灣經驗》，臺北：遠流出版公司，2005年。

李登輝，《為主作見證：李登輝的信仰告白》，臺北：遠流出版公司，2013年。

李登輝，《臺灣的主張》，臺北：遠流出版公司，1999年。

李登輝筆記，李登輝口述歷史小組編著，《見證臺灣：蔣經國總統與我》。臺北：允晨文化出版社，2004年。

李雲漢，《中國國民黨職名錄》，臺北：中國國民黨中央委員會黨史委員會，1994年。

李煥、林蔭庭著，《追隨半世紀：李煥與經國先生》，臺北：天下文化出版公司，1998年。

李達海口述、鄧潔華整理，《石油一生：李達海回憶錄》，臺北：天下文化出版公司，1995年。

李模，《奇緣此生：李模回憶錄》，臺北：商周出版社，1993年。

李筱峰，《臺灣民主運動四十年》，臺北：自立晚報社，1987年。

李潔明著，（James R. Lilley），林添貴譯，《李潔明回憶錄》，臺北：時報文化出版社，2004年。

沈君山，《浮生後記一而不統》，臺北：天下遠見文化出版公司，2004年。

汪士淳，《千山獨行——蔣緯國的人生之旅》，臺北：天下文化出版公司，1996年。

汪士淳，《忠與過——情治首長汪希苓的起落》，臺北：天下遠見出版公司，1999年。

汪敬煦口述，劉鳳翰、何智霖、陳亦榮訪問，何智霖、陳亦榮記錄整理，《汪敬煦先生訪談錄》，臺北：國史館，1993年。

周宏濤口述、汪士淳著，《蔣公與我——見證中華民國關鍵變局》，臺北：天下遠見出版公司，2003年。

官麗嘉，《誠信——林洋港回憶錄》，臺北：天下文化出版公司，1995年。

林美娜編，《憤怒的野百合：三一六中正堂學生靜坐記實》，臺北：前衛出版，1990年。

邵玉銘，《此生不渝——我的臺灣、美國、大陸歲月》，臺北：聯經出版公司，
2013年。

俞國華口述，王駿執筆，《財經巨擘——俞國華生涯行腳》，臺北：商智文化出
版社，1999年。

施正鋒，《臺中美三角關係》，臺北：前衛出版，2001年。

施啟揚，《源——三十年公職回憶》。臺北：幼獅文化公司，2004年。

胡健國主編，《國史館像藏民國人物傳記史料彙編》，臺北：國史館，2005年。

風雲論壇編輯委員會編著，《蔣夫人與元老派》，臺北：風雲論壇出版社，1987
年。

夏漢民，《像根出於乾地——夏漢民回憶錄》，臺北：道聲出版社，2011年。

徐立德，《情義在我心——徐立德八十回顧》，臺北：天下文化出版公司，2010
年。

秦孝儀主編，《先知先導：先總統蔣公駁斥共匪統戰陰謀之指示》，臺北：近代
中國出版社，1987年。

翁元口述，王丰記錄，《我在蔣介石父子身邊的日子》，臺北：書華出版公司，
1994年。

財團法人海峽交流基金會著，《辜汪會談紀要》，臺北：財團法人海峽交流基金
會 1993年。

郝柏村，《八年參謀總長日記》，臺北：天下文化出版公司，2000年。

高玉樹口述，吳君瑩記錄，林忠勝撰述，《高玉樹回憶錄：玉樹臨風步步高》，
臺北：前衛出版社，2007年。

國史館，《國史館現藏民國人物傳記史料彙編（第一輯）》，臺北：國史館，
1988年。

國立臺灣大學出版中心編，《寧靜致遠的舵手：孫震校長口述歷史》，臺北：國
立臺灣大學出版中心，2013年。

國防研究院，《國防研究院十週年概況》，臺北：國防研究院編印，1968年。

寇健文，《中共菁英政治的演變：制度化與權力的轉移（1978～2004）》，臺北：
五南出版，2005年。

康綠島，《李國鼎口述歷史》，臺北：卓越世界文化公司，2001年。

張炎憲等編，《臺灣近代名人誌（第2冊）》，臺北：自立晚報社，1988年。

張富忠，邱萬興編著，《綠色年代：臺灣民主運動25年（上冊）》，臺北：財團法人綠色旅行文教基金會，2005年。

習賢德，《中國國民黨與社會菁英：革命實踐研究院五十年史》，臺北：磐石書局，2004年。

許水德口述，魏柔宜著，《全力以赴：許水德喜壽之年回憶錄》，臺北：商周文化出版社，2008年。

陳子默，《新黨聖人：王建煊奮鬥史》，臺北：福爾摩沙出版社，1995年。

陳柔縉，《總統的親戚》，臺北：時報文化公司，1999年。

陳耀祖，《王昇的一生》，臺北：三民書局，2008年。

陸以正，《微臣無力可回天：陸以正的外交生涯》，臺北：天下遠見出版社，2002年。

陸潤康，《陸潤康回憶錄》，臺北：陸潤康自版，2007年。

陸鏗，《陸鏗回憶與懺悔錄》，臺北：時報出版公司，1997年。

陶涵（Jay Taylor）著，林添貴譯，《蔣介石與現代中國的奮鬥（上下冊）》。臺北：時報出版社，2010年。

陶涵（Jay Taylor）著、林添貴譯，《蔣經國傳》。臺北：時報文化，2000年。

陶意志（Karl W. Deutsch）著、李其泰譯，《國際關係的解析》，臺北：幼獅文化公司，1971年。

彭懷真、王春祝、吳淑美、邵雨亭編著，《中華民國內閣名人錄》。臺北：洞察出版社，1988年。

曾廣順，《僑政歲月》，臺北：華僑通訊社，1993年。

湯銘新、陳薇婷編撰，《徐亨：奉獻的人生》，臺北：國際奧會榮譽委員辦公室，2000年。

費正清，《費正清論中國——中國新史》，臺北：正中書局，1994年。

黃石城口述，許文堂訪問，林東璟記錄，《權力無私：我的從政建言》，臺北：遠流出版社，2007年。

黃俊傑，《中國農村復興聯合委員會口述歷史訪問紀錄》，臺北：中央研究院，1992年。

楊艾俐，《孫運璿傳》，臺北市：天下雜誌出版社，1989年。

楊尚強，《你不知道的邱創煥》，臺北：商周文化出版社，1997年。

楊碧川，《臺灣現代史年表》，臺北：一橋出版社，1996年。

葛永光編，《蔣經國先生與臺灣民主發展：紀念經國先生逝世二十週年學術研討論文集》，臺北：幼獅文化公司，2008年。

鄒景雯，《李登輝執政告白實錄》，臺北：印刻出版公司，2001年。

漆高儒，《蔣經國評傳——我是臺灣人》，臺北：正中書局，1998年。

趙紫陽，《國家的囚徒——趙紫陽的祕密錄音》，臺北：時報文化出版社，2009年。

趙耀東，《平凡的勇者》，臺北：天下文化出版社，1991年。

趙耀東，《我們不能再等待》，臺北：天下文化出版社，1987年。

劉紹唐，《民國人物小傳（第四冊）》，臺北：傳記文學出版社，1975年。

蔣孝嚴，《蔣家門外的孩子——蔣孝嚴逆流而上》，臺北：天下文化出版社，2006年。

蔣經國先生全集編輯委員會編輯，《蔣經國先生全集（第十九冊）》，臺北：行政院新聞局，1991年。

蕭天讚，《牛背上的法務部長：蕭天讚自傳》，臺北：蕭天讚教育基金會，2010年。

蕭萬長口述，蕭錦綿、陳妙香採訪整理，《微笑的力量：蕭萬長公職之路五十年》。臺北：天下雜誌公司，2012年。

錢復，《錢復回憶錄卷一：外交風雲動》，臺北：天下遠見出版公司，2005年。

錢復，《錢復回憶錄卷二：華府路崎嶇》，臺北：天下遠見出版公司，2005年。

薛化元，《臺灣歷史年表——終戰篇II》，臺北：業強出版社，1993年。

謝東閔，《歸返：我家和我的故事》，臺北：聯經出版社，2011年。

三、學術與期刊論文

卜幼夫，〈蔣彥士浮雕〉，《彥士文存》，臺北：行政院農業委員會，1994年。

上村幸治著、丁祖威譯，〈民主化的主導者——敬悼經國先生〉，《憲政思潮》，臺北：國民大會憲政研討委員會，1988年。

中央組織工作會，〈勝利成功路〉，1975年5月對中央黨部及省市同志講話「策定黨務工作的新觀念和新方向」，《蔣主席對本黨同志重要提示彙集》，1978年11月。

丘宏達，〈高瞻遠矚的孫運璿〉，《我所認識的孫運璿——孫運璿八十大壽紀念專輯》，臺北：財團法人孫運璿學術基金會，1993年。

石之瑜，〈緬懷大時代的性格〉，《寧靜致遠、美麗人生——沈昌煥先生紀念文集》。臺北：沈大川出版，2001年。

艾思明，〈蔣夫人的風雲一生〉，《蔣夫人與元老派》，臺北：風雲論壇編輯委員會，1987年。

吳大平，〈中共對臺談判原則及策略運用之研究：金門協議個案分析〉，臺北：政治大學東亞研究所碩士論文，1994年。

宋楚瑜，〈孫運璿先生的治事風範〉，《我所認識的孫運璿——孫運璿八十大壽紀念專輯》，臺北：財團法人孫運璿學術基金會，1993年。

宋楚瑜，〈對自己負責的真誠〉，《沈昌煥先生紀念文集》，臺北：沈大川出版，2001年。

李元平，〈臺灣的王雲五〉，《邱創煥——其人其事》，臺北：黎明文化事業公司，1991年。

李功勤，〈蔣介石臺灣時代的政治菁英1950年～1975年——以中國國民黨中常委及內閣成員為例〉，嘉義：國立中正大學歷史研究所博士論文，2001年。

李功勤，〈蔣經國主政時代的政治菁英（1972年～1988年）——以行政院內閣成員為例〉，《世新大學通識教育與多元文化學報》第二期，臺北：世新大學通識中心，2001年。

俞國華文教基金會，「臺灣金融與經濟發展關係研討會」，彭淮南講詞，2007年6月16日。

胡煜嘉，〈從絢爛歸於平靜的國士——總統府國策顧問素描〉，《蔣夫人與元老派》，臺北：風雲論壇編輯委員會，1987年。

郝柏村，〈老成謀國的沈昌煥先生〉，《沈昌煥先生紀念文集》，臺北：沈大川出版，2001年。

郭為藩，〈至情至性、為善最樂：如沐春風的日子〉，收錄何歌健編，《蔣彥士先生八十慶賀文集》，臺北：編者自版，1995年。

郭為藩，〈若沐春風的日子〉，《彥士文存》，臺北：行政院農業委員會，1994年。

陳明通，〈威權政體下臺灣地方政治菁英的流動（1945～1986）省參議員流動的分析〉，臺北：國立臺灣大學政治研究所博士論文，1990年。

傅立德，〈臺灣防禦的關鍵人物──中華民國歷任國防部長〉，《中華民國內閣名人錄》，臺北：風雲論壇編輯委員會，1988年。

彭懷恩，〈中華民國的政治菁英─行政院會議成員的分析（1950～1958）〉，臺北：國立臺灣大學政治研究所博士論文，1986年。

彭懷真，〈主管百年樹人的園丁──歷任教育部長的出身〉，《中華民國內閣名人錄》，臺北：風雲論壇編輯委員會，1988年。

黃天才，〈解密：37年前外蒙入會案真相〉，《聯合報》（臺北），1998年8月9日。

黃城、吳建忠，〈蔣經國先生的治臺經驗──本土化政策的探討〉，發表於「蔣經國先生與臺灣民主發展」學術研討會。臺北：幼獅文化公司，2008年7月。

黃淑芳，〈經國先生與臺灣的人才甄補──以革命實踐研究院為個案之分析〉，收錄於葛永光編，《蔣經國先生與臺灣民主發展：紀念經國先生逝世二十週年學術研討論文集》，臺北：幼獅文化公司，2008年。

楊其琛，〈外交風雲30年──中華民國的歷任外交部長〉，《中華民國內閣名人錄》，臺北：風雲論壇編輯委員會，1988年。

鄭文勛，〈蔣經國與政黨高層人事本土化（1970～1988）〉，桃園：國立中央大學歷史研究所碩士論文，2006年。

鐘聲實，〈從國際組織法觀點分析聯大第2758號決議〉，《問題與研究》，第35卷，第11期，1996年11月。

四、雜誌與報紙資料

《人民日報》（海外版），1991年2月8日，版3。

《中央日報》，1950年7月26日。

《中國時報》，1989年4月7日，版7。

《中國時報》，1995年1月16日，版A4。

《中國時報》，2000年12月22日，版6。

《中國時報》，2007年3月11日，版A13。

《中國時報》，2009年5月8日，版A16。

《民族晚報》，1978年5月29日。

《經濟日報》，2009年7月24日，版A2。

《聯合報》，1978年12月17日，版1。

《聯合報》，1989年4月7日，版1。

《聯合報》，1989年5月17日，版3。

《聯合報》，1989年7月3日。

《聯合報》，1990年4月28日，版3。

《聯合報》，1990年8月25日。

《聯合報》，1995年5月21日。

《聯合報》，1998年8月10日。

《聯合報》，1999年4月6日。

《聯合報》，2000年5月16日，版8。

《聯合報》，2002年11月7日。

《聯合報》，2002年11月7日，版14。

《聯合報》，2003年8月12日，版A2。

《聯合報》，2010年8月18日。

《聯合報》，2008年8月21日，版A1、A2。

《聯合報》，2010年9月5日，版A6。

《聯合報》，2010年9月11日，版A23。

《聯合報》，2011年2月15日，版AA3。

《聯合報》，2011年11月30日，版A3。

《聯合報》，2013年12月11日，版A4。

《聯合報》，2013年6月20日。

曲折，〈一九九零年海峽兩岸紅十字組織交往的歷史性轉折〉，《瞭望週刊（海外版）》，香港：瞭望週刊出版社，1991年1月28日。

李登輝訪談，原文刊載於《陽光時務週刊》，總第三十九期，香港：陽光時務週刊，2013年1月17日。

林文玲，〈孤舟難度政治險灘──財政部長林振國〉，《遠見雜誌》，1995年9月號，第111期。

南懷瑾口述，《商業周刊》記者魏承恩撰文，《商業周刊》，第661期，臺北：商周出版，2007年。

徐和謙，〈江丙坤：為臺灣經濟找出路〉，《財經雜誌》第六期，2009年3月16日。

五、網路資料

1978年中華民國總統選舉：

http://zh.wikipedia.org/wiki/E5%B9%B4%E4%B8%AD%E8%8F%AF%E6%B0%91%E5%9C%8B%E7%B8%BD%E7%B5%B1%E9%81%B8%E8%88%89。
擷取日期：2012年10月16日。

1984年中華民國總統選舉：

http://zh.wikipedia.org/wiki/E5%B9%B4%E4%B8%AD%E8%8F%AF%E6%B0%91%E5%9C%8B%E7%B8%BD%E7%B5%B1%E9%81%B8%E8%88%89。
擷取日期：2012年10月16日。

1990年中華民國總統選舉：

http://zh.wikipedia.org/wiki/E5%B9%B4%E4%B8%AD%E8%8F%AF%E6%B0%91%E5%9C%8B%E7%B8%BD%E7%B5%B1%E9%81%B8%E8%88%89。
擷取日期：2012年10月16日。

2758號決議案（Resolution on Representation of China），United Nations General
Assembly：

http://ebas1.ebas.gov.tw/pxweb/Dialog/NI.asp。

擷取日期：2013年2月15日。

〈中華民國行政院主計處〉，中華民國統計資訊網：

http://www.stat.gov.tw/mp.asp?mp=4。

擷取日期：2006年3月1日。

古琳嘉，〈台聯黨主席黃昆輝談與李登輝關係〉，北加州KTSF電視臺2012年6月25
日專訪：

http://www.ktsf.com/taiwan-solidarity-union-party-chairman-huang-kun-huei-visited-bay-
area/。

擷取日期：2013年1月12日。

〈朱匯森〉，中華民國教育部：

http://www.edu.tw/populace.aspx?populace_sn=1。

擷取日期：2011年2月28日。

〈行政院主計處資料庫〉，中華民國行政院主計處：

http://www.dgbas.gov.tw/ct.asp?xItem=14616&CtNode=3566&mp=1。

擷取日期：2013年1月12日。

〈我國參與亞洲開發銀行相關史料〉，財政部財政史料陳列室：

http://www.mof.gov.tw/museum/ct.asp?xItem=3760&ctNode=41&mp=1。

擷取日期：2013年1月12日。

〈李厚高〉，蒙藏委員會歷任委員長簡介：

http://www.mtac.gov.tw/pages/20/index3-8.htm。

擷取日期：2012年9月21日。

〈國民所得統計常用資料〉，行政院主計處：

http://ebas1.ebas.gov.tw/pxweb/Dialog/varval.asp?ma=NA0101A1A&ti=國民所得統計常
用資料-年&path=../PXfile/NationalIncome/&lang=9&strList=L。

擷取日期：2013年2月15日。

國立臺灣大學政治學系系友電子報第六期，2009年12月：

http://epaper.ntu.edu.tw/view.php?listid=131&id=9818

擷取日期：2014年1月4日

國軍歷史文物館：

   http://museum.mnd.gov.tw/Publish.aspx?cnid=1482&p=12195。

   擷取日期：2012年9月21日。

〈張京育博士〉，中華湖湘文化發展協會理事長：

   http://tw.myblog.yahoo.com/chscda/article?mid=87&next=66&l=f。

   擷取日期：2013年12月1日

教育部部史網站：

   http://history.moe.gov.tw/minister.asp?id=80。

   擷取日期：2013年2月20日。

〈連震東先生生平介紹〉，連震東先生文教基金會：

   http://www.lienfoundation.org.tw/form_p02.htm。

   擷取日期：2013年2月15日。

〈郭婉容簡介〉，財團法人吳三連獎基金會：

   http://www.wusanlien.org.tw/02awards/02winners23_e00.htm。

   擷取日期：2013年1月12日。

〈陳奇祿簡介〉，財團法人吳三連臺灣史料基金會：

   http://www.twcenter.org.tw/f01/peo_01.htm。

   擷取日期：2011年3月12日。

〈陳履安簡介〉，監察院全球資訊網：

   http://www.cy.gov.tw/ct.asp?xItem=3227&ctNode=877&mp=1。

   擷取日期：2013年1月12日。

〈臺大傑出校友王友釗〉，臺大傑出校友：

   http://www.agec.ntu.edu.tw/ALUMNI/news/news.php?Sn=274。

   擷取日期：2012年12月20日。

蒙藏委員會：

   http://www.mtac.gov.tw/pages/20/index3-4.htm。

   擷取日期：2013年2月15日。

「蒙藏委員會歷任委員長簡介」，蒙藏委員會：

   http://www.mtac.gov.tw/cpages.php?lang=1&page=221&htm=index3-7.htm。

   擷取日期：2012年9月21日。

〈趙守博〉，中國臺灣網：

　　http://big5.taiwan.cn/twrwk/twdq/rw/zhj/201209/t20120907_3056500.htm。

　　擷取日期：2012年9月21日。

劉作坤，〈孫運璿中風始末〉，民生報：

　　http://www.sunyunsuan.org.tw/b_1.asp?newsid=3&newscat=A。

　　擷取日期：2006年3月1日。

劉建興，〈略評「兩蔣」時期和陳水扁時期的臺灣經濟〉，中國臺灣網：

　　http://big5.taiwan.cn/tsh/mtxy/tylt/200801/t20080107_566913.htm。

　　擷取日期：2011年12月15日。

〈鄭為元〉，中華民國國防部網站：

　　http://museum.mnd.gov.tw/Publish.aspx?cnid=1482&p=12191。

　　擷取日期：2013年2月15日。

〈歷任臺北市長〉，臺北人物側寫：

　　http://dipper.myweb.hinet.net/ch19/19-5.htm。

　　擷取日期：2011年2月15日。

〈歷任總統對臺灣經濟的功與過〉，經濟日報：

　　http://www.moneyq.org/forum/lofiversion/index.php/t11971.html。

　　擷取日期：2011年10月18日。

〈錢純〉，財政部財政史料陳列室網站：

　　http://www.mof.gov.tw/mp.asp?mp=1。

　　擷取日期：2011年2月15日。

〈環球華報人物專訪——高銘輝：兩岸耕耘、厚以載德〉，環球華網：

　　http://www.gcpnews.com/zh-tw/viewer.php?aid=78403&cid=1063&pid=3&sid=1。

　　擷取日期：2012年10月16日。

國家圖書館出版品預行編目資料

蔣經國與後蔣時代的內閣政治菁英（1972-1933年）／李功勤
　著 . --初版 . --臺北市：幼獅，2014.02
　　面；　公分. --（學術叢書）
　ISBN 978-957-574-945-3　（平裝）
　1.臺灣政治　2.臺灣傳記　3.中華民國史
　733.294　　　　　　　　　103001138

◎學術叢書
蔣經國與後蔣時代的內閣政治菁英〔1972～1993年〕

作　　者＝李功勤
出 版 者＝幼獅文化事業股份有限公司
發 行 人＝李鍾桂
總 經 理＝王華金
總 編 輯＝劉淑華
主　　編＝林泊瑜
編　　輯＝朱燕翔
美術編輯＝吳巧韻
總 公 司＝10045台北市重慶南路1段66-1號3樓
電　　話＝(02)2311-2832
傳　　真＝(02)2311-5368
郵政劃撥＝00033368

門市
・　松江展示中心：10422台北市松江路219號
　　電話：(02)2502-5858轉734　傳真：(02)2503-6601
・　苗栗育達店：36143苗栗縣造橋鄉談文村學府路168號（育達科技大學內）
　　電話：(037)652-191　傳真：(037)652-251

印　　刷＝祥新印刷股份有限公司　　　　幼獅樂讀網
定　　價＝320元　　　　　　　　　　 http://www.youth.com.tw
港　　幣＝107元　　　　　　　　　　 e-mail: customer@youth.com.tw
初　　版＝2014.02
書　　號＝960146

幼獅文化公司 ／讀者服務卡／

感謝您購買幼獅公司出版的好書！
為提升服務品質與出版更優質的圖書，敬請撥冗填寫後（免貼郵票）擲寄本公司，或傳真（傳真電話02-23115368），我們將參考您的意見、分享您的觀點，出版更多的好書。並不定期提供您相關書訊、活動、特惠專案等。謝謝！

基本資料

姓名：＿＿＿＿＿＿＿＿＿＿＿＿＿＿＿＿＿＿＿先生／小姐

婚姻狀況：□已婚 □未婚　職業：□學生 □公教 □上班族 □家管 □其他

出生：民國＿＿＿＿＿＿年＿＿＿＿＿＿月＿＿＿＿＿＿日

電話：（公）＿＿＿＿＿＿＿＿（宅）＿＿＿＿＿＿＿＿（手機）＿＿＿＿＿＿＿＿

e-mail：＿＿＿＿＿＿＿＿＿＿＿＿＿＿＿＿＿＿＿＿＿＿＿＿＿＿＿＿＿

聯絡地址：＿＿＿＿＿＿＿＿＿＿＿＿＿＿＿＿＿＿＿＿＿＿＿＿＿＿＿＿＿

1.您所購買的書名：**蔣經國與後蔣時代的內閣政治菁英**（1972～1993年）

2.您通常以何種方式購書?：□1.書店買書 □2.網路購書 □3.傳真訂購 □4.郵局劃撥
　　　　　（可複選）　□5.幼獅門市 □6.團體訂購 □7.其他

3.您是否曾買過幼獅其他出版品：□是，□1.圖書 □2.幼獅文藝 □3.幼獅少年
　　　　　　　　　　　　　　　□否

4.您從何處得知本書訊息：□1.師長介紹 □2.朋友介紹 □3.幼獅少年雜誌
　　　　　（可複選）　　□4.幼獅文藝雜誌 □5.報章雜誌書評介紹＿＿＿＿＿＿＿報
　　　　　　　　　　　□6.DM傳單、海報 □7.書店 □8.廣播(＿＿＿＿＿＿＿)
　　　　　　　　　　　□9.電子報、edm □10.其他＿＿＿＿＿＿＿＿＿

5.您喜歡本書的原因：□1.作者 □2.書名 □3.內容 □4.封面設計 □5.其他

6.您不喜歡本書的原因：□1.作者 □2.書名 □3.內容 □4.封面設計 □5.其他

7.您希望得知的出版訊息：□1.青少年讀物 □2.兒童讀物 □3.親子叢書
　　　　　　　　　　　□4.教師充電系列 □5.其他

8.您覺得本書的價格：□1.偏高 □2.合理 □3.偏低

9.讀完本書後您覺得：□1.很有收穫 □2.有收穫 □3.收穫不多 □4.沒收穫

10.敬請推薦親友，共同加入我們的閱讀計畫，我們將適時寄送相關書訊，以豐富書香與心靈的空間：
(1)姓名＿＿＿＿＿＿＿e-mail＿＿＿＿＿＿＿電話＿＿＿＿＿＿＿
(2)姓名＿＿＿＿＿＿＿e-mail＿＿＿＿＿＿＿電話＿＿＿＿＿＿＿
(3)姓名＿＿＿＿＿＿＿e-mail＿＿＿＿＿＿＿電話＿＿＿＿＿＿＿

11.您對本書或本公司的建議：

廣 告 回 信
台北郵局登記證
台北廣字第942號

請直接投郵　免貼郵票

10045　台北市重慶南路一段66-1號3樓

幼獅文化事業股份有限公司

請沿虛線對折寄回

客服專線：02-23112832分機208　傳真：02-23115368
e-mail：customer@youth.com.tw
幼獅樂讀網http://www.youth.com.tw